구글
BERT의
정석

구글 BERT의 정석

인공지능, 자연어 처리를 위한 BERT의 모든 것

초판 1쇄 발행 2021년 11월 3일
초판 2쇄 발행 2022년 1월 7일

지은이 수다르산 라비찬디란 / **옮긴이** 전희원, 정승환, 김형준 / **펴낸이** 김태헌
펴낸곳 한빛미디어(주) / **주소** 서울시 서대문구 연희로2길 62 한빛미디어(주) IT출판부
전화 02-325-5544 / **팩스** 02-336-7124
등록 1999년 6월 24일 제25100-2017-000058호 / **ISBN** 979-11-6224-485-2 93000

총괄 전정아 / **책임편집** 고지연 / **기획 · 편집** 김지은
디자인 표지 이아란 내지 박정화 / **전산편집** 백지선
영업 김형진, 김진불, 조유미 / **마케팅** 박상용, 송경석, 한종진, 이행은, 고광일, 성화정 / **제작** 박성우, 김정우

이 책에 대한 의견이나 오탈자 및 잘못된 내용에 대한 수정 정보는 한빛미디어(주)의 홈페이지나 아래 이메일로
알려주십시오. 잘못된 책은 구입하신 서점에서 교환해드립니다. 책값은 뒤표지에 표시되어 있습니다.

한빛미디어 홈페이지 www.hanbit.co.kr / 이메일 ask@hanbit.co.kr

지금 하지 않으면 할 수 없는 일이 있습니다.
책으로 펴내고 싶은 아이디어나 원고를 메일(**writer@hanbit.co.kr**)로 보내주세요.
한빛미디어(주)는 여러분의 소중한 경험과 지식을 기다리고 있습니다.

구글 BERT의 정석

인공지능, 자연어 처리를 위한 BERT의 모든 것

수다르산 라비찬디란 지음
전희원, 정승환, 김형준 옮김

Packt> ❱❱B 한빛미디어
Hanbit Media, Inc.

지은이 · 옮긴이 소개

지은이 수다르산 라비찬디란 Sudharsan Ravichandiran

데이터 과학자이자 연구원이자 저명한 저술가. 안나 대학교에서 정보 기술 학사 학위를 취득했다. 연구 분야는 자연어 처리 및 컴퓨터 비전, 딥러닝 및 강화학습의 실제 구현에 중점을 두고 있다. 오픈 소스 기여자이며 스택 오버플로 질문에 답하는 것을 좋아한다. 또한 베스트셀러 『Hands-On Reinforcement Learning with Python』(Packt, 2018)을 집필했다.

옮긴이 전희원 madjakarta@gmail.com

NLP 리서치 엔지니어. 컴퓨터 공학 박사과정을 수료했다. 최초의 한국어 오픈 소스 언어 모델 KoBERT, KoGPT2, KoBART를 개발하고 깃허브에 공개했다. 대용량 언어 모델 학습과 이를 기반으로 한 다양한 주제에 관심이 많다. AWS ML Hero, DMLC 회원이며 기술의 민주화를 위한 오픈 소스 개발 프로젝트에 관심이 많다. 유명 오픈 소스로는 PyKoSpacing, KoNLP 등이 있다.

옮긴이 정승환 digit82@gmail.com

NLP 리서치 엔지니어. 산업공학 석사과정을 졸업했다. 데이터 과학자로 활동하면서 제조, 유통, 통신 등 다양한 도메인에 대한 데이터 분석 및 ML 모델 개발 업무를 수행했다. 이후 딥러닝에 관심을 두고 AutoML 솔루션을 개발해 사내 시스템에 적용했다. 최근에는 한국어 KoBERT, KoBART를 활용한 챗봇 개발 과제에 참여했다. 또한 언어 모델을 활용한 문서 요약 과제에 관심을 두고 언어 모델을 활용한 의미 있는 기술과 제품을 개발하는 데 노력하고 있다.

옮긴이 김형준 soeque1@gmail.com

NLP 리서치 엔지니어. 인지과학 석사과정을 졸업했다. 커리어 초창기 머신러닝 분석 솔루션을 개발해 자동차, 금융권 등 열 군데 이상의 대기업에 성공적으로 적용했다. 이후 자연어 처리에 관심이 많아 한국어 KoGPT2와 KoBART 등의 딥러닝을 활용한 챗봇 개발과 텍스트 요약 과제를 수행했다. 세계적인 DSTC8 The 8th Dialog System Technology Challenge 대회에서 2위를 했다. 한국어 RoBERTa를 개발하고 오픈 소스 언어 모델 사전 학습 플랫폼(https://github.com/lassl/lassl)에 공개했다.

2019년 1월 한국어 버트(KoBERT) 학습을 깃허브에 올리고 다급하게 떠난 뉴질랜드 가족 여행에서 쿡 산의 산 끝에 걸린 빙하를 바라보며 잘 터지지 않는 인터넷으로 캠핑카에 앉아 학습이 잘 진행되고 있는지 체크하던 게 엊그제 같습니다. 2018년 말 BERT 논문이 나온 이후 오랜 시간이 지나지 않았지만 이미 BERT는 연구를 넘어 다양한 NLP 애플리케이션에서 활용되고 있습니다. 많은 BERT 파생 모델이 개발되었지만 BERT는 변함없이 하나의 연구 분야로만 인정받고 있습니다. 이 책은 BERT로 시작된 연구 분야와 활용 분야를 하나의 주제로 엮어 설명하는 유일한 BERT 전문서로, 관련 분야의 연구 방향과 활용 방향을 빠르게 이해할 수 있도록 도와줍니다. BERT에 관심 있는 모든 독자에게 큰 도움이 될 것이라 확신합니다.

전희원

2016년 알파고가 등장할 때 인공지능의 놀라움을 알 수 있었지만, 자연어 분야만큼은 아직 인공지능을 적용하기에는 쉽지 않다고 다들 생각했습니다. 하지만 2018년 BERT의 등장은 NLP 영역에서도 인공지능 기술을 적용할 수 있다는 가능성을 보여줌과 동시에 NLP 발전의 기폭제가 되었습니다. 이제 트랜스포머 모델은 단순 NLP를 넘어서 비전 등 다른 도메인에서 주류 기술로 활용되기 시작했습니다. 이 책은 트랜스포머부터 BERT를 활용한 다양한 파생 모델까지 상세히 다룹니다. BERT에 대해 많은 궁금증을 지닌 독자에게 큰 도움이 될 것이라 생각합니다. 이 책을 통해 BERT의 묘미를 알고 더 나아가 NLP 과제를 해결하는 데 도움이 되길 바랍니다.

정승환

2016년 알파고 등장으로 AI의 붐이 촉발되었다면, 2018년 BERT의 등장으로 NLP의 새로운 세상이 펼쳐졌습니다. BERT는 몇 가지 서브 태스크에서 사람보다 높은 점수를 기록하며 기존 모델들의 성능을 훨씬 뛰어넘는 결과를 보였습니다. 현재 BERT, BART, GPT 등 사전 학습으로 만들어진 언어 모델의 중요성이 커지고 이 언어 모델을 활용한 애플리케이션들이 다양하게 서비스화되고 있습니다. 이 책은 BERT를 중심으로 사전 학습된 언어 모델의 기본 개념과 응용 예시를 소개합니다. BERT 외에도 RoBERTa, BART 등 다양한 BERT의 파생 모델을 곁들여 책의 풍미를 더했습니다. 또한 장마다 제공하는 다양한 예제로 직접 실습해볼 수도 있습니다. 이 책을 현대 NLP의 메인 스트림을 접하기 위한 기본서로 추천합니다.

김형준

이 책에 대하여

트랜스포머의 양방향 인코더 표현Bidirectional Encoder Representations from Transformers(BERT)은 좋은 성능으로 자연어 처리 세계에 혁명을 일으켰다. 이 책은 구글 BERT 아키텍처를 이해하는 데 도움을 줄 가이드가 될 것이다. 트랜스포머 아키텍처에 대한 자세한 설명에서 시작해 내용을 따라가다 보면 트랜스포머의 인코더와 디코더가 어떻게 작동하는지 배울 수 있다.

BERT에 대한 이해를 기반으로 해당 아키텍처를 살펴볼 것이며, BERT 모델이 사전 학습되는 방법과 더불어 BERT를 파인 튜닝fine-tuning해 다운스트림 태스크에 활용하는 방법을 알아본다. 이어서 ALBERT, RoBERTa, ELECTRA, SpanBERT와 같은 BERT의 다양한 변형을 소개하며, DistilBERT 및 TinyBERT와 같은 지식 증류를 기반으로 하는 BERT의 변형을 살펴본다. 또한 M-BERT, XLM, XLM-R에 대해 자세히 설명한다. 그다음으로는 문장 표현을 얻는 데 사용되는 sentence-BERT에 대해 배운다. 또한 BioBERT 및 ClinicalBERT와 같은 특정 도메인에 해당하는 BERT 모델이 무엇인지 확인한다. 마지막으로는 VideoBERT라는 BERT의 재미있는 변형에 대해 배울 것이다.

이 책을 끝까지 학습하고 나면 BERT 및 그 변형 모델을 활용해 여러 자연어 처리natural language processing(NLP) 태스크를 수행하는 데 부담이 없어질 것이다. 대상 독자는 BERT를 기반으로 한 언어 이해 NLP 태스크를 수행하려는 NLP 전문가 및 데이터 과학자다. 이 책을 최대한 활용하려면 NLP 개념과 딥러닝에 대한 기본적인 이해가 필요하다.

책의 구성

1장은 트랜스포머 모델에 대해 자세히 설명한다. 트랜스포머의 인코더와 디코더의 구성 요소를 자세히 살펴봄으로써 어떻게 작동하는지 배운다.

2장은 마스크 언어 모델링masked language modeling(MLM)과 다음 문장 예측next sentence prediction(NSP) 태스크를 사용해 BERT 모델을 사전 학습시키는 방법을 설명한다. BERT 모델 자체를 이해하는 데 도움이 될 것이다. 또한 몇 가지 흥미로운 하위 단어 토큰화 알고리즘을 배운다.

3장은 사전 학습된 BERT 모델을 사용하는 방법을 설명한다. 사전 학습된 BERT 모델을 사용해 문맥을 고려한 단어 및 문장 임베딩을 추출하는 방법을 배운다. 또한 질문-응답, 텍스트 분류 등과 같은 다운스트림 태스크에 맞춰 사전 학습된 BERT를 파인 튜닝하는 방법을 배운다.

4장은 BERT 파생 모델인 ALBERT, RoBERTa, ELECTRA, SpanBERT와 같은 BERT의 여러 변형을 소개한다. BERT 파생 모델이 BERT와 어떻게 다른지, 어떻게 유용한지 자세히 알아본다.

5장에서도 BERT 파생 모델인 지식 증류 기반 DistilBERT 및 TinyBERT와 같은 증류 기반 BERT 모델을 설명한다. 또한 사전 학습된 BERT 모델에서 간단한 신경망으로 지식을 전달하는 방법을 배운다.

6장은 텍스트 요약 작업에 맞춰 사전 학습된 BERT를 파인 튜닝하는 방법을 설명한다. 추출 요약 및 생성 요약을 위해 BERT를 파인 튜닝하는 방법을 자세히 알아본다.

7장은 BERT를 영어가 아닌 다른 언어에 적용하는 방법을 소개한다. multilingual-BERT의 효용에 대해 자세히 알아본다. 또한 XLM 및 XLM-R과 같은 교차 언어 모델을 살펴볼 것이다.

8장은 문장 표현을 얻는 데 사용되는 sentence-BERT에 대해 설명한다. 또한 사전 학습된 sentence-BERT 모델을 사용하는 방법도 배운다. 이와 함께 ClinicalBERT 및 BioBERT와 같은 domain-BERT 모델도 짚어볼 것이다.

9장은 VideoBERT나 BART와 같은 흥미로운 유형의 BERT를 다룬다. 또한 ktrain 및 bert-as-service로 알려진 인기 있는 BERT 라이브러리를 확인해볼 것이다.

10장은 한국어에 잘 동작하는 한국어 언어 모델인 KoBERT, KoGPT2, KoBART를 설명한다. 원서에 없는 내용으로, 원서와 상당히 잘 어울리는 주제라 졸역이 추가 집필했다.

예제 소스

구글 콜랩을 사용하면 책에 제공된 모든 코드를 실행할 수 있다.

소프트웨어/하드웨어 요구 사항	운영체제
구글 콜랩/파이썬 3.x	윈도우, 맥OS, 리눅스

이 책의 예제 소스 코드는 저자의 깃허브(*https://github.com/PacktPublishing/Getting-Started-with-Google-BERT*)에서 다운로드할 수 있다.

CONTENTS

PART **I** BERT 시작하기

CHAPTER **1** 트랜스포머 입문

CONTENTS

PART **II** **BERT 파생 모델**

CHAPTER **4** **BERT의 파생 모델 I: ALBERT, RoBERTa, ELECTRA, SpanBERT**

4.4 ELECTRA 이해하기 157
4.4.1 교체한 토큰 판별 태스크 이해하기 158
4.4.2 ELECTRA의 생성자와 판별자 이해하기 161
4.4.3 ELECTRA 모델 학습 164
4.4.4 효율적인 학습 방법 탐색 165
4.5 SpanBERT로 스팬 예측 166
4.5.1 SpanBERT의 아키텍처 이해하기 167
4.5.2 SpanBERT 탐색 169
4.5.3 사전 학습된 SpanBERT를 질문-응답 태스크에 적용하기 170
4.6 마치며 172
4.7 연습 문제 172
4.8 보충 자료 173

CHAPTER 5 **BERT 파생 모델 II: 지식 증류 기반**

5.1 지식 증류 소개 176
5.1.1 학생 네트워크 학습 179
5.2 DistilBERT: BERT의 지식 증류 버전 182
5.2.1 교사-학습 아키텍처 182
5.2.2 학생 BERT(DistilBERT) 학습 184
5.3 TinyBERT 소개 186
5.3.1 교사-학생 아키텍처 188
5.3.2 TinyBERT 지식 증류 189
5.3.3 최종 손실 함수 195
5.3.4 TinyBERT 학습 196
5.4 BERT에서 신경망으로 지식 전달 200
5.4.1 교사-학생 아키텍처 200

CONTENTS

PART **III** BERT 적용하기

CHAPTER 6 텍스트 요약을 위한 BERTSUM 탐색

CONTENTS

CHAPTER 10 한국어 언어 모델: KoBERT, KoGPT2, KoBART

BERT 시작하기

1부의 목표는 BERT에 익숙해지는 것이다. 먼저 트랜스포머가 어떻게 작동하는지 이해한 다음 BERT에 대해 자세히 알아본다. 또한 BERT를 실습하고 사전 학습된 BERT 모델을 사용하는 방법을 배운다.

BERT
시작하기

트랜스포머 입문

트랜스포머^{transformer}는 자연어 처리에서 주로 사용하는 딥러닝 아키텍처 중 하나다. 트랜스포머가 출현한 뒤로, 다양한 태스크에 활용되었던 순환 신경망^{recurrent neural network}(RNN)과 장단기 메모리^{long short-term memory}(LSTM)는 트랜스포머로 대체된다. BERT, GPT, T5 등과 같은 다양한 **자연어 처리**^{natural language processing}(NLP) 모델에 트랜스포머 아키텍처가 적용됐다. 1장에서는 트랜스포머의 세부 구조 및 작동 방식을 알아보려 한다.

이번 장에서는 트랜스포머의 기본적인 의미부터 이해해볼 것이다. 그다음으로 언어 번역 태스크를 통해 트랜스포머가 인코더-디코더 형태로 어떻게 사용되는지 배운다. 이후에는 각 인코더의 구성 요소가 어떻게 동작하는지 자세히 짚어볼 예정이다. 인코더에 관한 전반적인 내용을 다룬 다음 디코더를 살펴보고 디코더의 각 구성 요소가 어떻게 작동하는지 알아본다. 마지막으로 인코더와 디코더를 결합해 트랜스포머의 전체 작동 흐름을 확인할 것이다.

이 장에서 다룰 내용은 다음과 같다.

- 트랜스포머 소개
- 트랜스포머의 인코더 이해하기
- 트랜스포머의 디코더 이해하기
- 인코더와 디코더 결합
- 트랜스포머 학습

1.1 트랜스포머 소개

RNN과 LSTM 네트워크는 다음 단어 예측next word prediction, 기계번역machine translation, 텍스트 생성text generation 등의 순차적 태스크에서 널리 사용된다. 하지만 이 네트워크는 장기 의존성 문제long-term dependency[1]가 있다. 이런 RNN의 한계점을 극복하려고 「Attention Is All You Need」[2] 논문에서 '트랜스포머'라는 아키텍처를 제안한다. 트랜스포머는 현재 여러 자연어 과제에서 최신 기술로 사용된다. 트랜스포머가 출현함으로써 자연어 처리 분야는 획기적으로 발전했으며 BERT, GPT-3, T5 등과 같은 혁명적인 아키텍처가 발전하는 기반이 마련되었다.

트랜스포머는 RNN에서 사용한 순환 방식을 사용하지 않고 순수하게 어텐션만 사용한 모델이다. 트랜스포머는 셀프 어텐션self-attention이라는 특수한 형태의 어텐션을 사용한다. 다음 절에서 셀프 어텐션이 어떻게 작동하는지 자세히 다룬다.

기계번역 과제를 통해 트랜스포머가 어떤 원리로 작동하는지 살펴보자. 트랜스포머는 인코더-디코더로 구성된 모델이다. 먼저 인코더에 입력 문장(원문)을 입력하면 인코더는 입력 문장의 표현 방법을 학습시키고 그 결과를 디코더로 보낸다. 디코더는 인코더에서 학습한 표현 결과를 입력받아 사용자가 원하는 문장을 생성한다.

영어를 프랑스어로 번역하는 과제가 있다고 가정해보자. [그림 1-1]은 영어 문장을 입력받은 인코더를 나타낸 것이다. 인코더는 영어 문장을 표현하는 방법을 학습한 다음 그 결과를 디코더에 보낸다. 인코더에서 학습한 표현을 입력받은 디코더는 최종적으로 프랑스어로 번역한 문장을 생성한다.

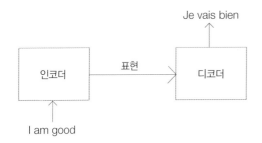

그림 1-1 트랜스포머의 인코더-디코더 구조

---

1   옮긴이_ 장기 의존성 문제는 RNN이 은닉 상태(hidden state)를 통해 과거의 정보를 저장할 때 문장의 길이가 길어지면 앞의 과거 정보가 마지막 시점까지 전달되지 못하는 현상을 말한다.
2   옮긴이_ *https://proceedings.neurips.cc/paper/2017/file/3f5ee243547dee91fbd053c1c4a845aa-Paper.pdf*

어떻게 작동하는 것일까? 트랜스포머의 인코더-디코더는 영어 문장(입력 문장)을 어떻게 프랑스어 문장(타깃 문장)으로 변형하는 것일까? 인코더와 디코더는 어떤 원리로 작동할까? 인코더와 디코더를 자세히 알아보자.

1.2 트랜스포머의 인코더 이해하기

트랜스포머는 N개의 인코더가 쌓인 형태다. 인코더의 결괏값은 그다음 인코더의 입력값으로 들어간다. [그림 1-2]는 인코더가 N개로 쌓인 형태를 보여준다. 각 인코더의 결괏값은 그 위에 있는 인코더의 입력값으로 들어간다. 가장 마지막에 있는 인코더의 결괏값이 입력값의 최종 표현 결과가 된다. 최초 인코더에 대한 입력값으로 입력 문장을 넣게 되고, 최종 인코더의 결괏값으로 입력 문장에 따르는 표현 결과를 얻는다.

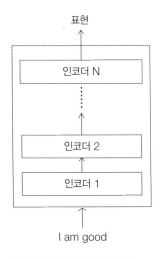

그림 1-2 N개로 누적된 인코더

트랜스포머 관련 논문인 『Attention Is All You Need』를 보면 $N = 6$으로 되어 있다. 이는 인코더를 6개 누적해서 쌓아 올린 형태를 표현한 것이다. 하지만 N을 다양한 값으로 지정해 인코더의 형태를 바꿀 수 있다. 예를 들어 $N = 2$인 경우는 다음과 같이 표현한다.

그림 1-3 N = 2 인코더

인코더는 어떤 원리로 작동할까? 입력 문장으로 어떤 결괏값을 생성하는가? 이를 이해하려면 우선 인코더의 각 구성 요소를 이해해야 한다. 인코더의 세부 구성 요소를 표현하면 다음과 같다.

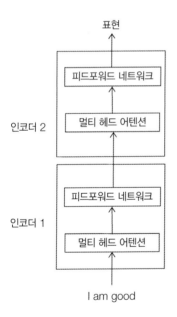

그림 1-4 인코더의 구성 요소

인코더의 구성 요소를 보면 모든 인코더 블록은 형태가 동일하다. 또한 인코더 블록은 두 가지 요소로 구성된다.

- 멀티 헤드 어텐션^{multi-head attention}

- 피드포워드 네트워크^{feedforward network}

두 가지 요소가 어떻게 작동하는지 자세히 알아보자. 멀티 헤드 어텐션을 이해하려면 먼저 셀프 어텐션이 어떤 원리로 작동하는지 이해해야 한다. 셀프 어텐션의 작동 원리에 대해 살펴보도록 하자.

1.2.1 셀프 어텐션의 작동 원리

예제를 활용해 셀프 어텐션의 작동 원리를 이해해보자. 다음과 같은 문장이 있다고 가정한다.

A dog ate the food because it was hungry.

이 문장에서 'it'은 'dog'나 'food'를 의미할 수 있다. 하지만 문장을 자세히 살펴보면 'it'은 'food'가 아닌 'dog'를 의미한다는 것을 쉽게 알 수 있다. 위와 같은 문장이 주어질 경우 모델은 'it'이 'food'가 아닌 'dog'라는 것을 어떻게 알 수 있을까? 이때 셀프 어텐션이 필요하다.

이 문장이 입력되었을 때, 모델은 가장 먼저 단어 'A'의 표현^{representation}을, 그다음으로 단어 'dog'의 표현을 계산한 다음 'ate'라는 단어의 표현을 계산한다. 각각의 단어를 계산하는 동안 각 단어의 표현들은 문장 안에 있는 다른 모든 단어의 표현과 연결해 단어가 문장 내에서 갖는 의미를 이해한다.

예를 들어 'it'이라는 단어의 표현을 계산하는 동안 모델에서는 'it'이라는 단어의 의미를 이해하기 위해 문장 안에 있는 모든 단어와 'it'이라는 단어를 연결하는 작업을 수행한다.

[그림 1-5]는 'it'이라는 단어의 표현을 계산하기 위해 'it'을 문장의 모든 단어와 연결하는 작업을 보여준다. 이와 같은 연결 작업으로 모델은 'it'이 'food'가 아닌 'dog'와 관련이 있다는 것을 학습한다. 'dog'를 잇는 선이 다른 단어보다 두껍게 표시되었다. 이는 주어신 문장 내에서 'it'이라는 단어가 'food'가 아닌 'dog'와 관련이 있다는 것을 보여준다.

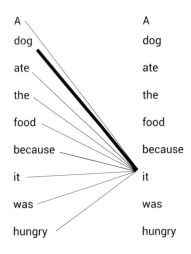

그림 1-5 셀프 어텐션 예제

셀프 어텐션은 내부적으로 어떤 원리로 작동할까? 이제 셀프 어텐션의 내부 작동 원리를 자세히 알아보자.

입력 문장이 'I am good'이라고 가정해보자. 이 문장을 기준으로 각 단어의 임베딩^{embedding}을 추출한다. 여기서 임베딩이란 각각의 단어를 표현하는 벡터값을 의미하며, 임베딩값은 모델 학습 과정에서 같이 학습된다.

x_1를 'I', x_2는 'am', x_3은 'good'에 대한 임베딩값이라고 하자. 각각의 값을 표현하면 다음과 같다.

- 단어 'I'에 대한 임베딩: x_1=[1.76, 2.22, ..., 6.66]
- 단어 'am'에 대한 임베딩: x_2=[7.77, 0.631, ..., 5.35]
- 단어 'good'에 대한 임베딩: x_2=[11.44, 10.10, ..., 3.33]

이제 입력 문장 'I am good'을 [그림 1-6]과 같이 입력 행렬 X(임베딩 행렬 또는 입력 임베딩)로 표현할 수 있다.

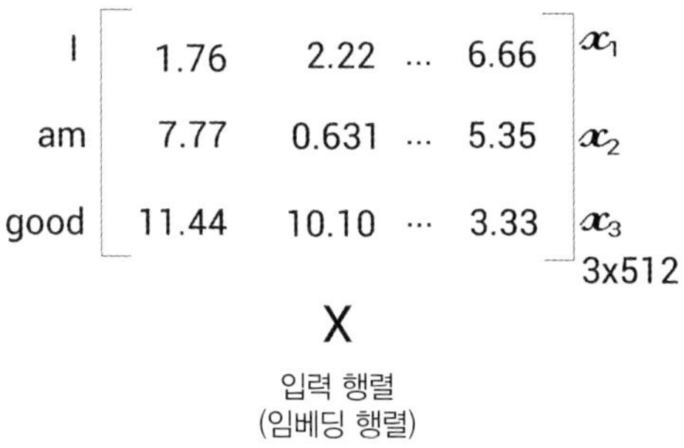

$$
X = \begin{array}{c}
\text{I} \\
\text{am} \\
\text{good}
\end{array}
\left[
\begin{array}{cccc}
1.76 & 2.22 & \cdots & 6.66 \\
7.77 & 0.631 & \cdots & 5.35 \\
11.44 & 10.10 & \cdots & 3.33
\end{array}
\right]
\begin{array}{c}
\boldsymbol{x}_1 \\
\boldsymbol{x}_2 \\
\boldsymbol{x}_3
\end{array}
$$

3x512

X

입력 행렬
(임베딩 행렬)

그림 1-6 입력 행렬

> **NOTE_** 여기서 임베딩 행렬은 해당 예시의 이해도를 높이기 위해 임의로 값을 설정했다.

행렬 X에서 첫 번째 행은 'I'의 임베딩, 두 번째 행은 'am'의 임베딩, 세 번째 행은 'good'의 임베딩을 의미한다. 이때 행렬 X의 차원은 [문장 길이 × 임베딩 차원]의 형태가 된다. 위 문장에서 단어의 수(문장 길이)는 3이고 임베딩의 차원은 512라고 가정하면 입력 행렬(입력 임베딩)의 차원은 [3×512]이 된다.

이제 입력 행렬 X로부터 쿼리query(Q) 행렬, 키key(K) 행렬, 밸류value(V) 행렬을 생성한다. 이 행렬은 무엇이고, 왜 필요할까? 이 세 가지 행렬은 셀프 어텐션에서 사용된다. 이 행렬들을 어떻게 사용하는지 살펴보자.

우선 쿼리, 키, 밸류 행렬을 어떻게 만드는지 알아보자. 행렬을 생성하기 위해서는 W^Q, W^K, W^V라는 3개의 가중치 행렬weight matrix을 생성한 다음 이 가중치 행렬을 입력 행렬(X)에 곱해 Q, K, V 행렬을 생성한다.

이때 가중치 행렬 W^Q, W^K, W^V은 처음에 임의의 값을 가지며, 학습 과정에서 최적값을 얻는다. 학습을 통해 최적의 가중치 행렬값이 생성되면 더욱 정확한 쿼리값, 키값, 밸류값을 얻게 된다.

[그림 1-7]에서 볼 수 있듯이 입력 행렬값에서 가중치 행렬 W^Q, W^K, W^V을 곱하면 쿼리값, 키값, 밸류값을 얻을 수 있다.

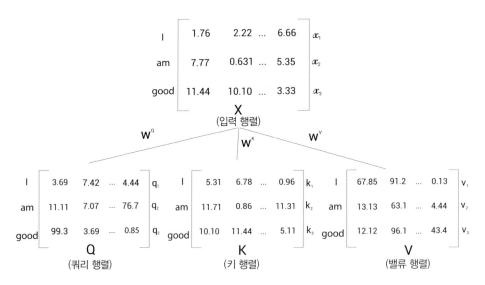

그림 1-7 쿼리, 키, 밸류 행렬 생성

[그림 1–7]을 통해 다음의 내용을 알 수 있다.

- 쿼리, 키, 밸류의 첫 번째 행인 q_1, k_1, v_1은 단어 'I'에 대한 쿼리, 키, 밸류 벡터를 의미한다.
- 쿼리, 키, 밸류의 두 번째 행인 q_2, k_2, v_2은 단어 'am'에 대한 쿼리, 키, 밸류 벡터를 의미한다.
- 쿼리, 키, 밸류의 세 번째 행인 q_3, k_3, v_3은 단어 'good'에 대한 쿼리, 키, 밸류 벡터를 의미한다.

이때 쿼리, 키, 밸류 벡터의 차원이 64라고 가정하면 쿼리, 키, 밸류 행렬의 차원은 [문장 길이×64]가 된다. 예제 문장의 세 가지 단어에 대한 쿼리, 키, 밸류 행렬의 차원은 [3×64]가 된다.

그런데 왜 이런 형태로 계산해야 할까? 쿼리, 키, 밸류 행렬은 어떻게 사용되는가? 이와 같은 방법의 장점은 무엇인가? 자세히 알아보도록 하자.

셀프 어텐션의 작동 원리 이해하기

앞에서 쿼리(Q), 키(K), 밸류(V) 행렬 계산 방법과 해당 행렬을 입력 행렬로 얻을 수 있다는 것을 배웠다. 이제 쿼리, 키, 밸류 행렬을 셀프 어텐션에 어떻게 사용하는지 보자.

앞에서 단어의 표현을 계산하기 위해 셀프 어텐션은 각 단어를 기준으로 주어진 문장에 있는 모든 단어와 연결하는 과정을 수행한다는 사실을 배웠다. 'I am good'이라는 문장을 예로 들어보자. 단어 'I'의 표현을 계산하려면, [그림 1-8]처럼 단어 'I'와 전체 문장에 있는 단어와 연결하는 과정을 수행한다.

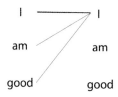

그림 1-8 셀프 어텐션 예제

위와 같은 방법을 적용하는 이유는 무엇일까? 특정 단어와 문장 내에 있는 모든 단어가 어떤 연관이 있는지를 이해하면 좀 더 좋은 표현을 학습시키는 데 도움이 된다. 이제 셀프 어텐션이 쿼리(Q), 키(K), 밸류(V) 값을 사용해 특정 단어와 문장 내에 있는 모든 단어를 연결하는 방법을 알아본다. 셀프 어텐션은 총 4단계로 이루어져 있다. 각 단계를 하나씩 짚어보자.

1단계

셀프 어텐션의 첫 번째 단계는 쿼리(Q) 행렬과 키(K^T) 행렬의 내적 연산을 수행한다.

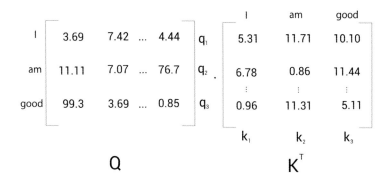

그림 1-9 쿼리, 키 행렬

쿼리 행렬 Q와 키 행렬 K^T의 내적 연산 결과는 다음과 같다.

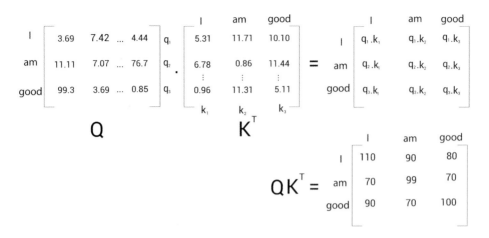

그림 1-10 쿼리, 키 행렬 내적 연산 결과

이때 쿼리와 키 행렬 사이 내적을 계산하는 이유는 무엇일까? 연산 결과는 정확히 무엇을 의미하는가? $Q \cdot K^T$의 결과에 대해 알아보자.

[그림 1-11]에서 $Q \cdot K^T$의 첫 번째 행^{row}을 보자. 첫 번째 행은 쿼리 벡터 $q_1(\text{I})$과 키 벡터 $k_1(\text{I})$, $k_2(\text{am})$, $k_3(\text{good})$의 내적을 계산한다는 것을 알 수 있다. 두 벡터 사이의 내적을 계산하면 두 벡터가 얼마나 유사한지를 알 수 있다.

즉 쿼리 벡터(q_1)와 키 벡터(k_1, k_2, k_3) 사이의 내적을 계산하는 것은 쿼리 벡터 $q_1(\text{I})$와 키 벡터 $k_1(\text{I})$, $k_2(\text{am})$, $k_3(\text{good})$ 사이의 유사도를 계산한 것이다. $Q \cdot K^T$ 행렬의 첫 번째 행을 보면 단어 'I'는 단어 'am'과 'good'보다 자신(I)과 연관성이 더 높은 것을 알 수 있다. $q_1 \cdot k_1$의 내적값이 $q_1 \cdot k_2$, $q_1 \cdot k_3$보다 높기 때문이다.

$$QK^T = \begin{array}{c|ccc} & \text{I} & \text{am} & \text{good} \\ \hline \text{I} & \boxed{\begin{matrix} 110 \\ q_1.k_1 \end{matrix} \quad \begin{matrix} 90 \\ q_1.k_2 \end{matrix} \quad \begin{matrix} 80 \\ q_1.k_3 \end{matrix}} \\ \text{am} & 70 & 99 & 70 \\ \text{good} & 90 & 70 & 100 \end{array}$$

그림 1-11 쿼리 벡터(q_1)와 키 벡터(k_1, k_2, k_3)의 내적 계산 결과

이제 $Q{\cdot}K^T$의 두 번째 행을 보자. [그림 1-12]처럼 쿼리 벡터 $q_2(\text{am})$와 키 벡터 $k_1(\text{I})$, $k_2(\text{am})$, $k_3(\text{good})$의 내적을 계산한다. 즉 쿼리 벡터 $q_2(\text{am})$와 키 벡터 $k_1(\text{I})$, $k_2(\text{am})$, $k_3(\text{good})$의 유사도를 계산한 것이다.

$Q{\cdot}K^T$ 행렬의 두 번째 행을 보면 단어 'am'은 단어 'I', 'good'보다 자신(am)과 연관성이 높은 것을 알 수 있다. $q_2{\cdot}k_2$의 내적값이 $q_2{\cdot}k_1$, $q_2{\cdot}k_3$보다 높기 때문이다.

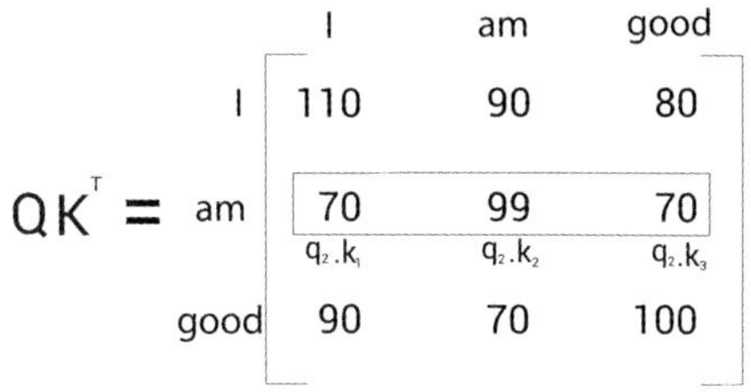

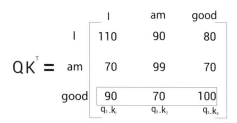

그림 1-12 쿼리 벡터(q_2)와 키 벡터(k_1, k_2, k_3)의 내적 계산 결과

위의 방법과 유사하게 $Q{\cdot}K^T$의 세 번째 행을 보자. [그림 1-13]처럼 쿼리 벡터 $q_3(\text{good})$와 키 벡터 $k_1(\text{I})$, $k_2(\text{am})$, $k_3(\text{good})$의 내적을 계산한다. 이로써 쿼리 벡터 $q_3(\text{good})$와 키 벡터 $k_1(\text{I})$, $k_2(\text{am})$, $k_3(\text{good})$의 유사도를 확인할 수 있다.

$Q{\cdot}K^T$ 행렬의 세 번째 행을 보면 'good'이라는 단어는 단어 'I', 'am'보다 자신(good)과 연관성이 높은 것을 알 수 있다. $q_3{\cdot}k_3$의 내적값이 $q_3{\cdot}k_1$, $q_3{\cdot}k_2$보다 높기 때문이다.

$$QK^T = \begin{array}{c c} & \begin{array}{ccc} \text{I} & \text{am} & \text{good} \end{array} \\ \begin{array}{c} \text{I} \\ \text{am} \\ \text{good} \end{array} & \left[\begin{array}{ccc} 110 & 90 & 80 \\ 70 & 99 & 70 \\ \boxed{90 \quad 70 \quad 100} \\ {\scriptstyle q_3{\cdot}k_1} \ {\scriptstyle q_3{\cdot}k_2} \ {\scriptstyle q_3{\cdot}k_3} \end{array}\right] \end{array}$$

그림 1-13 쿼리 벡터(q_3)와 키 벡터(k_1, k_2, k_3)의 내적 계산 결과

따라서 쿼리 행렬과 키 행렬 사이의 내적을 계산하면 유사도를 얻을 수 있다. 이는 문장의 각 단어가 다른 모든 단어와 얼마나 유사한지 파악하는 데 도움을 준다.

2단계

다음 단계는 $Q \cdot K^T$ 행렬의 키 벡터 차원의 제곱근값으로 나눈 것이다. 이와 같은 방법을 적용하면 안정적인 경삿값^{gradient}을 얻을 수 있다.

d_k를 키 벡터의 차원^{dimension}이라고 하자. 그러면 $Q \cdot K^T$을 $\sqrt{d}_k$로 나누면 된다. 위의 예제에서 키 벡터의 차원은 64이다. 64의 제곱근인 8로 $Q \cdot K^T$을 나눈다.

$$\frac{QK^T}{\sqrt{d_K}} = \frac{QK^T}{8} = \begin{array}{c|ccc} & \text{I} & \text{am} & \text{good} \\ \hline \text{I} & 13.75 & 11.25 & 10 \\ \text{am} & 8.75 & 12.375 & 8.75 \\ \text{good} & 11.25 & 8.75 & 12.5 \end{array}$$

그림 1-14 d_k의 제곱근으로 $Q \cdot K^T$ 나누기

3단계

이전 단계에서 계산한 유사도 값은 비정규화된 형태$^{unnormalized\ form}$다. 따라서 소프트맥스 함수$^{softmax\ function}$를 사용해 정규화 작업을 진행한다. 소프트맥스 함수를 적용하면 전체 값의 합은 1이 되며 각각 0과 1 사이의 값을 갖는다. 2단계의 결과에 소프트맥스 함수를 적용하면 다음과 같은 결과를 얻는다.

$$\text{Softmax}\left(\frac{QK^T}{\sqrt{d_K}}\right) = \begin{array}{c|ccc} & \text{I} & \text{am} & \text{good} \\ \hline \text{I} & 0.90 & 0.07 & 0.03 \\ \text{am} & 0.025 & 0.95 & 0.025 \\ \text{good} & 0.21 & 0.03 & 0.76 \end{array}$$

그림 1-15 소프트맥스 함수 적용 결과

이러한 행렬을 스코어score 행렬이라고 한다. 위 점수를 바탕으로 문장 내에 있는 각 단어가 문장에 있는 전체 단어와 얼마나 연관되어 있는지 알 수 있다. 예를 들어 스코어 행렬의 첫 행을 보면 단어 'I'는 자기 자신과 90%, 단어 'am'과는 10%, 단어 'good'과는 3% 관련되어 있다는 것을 알 수 있다.

4단계

지금까지 쿼리, 키 행렬에 대해 내적을 계산하고, 소프트맥스 함수를 사용해 내적값에 대한 정규화 작업을 진행했다. 그다음 과정은 어텐션(Z) 행렬을 계산하는 것이다.

어텐션attention 행렬은 문장의 각 단어의 벡터값을 갖는다. 앞에서 계산한 스코어 행렬인 $softmax\left(\dfrac{QK^T}{\sqrt{d_k}}\right)$에 밸류 행렬($V$)을 곱하면 어텐션($Z$) 행렬을 구할 수 있다. 상세한 과정은 [그림 1-16]을 참조하길 바란다.

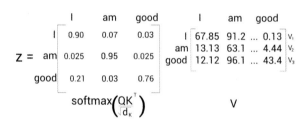

그림 1-16 어텐션 행렬 계산

다음은 어텐션 행렬을 계산한 다음 얻은 결과다.

$$Z = \begin{bmatrix} z_1 \\ z_2 \\ z_3 \end{bmatrix} \begin{matrix} I \\ am \\ good \end{matrix}$$

그림 1-17 어텐션 행렬 계산 결과

어텐션(Z) 행렬은 각 점수를 기준으로 가중치가 부여된 벡터의 합으로 계산한다. 계산 결과를 한 줄씩 살펴보자. 첫 번째 행렬 Z_1을 보면 단어 'I'의 셀프 어텐션은 다음과 같이 계산된다.

$$Z_1 = 0.90 \boxed{67.85 \mid 91.2 \mid ...} + 0.07 \boxed{13.13 \mid 63.1 \mid ...} + 0.03 \boxed{12.12 \mid 96.1 \mid ...}$$

$$v_1(I) \qquad\qquad v_2(am) \qquad\qquad v_3(good)$$

그림 1-18 단어 'I'의 셀프 어텐션

위 그림처럼 단어 'I'의 셀프 어텐션 z_1은 각 밸류 벡터값의 가중치 합으로 계산된다. 즉 z_1의 값은 밸류 벡터 v_1(I)의 90% 값과 밸류 벡터 v_2(am)의 7% 값과 밸류 벡터 v_3(good)의 3% 값의 합으로 구한다.

이런 계산 방법의 장점은 무엇일까? 'A dog ate the food because it was hungry'를 예로 들어 답해보자. 여기서 단어 'it'은 'dog'를 의미한다. 이때 단어 'it'에 대해 위의 방법으로 셀프 어텐션을 계산해 다음과 같은 결과를 얻었다고 가정해보자.

$$Z_{it} = 0.0 \boxed{71.1 \mid 6.1 \mid ...} + 1.0 \boxed{31.1 \mid 11.1 \mid ...} + ... + 0.0 \boxed{0.9 \mid 11.44 \mid ...} + ... + 0.0 \boxed{0.8 \mid 12.44 \mid ...}$$

$$V_1(A) \qquad\qquad V_2(dog) \qquad\qquad V_5(food) \qquad\qquad V_9(hungry)$$

그림 1-19 단어 'it'의 셀프 어텐션

단어 'it'의 셀프 벡터값은 밸류 벡터 v_2(dog)가 100% 반영된 결과로 볼 수 있다. 이는 모델에서 'it'이 'food'가 아닌 'dog'와 관련이 있다는 것을 알 수 있다. 셀프 어텐션 방법을 적용하면 단어가 문장 내에 있는 다른 단어와 얼마나 연관성이 있는지를 알 수 있다.

예제로 다시 돌아와서 단어 'am'의 셀프 어텐션 z_2 역시 밸류 벡터값의 가중치 합으로 계산되는 것을 알 수 있다.

$$Z_2 = 0.025 \boxed{67.85 \mid 91.2 \mid ...} + 0.95 \boxed{13.13 \mid 63.1 \mid ...} + 0.025 \boxed{12.12 \mid 96.1 \mid ...}$$

$$v_1(I) \qquad\qquad v_2(am) \qquad\qquad v_3(good)$$

그림 1-20 단어 'am'의 셀프 어텐션

[그림 1-20]을 보면 z_1는 밸류 벡터 v_1(I)의 2.5% 값, 밸류 벡터 v_2(am)의 95% 값, 밸류 벡터 v_3(good)의 2.5% 값을 합한 결괏값이라는 것을 알 수 있다.

이 방법과 유사하게 단어 'good'의 셀프 어텐션 z_3도 구할 수 있다.

$$z_3 = 0.21 \boxed{67.85 \ 91.2 \ ...} + 0.03 \boxed{13.13 \ 63.1 \ ...} + 0.76 \boxed{12.12 \ 96.1 \ ...}$$

$$v_1(I) \qquad\qquad v_2(am) \qquad\qquad v_3(good)$$

그림 1-21 단어 'good'의 셀프 어텐션

z_3은 밸류 벡터 $v_1(I)$의 21% 값, 밸류 벡터 $v_2(am)$의 3% 값, 밸류 벡터 $v_3(good)$의 76% 값의 합이라는 걸 알 수 있다.

어텐션 행렬은 문장 내에 있는 단어의 셀프 벡터값으로 구성된 것을 알 수 있으며, 다음 식으로 그 값을 구할 수 있다.

$$z = softmax\left(\frac{QK^T}{\sqrt{d_k}}\right)V$$

지금까지 살펴본 셀프 어텐션의 단계를 요약하면 다음과 같다.

1. 쿼리 행렬과 키 행렬 간의 내적을 계산하고($Q \cdot K^T$) 유사도 값을 산출한다.
2. $Q \cdot K^T$를 키 행렬의 차원의 제곱근 $(\sqrt{d_k})$로 나눈다.
3. 스코어 행렬에 소프트맥스 함수를 적용해 정규화 작업을 진행한다($softmax\left(\dfrac{QK^T}{\sqrt{d_k}}\right)$).
4. 마지막으로 스코어 행렬에 밸류 행렬을 곱해 어텐션 행렬 Z를 산출한다.

그림으로 표현하면 다음과 같다.

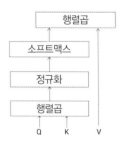

그림 1-22 셀프 어텐션 메커니즘

셀프 어텐션은 쿼리와 키 벡터의 내적을 계산한 다음 $\sqrt{d_k}$로 나누기 때문에 **스케일 닷 프로덕트** scaled dot product 어텐션이라고도 부른다.

지금까지 셀프 어텐션이 어떤 원리로 작동하는지 살펴봤다. 이제 멀티 헤드 어텐션에 대해 알아보자.

1.2.2 멀티 헤드 어텐션 원리

어텐션을 사용할 때 헤드 한 개만 사용한 형태가 아닌 헤드 여러 개를 사용한 어텐션 구조도 사용할 수 있다. 앞에서 어텐션(Z) 행렬을 계산하는 방법을 배웠다. 단일 어텐션(Z) 행렬이 아닌 다중 어텐션 행렬을 계산해보자. 이런 계산법은 어떤 이점이 있을까?

'All is well'이라는 문장으로 예를 들어보자. 단어 'well'의 셀프 어텐션을 계산한다고 하자. 계산 결과 다음과 같은 결과를 얻었다고 가정하자.

$$Z_{well} = 0.6 \boxed{3.1 \mid 6.8 \mid ...} + 0.0 \boxed{0.1 \mid 0.6 \mid ...} + 0.4 \boxed{6.4 \mid 8.3 \mid ...}$$

$$v_1(All) \qquad\qquad v_2(is) \qquad\qquad v_5(well)$$

그림 1-23 단어 'well'의 셀프 어텐션

[그림 1-23]에서 볼 수 있듯이 단어 'well'의 셀프 벡터값은 가중치를 적용한 각 단어의 벡터값의 합임을 알 수 있다. 위의 내용을 좀 더 자세히 들여다보면 단어 'well'의 벡터값은 단어 'All'이 가장 우세하게 작용하는 것을 알 수 있다. 즉, 단어 'well'의 벡터값은 단어 'All'의 벡터값에 0.6을 곱한 값과, 단어 'well'의 벡터값에 0.4를 곱한 결과를 합한 것이다. 이는 단어 'All'의 벡터값이 60% 반영되고, 단어 'well'의 벡터값이 40% 반영된 것으로 해석할 수 있다. 따라서 'well'의 벡터값은 단어 'All'의 영향이 가장 크다고 볼 수 있다.

하지만 문장 내에서 단어의 의미가 모호한 경우 역시 발생할 수 있다. 다음 문장을 예를 들어보자.

A dog ate the food because it was hungry.

이 예제에서 단어 'it'의 셀프 어텐션을 계산해서 다음과 같은 결과를 얻었다고 가정해보자.

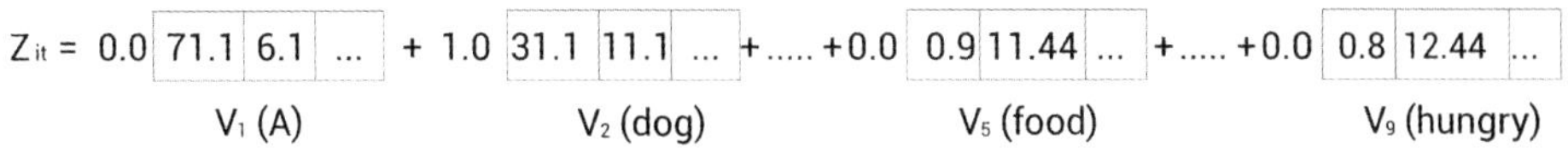

Z_{it} = 0.0 | 71.1 | 6.1 | ... | + 1.0 | 31.1 | 11.1 | ... | + ... | +0.0 | 0.9 | 11.44 | ... | + ... | +0.0 | 0.8 | 12.44 | ...

V_1 (A)　　　　　　V_2 (dog)　　　　　　V_5 (food)　　　　　　V_9 (hungry)

그림 1-24 단어 'it'의 셀프 어텐션

앞에서 계산한 방식을 적용하면 단어 'it'의 벡터값은 단어 'dog'에 대한 벡터값으로만 구성된다. 즉 단어 'it'의 벡터값은 단어 'dog'가 가장 우세하게 작용한다. 이때 단어 'it'의 의미는 'dog' 또는 'food'가 될 수 있는데 위의 결과는 단어의 의미가 잘 연결된 경우다.

따라서 문장 내에서 모호한 의미를 가진 단어가 있을 경우에 앞의 예와 같이 적절한 의미를 가진 단어의 벡터값이 잘 할당되었을 경우에는 문장의 의미를 이해하는 데 좋은 영향을 줄 수 있다. 하지만 그 반대의 경우, 즉 의미가 맞지 않은 단어의 벡터값이 높을 경우에는 문장의 의미가 잘못 해석될 수 있다. 그래서 어텐션 결과의 정확도를 높이기 위해서 단일 헤드 어텐션 행렬single head attention이 아닌 멀티 헤드 어텐션multi-head attention을 사용한 후 그 결괏값을 더하는 형태로 진행한다. 이와 같은 방법을 사용하는 데는 단일 헤드 어텐션을 사용하는 것보다 멀티 헤드 어텐션을 사용하면 좀 더 정확하게 문장의 의미를 이해할 수 있다는 가정이 깔려 있다.[3] 이제 멀티 헤드 어텐션에 대해 좀 더 자세히 알아보도록 하자.

2개의 어텐션 행렬 Z_1, Z_2를 계산한다고 하자. 먼저 Z_1 값을 구한다.

앞에서 다룬 어텐션 행렬 계산 방법을 참고하면, 처음에 쿼리(Q_1), 키(K_1), 밸류(V_1) 행렬을 생성한다. 그다음으로 3개의 가중치 행렬 w_1^Q, w_1^K, w_1^V을 생성한다. 마지막으로 입력 행렬(X)에 가중치 행렬 w_1^Q, w_1^K, w_1^V을 각각 곱해 쿼리(Q_1), 키(K_1), 밸류(V_1) 행렬을 생성한다.

어텐션 행렬 Z_1은 다음과 같이 계산된다.

$$Z_1 = softmax\left(\frac{Q_1 K_1^T}{\sqrt{d_k}}\right)V_1$$

---

3 옮긴이_ 헤드를 여러 개 사용해 어텐션을 생성할 경우 단일 헤드를 사용하는 경우보다 오분류가 일어날 위험을 줄이는 것으로 해석할 수 있다.

이제 두 번째 어텐션 행렬 Z_2를 구해보자.

어텐션 행렬 Z_2를 구하기 위해서는 쿼리(Q_2), 키(K_2), 밸류(V_2)를 추가로 생성한다. 그다음 3개의 가중치 행렬 w_2^Q, w_2^K, w_2^V를 생성한 후, 입력 행렬(X)에 가중치 행렬 w_2^Q, w_2^K, w_2^V를 각각 곱해 쿼리(Q_2), 키(K_2), 밸류(V_2) 행렬을 생성한다.

어텐션 행렬 Z_2은 다음과 같이 계산된다.

$$Z_2 = softmax\left(\frac{Q_2 K_2^T}{\sqrt{d_k}}\right) V_2$$

마찬가지로 h개의 어텐션 행렬을 구할 수 있다. 8개의 어텐션 행렬($Z_1 \sim Z_8$)을 구한다고 하면 해당 행렬을 계산한 후에 그 결과(어텐션 헤드)를 연결concatenate한 후 새로운 가중치 행렬 W^O를 곱하면 최종적으로 우리가 원하는 행렬곱을 구할 수 있다.[4]

멀티 헤드 어텐션 $= concatenate(Z_1, Z_2, ..., Z_i, ..., Z_8)W_0$

지금까지 멀티 헤드 어텐션의 전체적인 원리를 학습했다. 이제 위치 인코딩positional encoding에 대해 알아보자.

1.2.3 위치 인코딩으로 위치 정보 학습

'I am good'이라는 입력 문장이 있다고 가정하자. RNN에서는 단어 단위로 네트워크에 문장을 입력한다. 처음에 'I'라는 단어가 입력으로 전달된 다음에 'am'이라는 단어가 전달된다. 네트워크는 문장을 완전히 이해하기 위해 문장을 단어 단위로 나누어서 입력한다. 하지만 트랜스포머 네트워크에서는 위와 같은 순환 구조를 따르지 않는다. 단어 단위로 문장을 입력하는 대신에 문장 안에 있는 모든 단어를 병렬parallel 형태로 입력한다. 병렬로 단어를 입력하는 것은 학습 시간을 줄이고 RNN의 장기 의존성 문제를 해결하는 데 도움이 된다.

하지만 트랜스포머에서 단어를 병렬로 입력하면 한 가지 문제가 발생한다. 그것은 바로 단어의 순서 정보가 유지되지 않은 상태에서 문장의 의미를 어떻게 이해할 수 있느냐는 점이다.

---

4 옮긴이_ 어텐션 헤드 h개를 연결하면 어텐션 헤드×h 크기가 된다. 어텐션 헤드의 최종 결과는 어텐션 헤드의 원래 크기이므로 크기를 줄이기 위해 가중치 행렬값(W^O)을 곱하는 것이다.

문장의 의미를 이해하기 위해서는 단어의 순서(문장의 단어의 위치 정보)가 매우 중요하다. 문장의 의미를 명확히 이해하려면 단어의 위치 정보를 반드시 이해해야 한다.

문장을 명확히 이해할 수 있도록 트랜스포머에 단어의 순서 정보를 제공해야 한다. 어떤 방법을 적용해야 할까? 이에 대해 좀 더 자세히 살펴보자.

'I am good'이라는 문장으로 돌아가서, 처음에 문장 안의 각 단어에 대해 임베딩값을 얻는다. 이때 임베딩의 차원을 d_{model}이라고 한다. 여기서 임베딩 차원의 값을 4라고 하면 문장에 대한 입력 행의 차원은 [문장 길이 × 임베딩 차원] = [3 × 4]가 된다.

'I am good'이라는 문장을 입력 행렬(임베딩 행렬)로 표현하면 다음과 같다.

$$
X = \begin{matrix} \text{I} \\ \text{am} \\ \text{good} \end{matrix} \begin{bmatrix} 1.769 & 2.22 & 3.4 & 5.8 \\ 7.3 & 9.9 & 8.5 & 7.1 \\ 9.1 & 7.1 & 0.85 & 10.1 \end{bmatrix} \begin{matrix} x_1 \\ x_2 \\ x_3 \end{matrix}
$$

입력 행렬
(임베딩 행렬)

그림 1-25 입력 행렬

입력 행렬을 트랜스포머에 바로 입력하면 단어의 순서 정보를 이해할 수 없다. 입력 행렬을 트랜스포머에 직접 전달하는 대신 네트워크에서 문장의 의미를 이해할 수 있도록 단어의 순서(단어의 위치)를 표현하는 정보를 추가로 제공해야 한다. 이를 위해 위치 인코딩이라는 새로운 방법을 활용한다. 위치 인코딩이라는 이름에서 알 수 있듯이 문장에서 단어의 위치(단어의 순서)를 나타내는 인코딩이다.

위치 인코딩 행렬 P의 차원은 입력 행렬 X의 차원과 동일하다. 이제 입력 행렬(임베딩 행렬)을 트랜스포머에 직접 입력하기 전에 위치 인코딩을 포함한다. 즉 입력 행렬 X에 위치 인코딩 P를 더한 후 네트워크에 입력하는 것이다. 이제 입력 행렬은 단어의 임베딩뿐 아니라 문장의 단어 위치 정보도 포함한다.

$$X = \begin{bmatrix} 1.769 & 2.22 & 3.4 & 5.8 \\ 7.3 & 9.9 & 8.5 & 7.1 \\ 9.1 & 7.1 & 0.85 & 10.1 \end{bmatrix} + \begin{bmatrix} 0 & 1 & 0 & 1 \\ 0.841 & 0.54 & 0.01 & 0.99 \\ 0.909 & -0.416 & 0.02 & 0.99 \end{bmatrix}$$
$$X P$$

$$= \begin{bmatrix} 1.769 & 3.22 & 3.4 & 6.8 \\ 8.14 & 10.44 & 8.51 & 8.09 \\ 10.0 & 6.68 & 0.87 & 11.09 \end{bmatrix}$$

그림 1-26 입력 행렬에 위치 인코딩 행렬값 추가

그렇다면 위치 인코딩은 어떻게 계산되는 것일까? 「Attention Is All You Need」 논문의 저자는 위치 인코딩을 계산하는 데 사인파 함수$^{sinusoidal\ function}$를 사용했다.

$$P(pos,\ 2i) = sin\left(\frac{pos}{10000^{2i/d_{model}}}\right)$$
$$P(pos,\ 2i+1) = cos\left(\frac{pos}{10000^{2i/d_{model}}}\right)$$

위의 식을 보면 pos는 문장에서 단어의 위치를 의미하고, i는 해당 위치의 임베딩을 의미한다. 예제를 통해 해당 식의 의미를 이해해보자. 위의 식을 사용해 위치 인코더 행렬을 표현하면 다음과 같다.

$$P = \begin{matrix} I \\ am \\ good \end{matrix} \begin{bmatrix} sin\left(\frac{pos}{10000^0}\right) & cos\left(\frac{pos}{10000^0}\right) & sin\left(\frac{pos}{10000^{2/4}}\right) & cos\left(\frac{pos}{10000^{2/4}}\right) \\ sin\left(\frac{pos}{10000^0}\right) & cos\left(\frac{pos}{10000^0}\right) & sin\left(\frac{pos}{10000^{2/4}}\right) & cos\left(\frac{pos}{10000^{2/4}}\right) \\ sin\left(\frac{pos}{10000^0}\right) & cos\left(\frac{pos}{10000^0}\right) & sin\left(\frac{pos}{10000^{2/4}}\right) & cos\left(\frac{pos}{10000^{2/4}}\right) \end{bmatrix}$$

그림 1-27 위치 인코딩 행렬 계산

위의 행렬에서 볼 수 있듯이, 위치 인코딩에서 i의 값이 짝수인 경우 사인 함수를, i의 값이 홀수인 경우 코사인 함수를 사용한다. 이 행렬을 간단하게 표현하면 다음과 같다.

$$
P = \begin{array}{c} \text{I} \\[2.5em] \text{am} \\[2.5em] \text{good} \end{array}
\begin{bmatrix}
\sin(\text{pos}) & \cos(\text{pos}) & \sin\left(\dfrac{\text{pos}}{100}\right) & \cos\left(\dfrac{\text{pos}}{100}\right) \\[1.5em]
\sin(\text{pos}) & \cos(\text{pos}) & \sin\left(\dfrac{\text{pos}}{100}\right) & \cos\left(\dfrac{\text{pos}}{100}\right) \\[1.5em]
\sin(\text{pos}) & \cos(\text{pos}) & \sin\left(\dfrac{\text{pos}}{100}\right) & \cos\left(\dfrac{\text{pos}}{100}\right)
\end{bmatrix}
$$

그림 1-28 위치 인코딩 행렬 계산

입력 문장에서 단어 'I'는 0번째 위치, 'am'은 1번째 위치, 'good'은 2번째 위치이다. 'pos' 값을 위치 정보로 대체하면 다음과 같이 표현할 수 있다.

$$
P = \begin{array}{c} \text{I} \\[1.5em] \text{am} \\[1.5em] \text{good} \end{array}
\begin{bmatrix}
\sin(0) & \cos(0) & \sin(0/100) & \cos(0/100) \\[1em]
\sin(1) & \cos(1) & \sin(1/100) & \cos(1/100) \\[1em]
\sin(2) & \cos(2) & \sin(2/100) & \cos(2/100)
\end{bmatrix}
$$

그림 1-29 위치 인코딩 행렬 계산

따라서 위치 인코딩 행렬 P는 다음과 같은 형태를 띤다.

$$
P = \begin{array}{c} \text{I} \\[1.5em] \text{am} \\[1.5em] \text{good} \end{array}
\begin{bmatrix}
0 & 1 & 0 & 1 \\[1em]
0.841 & 0.540 & 0.009 & 0.999 \\[1em]
0.909 & -0.416 & 0.019 & 0.999
\end{bmatrix}
$$

그림 1-30 위치 인코딩 행렬

위치 인코딩 P를 계산한 후 임베딩 행렬 X에 대해 요소별 합$^{element-wise\ addition}$을 수행한 후 인코더의 입력 행렬로 입력한다.

인코더의 아키텍처를 다시 살펴보자. [그림 1-31]의 단일 인코더 블록을 보면 인코더에 입력 데이터는 입력 임베딩(임베딩 행렬)을 구한 다음 위치 인코딩을 합한 후 인코더에 입력하는 것을 알 수 있다.

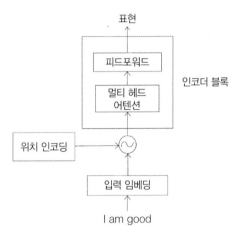

그림 1-31 단일 인코더 블록

앞에서 위치 인코딩의 작동 원리와 인코더 블록의 서브레이어 중 멀티 헤드 어텐션의 작동 원리를 배웠다. 이제 서브레이어 안에 있는 피드포워드 네트워크의 작동 원리를 살펴본다.

1.2.4 피드포워드 네트워크

인코더 블록 내 서브레이어에서 피드포워드 네트워크는 다음과 같이 표현할 수 있다.

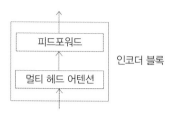

그림 1-32 인코더 블록

피드포워드 네트워크는 2개의 전결합층^{dense layer}과 ReLU 활성화 함수로 구성된다. 피드포워드 네트워크의 변수^{parameter}는 문장의 다른 위치에서는 동일하고 인코더 블록에서는 다르게 나타난다.

1.2.5 add와 norm 요소

인코더에서 중요한 요소 중 하나는 바로 add와 norm 관련 부분이다. 이 부분은 서브레이어의 입력과 출력 부분에 연결되어 있다. 이는 [그림 1-33]에서 점선으로 표시된 부분이다. 이 부분을 자세히 보면 다음과 같이 구성됐다는 것을 알 수 있다.

- 서브레이어에서 멀티 헤드 어텐션의 입력값과 출력값을 서로 연결한다.
- 서브레이어에서 피드포워드의 입력값과 출력값을 서로 연결한다.

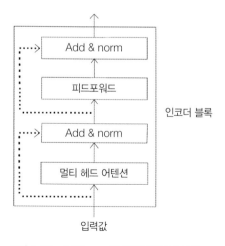

그림 1-33 add와 norm이 추가된 인코더 블록

add와 norm 요소는 기본적으로 레이어 정규화layer normalization의 잔차 연결residual connection이다. 레이어 정규화는 각 레이어 값이 크게 변화하는 것을 방지해 모델을 더 빠르게 학습할 수 있게 한다.

지금까지 인코더의 모든 구성 요소에 대해 살펴봤다. 이들을 모두 모아서 인코더가 전체적으로 어떻게 작동하는지 알아볼 것이다.

1.2.6 모든 인코더 구성 요소 통합

[그림 1-34]는 인코더 2개가 누적된 상태를 보여준다. 간결하게 표현하기 위해서 인코더 1만 자세하게 표현했다.

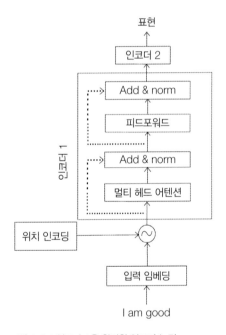

그림 1-34 인코더 1을 확장한 인코더 누적

위 그림으로 다음과 같은 사실을 알 수 있다.

1. 입력값은 입력 임베딩(임베딩 행렬)으로 변환한 다음 위치 인코딩을 추가하고, 가장 아래에 있는 인코더(인코더 1)를 입력값으로 공급한다.

2. 인코더 1은 입력값을 받아 멀티 헤드 어텐션의 서브레이어에 값을 보내고, 어텐션 행렬을 결괏값으로 출력한다.

3. 어텐션 행렬의 값을 다음 서브레이어인 피드포워드 네트워크에 입력한다. 피드포워드 네트워크는 어텐션 행렬을 입력값으로 받아 인코더 표현을 결괏값으로 출력한다.

4. 그다음으로 인코더 1의 출력값을 그 위에 있는 인코더(인코더 2)에 입력값으로 제공한다.

5. 인코더 2에서는 이전과 동일한 방법을 수행하고 주어진 문장에 대한 인코더 표현 결과를 출력으로 제공한다.

위의 예제처럼 인코더를 N개 누적해서 생성한다. 최상위 인코더의 출력값(인코더 표현)은 주어진 인코더에 대한 표현값이 된다. 최종 인코더(위의 예제에서는 인코더 2)에서 얻은 인코더 표현을 R이라고 하자.

최종 인코더(인코더 2)에서 얻은 인코더 표현(R)은 디코더의 입력값으로 들어간다. 디코더는 인코더 표현을 입력값으로 사용하고 타깃 문장을 생성한다.

지금까지 트랜스포머의 인코더 부분을 살펴봤다. 다음 절에서는 트랜스포머의 디코더를 자세히 다룬다.

1.3 트랜스포머 디코더 이해하기

영어(입력 문장) 'I am good'을 입력하면 프랑스어(타깃 문장) 'Je vais bien'을 생성하는 번역기를 만든다고 가정하자. 번역기를 만들려면 먼저 입력 문장인 'I am good'을 인코더에 입력해야 한다. 인코더는 입력 문장의 표현을 학습한다. 앞에서 인코더가 입력 문장을 학습하는 방법을 상세히 다뤘다. 이제 이 인코더의 결괏값을 가져와서 디코더에 입력값으로 사용한다. 디코더는 다음 그림과 같이 인코더의 표현을 입력값으로 사용하고 타깃 문장인 'Je vais bien'을 생성한다.

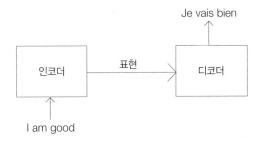

그림 1-35 트랜스포머의 인코더와 디코더

인코더 부분을 다룰 때 인코더 N개를 누적해서 쌓을 수 있다는 것을 배웠다. 인코더와 유사하게 디코더 역시 N개를 누적해서 쌓을 수 있다. $N = 2$로 예를 들어보자. [그림 1-36]에 표시된 것처럼 하나의 디코더 출력값은 그 위에 있는 디코더의 입력값으로 전송된다. 또한 인코더의 입력 문장 표현(인코더의 출력값)이 모든 디코더에 전송되는 것을 알 수 있다. 즉, 디코더는 이전 디코더의 입력값과 인코더의 표현(인코더의 출력값), 이렇게 2개를 입력 데이터로 받는다.

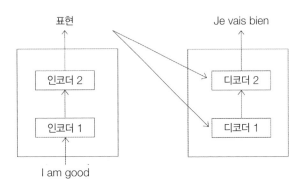

그림 1-36 인코더와 디코더의 누적

그렇다면 디코더는 사용자가 원하는 문장을 어떻게 생성할까? 이에 대해 좀 더 자세히 알아보자. 시간 스텝 $t = 1$이라면 디코더의 입력값은 문장의 시작을 알리는 ⟨sos⟩를 입력한다. 이 입력값을 받은 디코더는 타깃 문장의 첫 번째 단어인 'Je'를 생성한다.

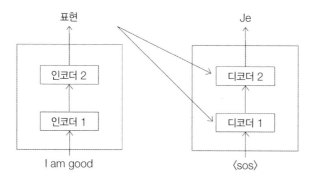

그림 1-37 시간 스텝 $t = 1$ 경우 디코더 예측

시간 스텝 $t = 2$ 경우 현재까지의 입력값에 이전 단계($t - 1$) 디코더에서 생성한 단어를 추가해 문장의 다음 단어를 생성한다. 즉 [그림 1-38]처럼 디코더는 〈sos〉와 'Je(이전 단계의 생성 결과)'를 입력받아 타깃 문장의 다음 단어를 생성한다.

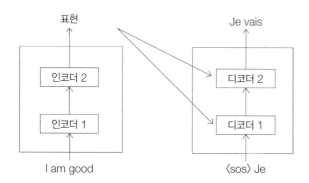

그림 1-38 시간 스텝 $t = 2$ 경우 디코더 예측

시간 스텝 $t = 3$의 경우 역시 이전 단계와 동일한 방법으로 진행한다. 이때 디코더의 입력은 〈sos〉, 'Je', 'vais'이고 이 입력값을 활용해 다음 단어를 생성한다.

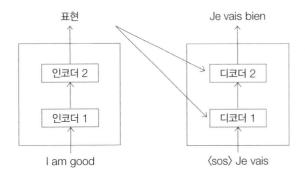

그림 1-39 시간 스텝 t = 3 경우 디코더 예측

위의 방법과 마찬가지로 모든 단계에서 디코더는 이전 단계에서 새로 생성한 단어를 조합해 입력값을 생성하고 이를 이용해 다음 단어를 예측하는 방법을 진행한다. 따라서 t = 4의 경우 〈sos〉, 'Je', 'vais', 'bien'을 입력하고 다음 단어를 예측한다.

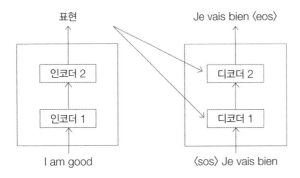

그림 1-40 시간 스텝 t = 4 경우 디코더 예측

[그림 1-40]을 통해 알 수 있듯이 디코더에서 〈eos〉 토큰을 생성할 때 타깃 문장의 생성이 완료된다.

인코더의 경우, 입력 문장을 임베딩 행렬로 변환한 후 여기에 위치 인코딩을 더한 값을 입력한다. 마찬가지로 디코더 역시 입력값을 바로 입력하는 것이 아니라 위치 인코딩을 추가한 값을 디코더의 입력값으로 사용한다.

예를 들어 [그림 1-41]처럼 각 시간 단계의 입력을 임베딩으로 변환한다고 할 때(여기서는 이전 시간 단계에서 디코더가 생성한 단어의 임베딩을 계산하므로 **출력 임베딩**output embedding이라고 정의한다) 위치 인코딩값을 추가한 다음 디코더에 입력한다.

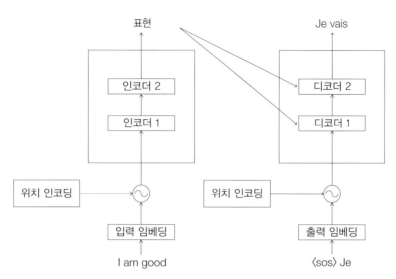

그림 1-41 위치 인코딩이 적용된 인코더와 디코더

그렇다면 디코더의 정확한 작동 원리는 무엇일까? 이제부터 디코더의 세부 구조를 알아보자. 하나의 디코더 블록은 다음과 같은 요소들로 구성된다.

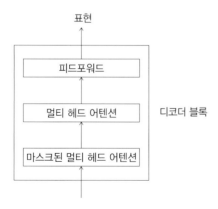

그림 1-42 디코더 블록

디코더 블록은 서브레이어 3개로 구성된 인코더 블록과 유사한 구조다.

- 마스크된 멀티 헤드 어텐션masked multi-head attention
- 멀티 헤드 어텐션multi-head attention
- 피드포워드 네트워크feedforward network

디코더 블록은 인코더 블록과 유사하게 서브레이어에 멀티 헤드 어텐션과 피드포워드 네트워크를 포함한다. 하지만 인코더와 다르게 두 가지 형태의 멀티 헤드 어텐션을 사용한다. 그중 하나는 어텐션 부분이 마스크된masked 형태다. 이제 디코더의 각 구성 요소를 더 자세히 살펴본 다음에 디코더의 전체 작동 원리를 알아보자.

1.3.1 마스크된 멀티 헤드 어텐션

영어를 프랑스어로 번역하는 태스크가 있고, 학습 데이터가 다음과 같이 준비되어 있다고 가정하자.

입력 문장	타깃 문장
I am good	Je vais bien
Good morning	Bonjour
Thank you very much	Merci beaucoup

그림 1-43 학습 데이터 예제

위의 데이터를 통해 번역 태스크의 입력과 출력 형태를 이해할 수 있다. 앞에서 번역 모델에 대한 테스트를 수행할 때 디코더에서 타깃 문장을 어떻게 생성하는지 알아봤다.

모델을 학습할 때는 이미 타깃 문장을 알고 있어서 디코더에 기본으로 타깃 문장 전체를 입력하면 되지만 수정 작업이 조금 필요하다. 디코더에서 문장을 입력할 때 처음에는 〈sos〉 토큰을 입력하고 〈eos〉 토큰이 생성될 때까지 이전 단계에서 예측한 단어를 추가하는 형태로 입력을 반복한다. 따라서 타깃 문장의 시작 부분에 〈sos〉 토큰을 추가한 다음 디코더에 입력한다.

'I am good'을 'Je vais bien'으로 번역한다고 가정해보자. 타깃 문장 시작 부분에 〈sos〉 토큰을 추가한 '〈sos〉 Je vais bien'을 디코더에 입력하면 디코더에서 'Je vais bien 〈eos〉'를 출력한다.

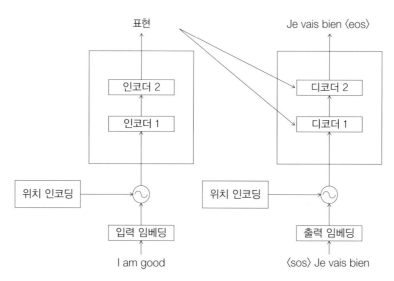

그림 1-44 트랜스포머의 인코더, 디코더

그렇다면 세부적으로 어떤 방식으로 작동하는 것일까? 왜 타깃 문장 전체를 입력하고 디코더에서는 한 단계 이동한 형태의 문장을 출력하는 것일까? 이 부분을 좀 더 자세히 알아보자.

디코더에 입력 문장을 입력할 때 입력 문장을 임베딩(출력 임베딩 행렬)으로 변환한 후 위치 인코딩을 추가해 디코더에 입력하는 것은 알고 있다. 디코더의 입력 행렬을 X라고 하자.

$$X = \begin{matrix} \text{<sos>} \\ \text{Je} \\ \text{vais} \\ \text{bien} \end{matrix} \begin{bmatrix} 7.9 & 3.5 & \dots & 16.1 \\ 8.1 & 4.4 & \dots & 83.1 \\ 17 & 0.54 & \dots & 6.12 \\ 11.12 & 11.12 & \dots & 22.1 \end{bmatrix} \begin{matrix} x_1 \\ x_2 \\ x_3 \\ x_4 \end{matrix}$$

그림 1-45 입력 행렬

행렬 X를 디코더에 입력하면 첫 번째 레이어는 마스크된 멀티 헤드 어텐션$^{masked\ multi-head\ attention}$이 된다. 인코더에서 사용한 멀티 헤드 어텐션과 기본 원리는 같지만 다른 점이 한 가지 있다.

셀프 어텐션을 구현하면 처음에 쿼리(Q), 키(K), 밸류(V) 행렬을 생성한다. 멀티 헤드 어텐션을 계산하면 h개의 쿼리, 키, 밸류 행렬을 생성한다. 따라서 헤드 i의 경우 행렬 X에 각각 가중치 행렬 w_i^Q, w_i^K, w_i^V를 곱해 쿼리(Q_i), 키(K_i), 밸류(V_i) 행렬을 얻을 수 있다.

이제 마스크된 멀티 헤드 어텐션을 살펴보자. 디코더의 입력 문장은 '⟨sos⟩ Je vais bien'이다. 앞에서 셀프 어텐션은 각 단어의 의미를 이해하기 위해 각 단어와 문장 내 전체 단어를 연결했다. 그런데 디코더에서 문장을 생성할 때 이전 단계에서 생성한 단어만 입력 문장으로 넣는다는 점이 중요하다. 예를 들어 $t = 2$의 경우 디코더의 입력 단어는 [⟨sos⟩, Je]만 들어간다. 즉, 이런 데이터의 특성을 살려 모델 학습을 진행해야 한다. 따라서 셀프 어텐션은 단어와의 연관성을 'Je'만 고려해야 하며, 모델이 아직 예측하지 않은 오른쪽의 모든 단어를 마스킹해 학습을 진행한다.

⟨sos⟩ 다음 단어를 예측한다고 하자. 이와 같은 경우에 모델은 ⟨sos⟩까지만 볼 수 있어서 ⟨sos⟩ 오른쪽에 있는 모든 단어에 마스킹 작업을 한다. 그다음으로 'Je' 단어를 예측한다고 하자. 이때 모델은 'Je'까지의 단어만 표시하므로 'Je' 오른쪽에 있는 모든 단어를 마스킹한다. 지금까지 설명한 내용을 [그림 1-46]과 같이 표시할 수 있다.

⟨sos⟩	mask	mask	mask
⟨sos⟩	Je	mask	mask
⟨sos⟩	Je	vais	mask
⟨sos⟩	Je	vais	bien

그림 1-46 값에 대한 마스킹 처리

이와 같은 단어 마스킹 작업은 셀프 어텐션에서 입력되는 단어에만 집중해 단어를 정확하게 생성하는 긍정적인 효과를 가져온다. 그렇다면 마스킹을 어떻게 구현할 수 있을까? i 헤드의 어텐션 행렬 Z_i는 다음 식으로 구할 수 있다.

$$Z_i = softmax\left(\frac{Q_i K_i^T}{\sqrt{d_k}}\right)V_i$$

어텐션 행렬을 구하는 첫 번째 단계는 쿼리와 키 행렬 사이의 내적을 계산하는 것이다. [그림 1-47]은 쿼리와 키 행렬 사이의 내적값을 구한 임의의 결과다.

	\<sos\>	Je	vais	bien
\<sos\>	73	60	10	45
Je	40	99	25	70
vais	58	40	83	10
bien	12	11	15	80

$Q_i K_i^T =$

그림 1-47 쿼리, 키 행렬의 내적 계산

그다음으로 $Q_i K_i^T$ 행렬을 키 벡터의 차원인 $\sqrt{d_k}$로 나눈다. $\dfrac{Q_i K_i}{\sqrt{d_k}}$ 결괏값이 [그림 1-48]라고 가정해보자.

	\<sos\>	Je	vais	bien
\<sos\>	9.125	7.5	1.25	5.625
Je	5.0	12.37	3.12	8.75
vais	7.25	5.0	10.37	1.25
bien	1.5	1.37	1.87	10.0

$\dfrac{Q_i K_i^T}{\sqrt{d_k}} =$

그림 1-48 $Q_i K_i^T$을 $\sqrt{d_k}$로 나눈 결과

위 행렬에 소프트맥스 함수를 적용해 정규화 작업을 수행한다. 소프트맥스 함수를 적용하기 전에 행렬값에 대한 마스킹 처리가 필요하다. 예를 들어 위 행렬의 첫 번째 행을 보자. 〈sos〉의 다음 단어를 예측한다고 할 때 모델에서는 〈sos〉 오른쪽에 있는 모든 단어를 참조하지 말아야 한다(텍스트 생성 시 사용이 불가능하기 때문이다). 〈sos〉 오른쪽에 있는 모든 단어를 $-\infty$로 마스킹을 수행한다.[5]

---

[5] 옮긴이_ $-\infty$로 값을 입력할 때 모델 학습 도중 발산하는 경우가 생길 수 있어서, 실제로 구현할 때에는 작은 값(e^{-9})으로 지정해서 계산을 수행한다.

$$\frac{Q_i K_i^T}{\sqrt{d_k}} = \begin{array}{c|cccc} & \text{<sos>} & \text{Je} & \text{vais} & \text{bien} \\ \hline \text{<sos>} & 9.125 & -\infty & -\infty & -\infty \\ \text{Je} & 5.0 & 12.37 & 3.12 & 8.75 \\ \text{vais} & 7.25 & 5.0 & 10.37 & 1.25 \\ \text{bien} & 1.5 & 1.37 & 1.87 & 10.0 \end{array}$$

그림 1-49 〈sos〉 오른쪽 단어를 −∞로 처리

이제 두 번째 행을 보자. 'Je' 다음 단어를 예측하기 위해 모델에서는 'Je' 오른쪽에 있는 단어를 참조하지 말아야 한다. 따라서 'Je' 오른쪽에 있는 모든 단어를 −∞로 마스킹한다.

$$\frac{Q_i K_i^T}{\sqrt{d_k}} = \begin{array}{c|cccc} & \text{<sos>} & \text{Je} & \text{vais} & \text{bien} \\ \hline \text{<sos>} & 9.125 & -\infty & -\infty & -\infty \\ \text{Je} & 5.0 & 12.37 & -\infty & -\infty \\ \text{vais} & 7.25 & 5.0 & 10.37 & 1.25 \\ \text{bien} & 1.5 & 1.37 & 1.87 & 10.0 \end{array}$$

그림 1-50 'Je' 오른쪽 단어를 −∞로 처리

유사하게 vais 우측 단어도 동일한 형태로 처리한다.

$$\frac{Q_i K_i^T}{\sqrt{d_k}} = \begin{array}{c|cccc} & \text{<sos>} & \text{Je} & \text{vais} & \text{bien} \\ \hline \text{<sos>} & 9.125 & -\infty & -\infty & -\infty \\ \text{Je} & 5.0 & 12.37 & -\infty & -\infty \\ \text{vais} & 7.25 & 5.0 & 10.37 & -\infty \\ \text{bien} & 1.5 & 1.37 & 1.87 & 10.0 \end{array}$$

그림 1-51 'vais' 오른쪽 단어를 −∞로 처리

이제 소프트맥스 함수를 적용한 행렬과 밸류(V_i) 행렬에 곱해 최종적으로 어텐션 행렬(Z_i)을 구한다. 멀티 헤드 어텐션의 경우 h개의 어텐션 행렬을 구하고 이들을 서로 연결한 후에 새로운 가중치 행렬 W^0를 곱해 최종적으로 어텐션 행렬 M을 구한다.

$$M = concatenate\left(Z_1,\ Z_2,\ ...,\ Z_i,\ ...,\ Z_h\right)W_O$$

이렇게 구한 어텐션 행렬 M을 다음 서브레이어에 있는 다른 형태의 멀티 헤드 어텐션의 입력값으로 넣는다. 이 부분을 더 자세히 알아보자.

1.3.2 멀티 헤드 어텐션

[그림 1-52]는 인코더와 디코더를 결합한 트랜스포머 모델의 모습이다. 이때 디코더의 멀티 헤드 어텐션multi-head attention은 입력 데이터 2개를 받는다. 하나는 이전 서브레이어의 출력값이고, 다른 하나는 인코더의 표현이다.

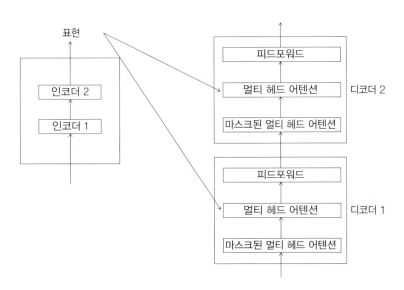

그림 1-52 인코더와 디코더 상호 작용

인코더의 표현값을 R, 이전 서브레이어인 마스크된 멀티 헤드 어텐션의 결과로 나온 어텐션 행렬을 M이라고 한다. 여기서 인코더의 결과와 디코더의 결과 사이에 상호작용이 일어난다. 이를 **인코더-디코더 어텐션 레이어**^{encoder–decoder attention layer}라고 부른다.

이제 멀티 헤드 어텐션 레이어가 어떻게 작동하는지 알아보자. 첫 번째 단계에서는 멀티 헤드 어텐션에서 사용하는 쿼리, 키, 밸류 행렬을 생성한다. 앞에서 행렬에 가중치 행렬을 곱해서 쿼리, 키, 밸류 행렬을 만들 수 있다는 것을 배웠다. 하지만 이번에는 입력값이 2개(인코더 표현인 R, 이전 서브레이어의 결과인 M)다. 이런 경우에는 어떻게 해야 할까?

이전 서브레이어의 출력값인 어텐션 행렬 M을 사용해 쿼리 행렬 Q를 생성하고, 인코더 표현 값인 R을 활용해 키(K), 밸류(V) 행렬을 생성한다. 현재 멀티 헤드 어텐션을 사용하고 있으므로 헤드 i를 기준으로 다음 절차를 따른다.

- 어텐션 행렬 M에 가중치 행렬 W_i^Q를 곱해 쿼리 행렬 Q_i를 생성한다.
- 인코더 표현값 R에 가중치 행렬 W_i^K, W_i^V를 각각 곱해 키, 밸류 행렬 K_i, V_i를 생성한다.

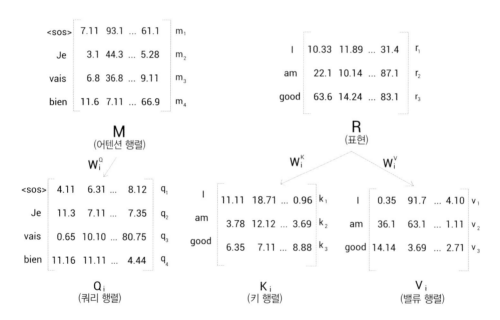

그림 1-53 쿼리, 키 밸류 행렬 생성

왜 쿼리 행렬은 M을 통해 생성하고 키, 밸류 행렬은 R을 통해 생성하는 것일까? 일반적으로 쿼리 행렬은 타깃 문장의 표현을 포함하므로 타깃 문장에 대한 값인 M의 값을 참조한다. 키와 밸류 행렬은 입력 문장의 표현을 가져서 R의 값을 참조한다. 이때 장점은 무엇일까? 셀프 어텐션을 단계적으로 계산하면서 좀 더 자세히 알아보자.

셀프 어텐션의 첫 번째 단계는 쿼리, 키 행렬 간의 내적을 계산하는 것이다. 앞에서 설명했듯이 쿼리 행렬은 M의 값을, 키 행렬은 R의 값을 참조했다. 쿼리, 키 행렬값은 [그림 1-54]와 같다.

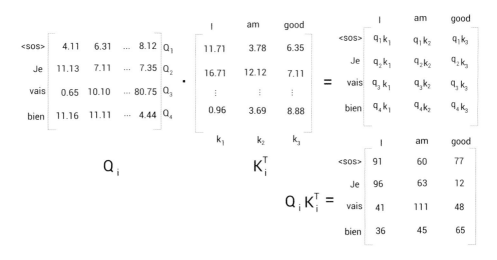

그림 1-54 쿼리, 키 행렬

쿼리, 키 행렬 간의 내적을 구한 결과는 [그림 1-55]와 같다.

	I	am	good
\<sos\>	91	60	77
Je	96	63	12
vais	41	111	48
bien	36	45	65

그림 1-55 쿼리, 키 행렬 간의 내적

위 행렬 $Q_i \cdot K_i^T$를 통해 다음 사실을 이해할 수 있다.

- 행렬의 첫 번째 행에서 쿼리 벡터 q_1(\<sos\>)와 모든 키 벡터 k_1(I), k_2(am), k_3(good) 사이의 내적을 계산한다. 첫 번째 행은 타깃 단어 \<sos\>가 입력 문장의 모든 단어(I, am, good)와 얼마나 유사한지를 계산하는 것으로 해석할 수 있다.

- 이와 유사하게 두 번째 행은 쿼리 벡터 q_2(Je)와 모든 키 벡터 k_1(I), k_2(am), k_3(good) 사이의 내적을 계산한다. 두 번째 행은 타깃 단어 'Je'가 입력 문장의 모든 단어(I, am, good)와 얼마나 유사한지를 계산한다.
- 나머지 행에서도 위와 동일한 방법을 적용한다. $Q_i \cdot K_i^T$은 쿼리 행렬(타깃 문장 표현)과 키 행렬(입력 문장 표현) 간의 유사도를 계산한다.

멀티 헤드 어텐션의 다음 단계는 $Q_i \cdot K_i^T$을 $\sqrt{d_k}$로 나누는 것이다. 이후 소프트맥스 함수를 적용하면 $softmax\left(\dfrac{Q_i K_i^T}{\sqrt{d_k}}\right)$인 스코어 행렬을 얻을 수 있다.

그다음으로 스코어 행렬에 밸류 행렬 V를 곱한 $softmax\left(\dfrac{Q_i K_i^T}{\sqrt{d_k}}\right)V_i$인 어텐션 행렬 Z_i를 얻는다.

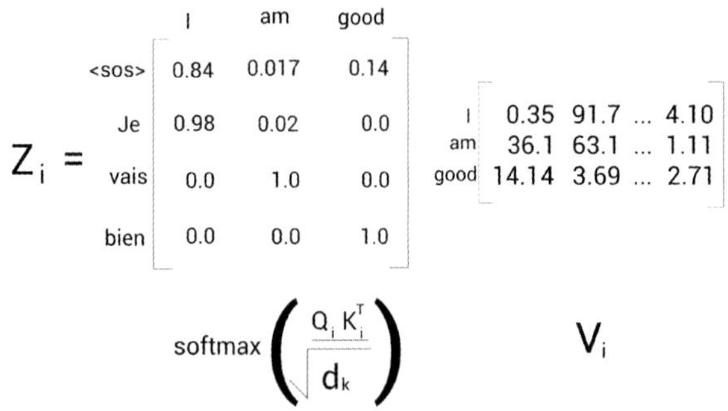

$$Z_i = \begin{array}{c} \\ <sos> \\ Je \\ vais \\ bien \end{array} \begin{array}{ccc} I & am & good \\ 0.84 & 0.017 & 0.14 \\ 0.98 & 0.02 & 0.0 \\ 0.0 & 1.0 & 0.0 \\ 0.0 & 0.0 & 1.0 \end{array} \quad \begin{array}{c} I \\ am \\ good \end{array} \begin{bmatrix} 0.35 & 91.7 & \dots & 4.10 \\ 36.1 & 63.1 & \dots & 1.11 \\ 14.14 & 3.69 & \dots & 2.71 \end{bmatrix}$$

$$\qquad\qquad softmax\left(\dfrac{Q_i K_i^T}{d_k}\right) \qquad\qquad V_i$$

그림 1-56 어텐션 행렬 계산

어텐션 행렬은 [그림 1-57]처럼 표현할 수 있다.

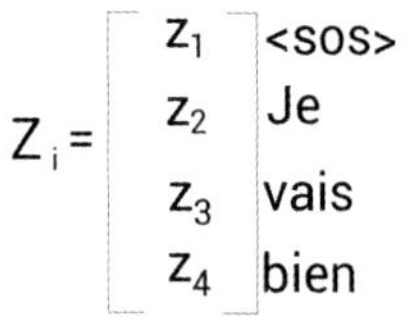

$$Z_i = \begin{bmatrix} z_1 \\ z_2 \\ z_3 \\ z_4 \end{bmatrix} \begin{array}{l} <sos> \\ Je \\ vais \\ bien \end{array}$$

그림 1-57 어텐션 행렬 결과

타깃 문장의 어텐션 행렬 Z_i의 경우 각 스코어에 대한 가중치를 반영한 벡터값의 합으로 계산된다. 예를 들어 단어 'Je', Z_2의 셀프 벡터값을 계산한다고 가정하자.

$$Z_2 = 0.98 \boxed{\begin{array}{c|c|c} 0.35 & 91.7 & ... \end{array}} + 0.02 \boxed{\begin{array}{c|c|c} 36.1 & 63.1 & ... \end{array}} + 0.0 \boxed{\begin{array}{c|c|c} 14.14 & 3.69 & ... \end{array}}$$

$$V_1(I) \qquad\qquad V_2(am) \qquad\qquad V_3(good)$$

그림 1-58 단어 'Je'의 셀프 어텐션

단어 'Je'의 셀프 어텐션 Z_2는 스코어에 대한 가중치를 반영한 벡터값의 합으로 계산된다. 따라서 Z_2의 98%는 벡터값 $v_1(I)$와 2%의 벡터값 $v_2(am)$를 포함한다. 모델에서 타깃 단어 'Je'가 입력 단어 'I'를 의미한다고 해석할 수 있다.[6]

이와 유사하게 h개의 헤드에 대해 어텐션 행렬을 구한 후 이를 연결하고, 가중치 행렬 W^0를 곱하면 최종 어텐션 행렬을 구할 수 있다.

$$멀티\ 헤드\ 어텐션 = concatenate\Big(Z_1, Z_2, ..., Z_i, ..., Z_h\Big)W_O$$

이제 어텐션 행렬의 결과를 디코더의 다음 서브레이어인 피드포워드 네트워크에 입력한다. 더 자세히 알아보자.

1.3.3 피드포워드 네트워크

[그림 1-59]처럼 디코더의 다음 서브레이어는 피드포워드 네트워크feedforward network다.

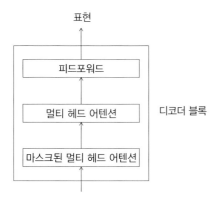

그림 1-59 디코더 블록

------

6 옮긴이_ 원문에서는 타깃 단어 'Je'가 입력 단어 'am'을 이해한다고 되어 있으나, 단어 의미 자체나 문맥상으로 볼 때도 오타인 것으로 판단해 내용을 수정했다.

디코더의 피드포워드 네트워크는 앞에서 배운 인코더의 피드포워드 네트워크와 동일한 구조다. 이제 add와 norm에 대해 알아보자.

1.3.4 add와 norm 요소

인코더에서 배운 것처럼 add와 norm의 구성 요소는 [그림 1-60]처럼 서브레이어의 입력과 출력을 서로 연결한다.

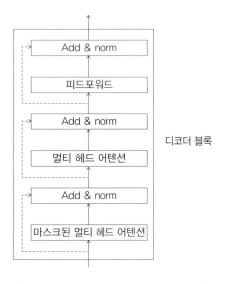

그림 1-60 add와 norm 요소가 있는 디코더 블록

다음으로 선형과 소프트맥스 레이어에 대해 살펴보자.

1.3.5 선형과 소프트맥스 레이어

디코더가 타깃 문장에 대한 표현을 학습시키면 [그림 1-61]처럼 최상위 디코더에서 얻은 출력값을 선형 및 소프트맥스 레이어에 전달한다.

그림 1-61 선형 및 소프트맥스 레이어

선형 레이어의 경우 그 크기가 어휘^{vocabulary}(이하 vocab) 크기와 같은 로짓^{logit} 형태이다. vocab이 다음과 같이 3개의 요소로 구성되어 있다고 가정하자.

$$vocabulary = \left[bien, \; Je, \; vais \right]$$

선형 레이어가 반환하는 로짓은 크기가 3인 벡터 형태가 된다. 소프트맥스 함수를 사용해 로짓값을 확률값으로 변환한 다음, 디코더에서 가장 높은 확률값을 갖는 인덱스^{index}의 단어로 출력한다. 다음 예제를 통해 더 자세히 알아보자.

디코더의 입력 단어가 ⟨sos⟩와 'Je'라고 할 때 디코더는 입력 단어를 보고 다음 단어를 예측한다. 이를 위해 디코더에서는 최상위 출력값을 가져와서 선형 레이어에 입력한다. 이 선형 레이어에서 vocab 크기와 동일한 크기의 로짓 벡터를 생성한다. 이 로짓값이 다음과 같다고 가정해보자.

$$logit = \left[45, \; 40, \; 49 \right]$$

이 로짓값에 소프트맥스 함수를 적용하고 확률값^{prob}을 얻는다.

$$prob = \left[0.0179, \; 0.000, \; 0.981 \right]$$

앞의 행렬에서 인덱스가 2인 경우 확률값은 0.981로 가장 높다. 따라서 vocab에서 인덱스가 2인 'vais'가 타깃 문장의 다음 단어로 예측된다. 이런 방식으로 디코더는 타깃 문장의 다음 단어를 예측한다.

지금까지 디코더의 모든 구성 요소를 살펴봤다. 이를 모두 통합했을 때 어떻게 동작하는지 알아보자.

1.3.6 디코더 모든 구성 요소 연결하기

[그림 1-62]는 디코더 2개가 쌓인 형태다. 간결하게 표현하기 위해 디코더의 첫 번째 부분만 확장해서 표현했다.

그림 1-62 디코더 2개가 쌓인 형태

[그림 1-62]에서 다음 사실을 알 수 있다.

1. 먼저 디코더에 대한 입력 문장을 임베딩 행렬로 변환한 다음 위치 인코딩 정보를 추가하고 디코더(디코더 1)에 입력한다.

2. 디코더는 입력을 가져와서 마스크된 멀티 헤드 어텐션 레이어에 보내고, 출력으로 어텐션 행렬 M을 반환한다.

3. 어텐션 행렬 M, 인코딩 표현 R을 입력받아 멀티 헤드 어텐션 레이어(인코더-디코더 어텐션 레이어)에 값을 입력하고, 출력으로 새로운 어텐션 행렬을 생성한다.

4. 인코더-디코더 어텐션 레이어에서 출력한 어텐션 행렬을 다음 서브레이어인 피드포워드 네트워크에 입력한다. 피드포워드 네트워크에서는 이 입력값을 받아서 디코더의 표현으로 값을 출력한다.

5. 다음으로 디코더 1의 출력값을 다음 디코더(디코더 2)의 입력값으로 사용한다.

6. 디코더 2는 디코더 1에서 수행한 프로세스와 동일한 형태로 진행하고, 타깃 문장에 대한 디코더 표현을 반환한다.

디코더의 경우 N개의 디코더를 쌓을 수 있다. 이때 최종 디코더(최상위 디코더)에서 얻은 출력(디코더 표현)은 타깃 문장의 표현이 된다. 다음으로 타깃 문장의 디코더 표현을 선형 및 소프트맥스 레이어에 입력하고 최종으로 예측된 단어를 얻는다.

지금까지 인코더와 디코더가 어떤 원리로 작동하는지 배웠다. 이어지는 절에서 인코더와 디코더를 연결해서 최종으로 트랜스포머 모델이 어떻게 작동하는지 알아보자.

1.4 인코더와 디코더 결합

인코더와 디코더를 포함한 완전한 모양의 트랜스포머 아키텍처는 다음과 같다.

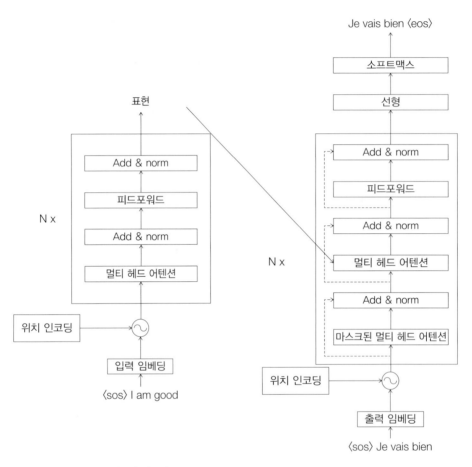

그림 1-63 트랜스포머의 인코더, 디코더

Nx는 인코더와 디코더를 N개 쌓을 수 있음을 나타낸다. [그림 1-63]에서 알 수 있듯이, 입력 문장(소스 문장)을 입력하면 인코더에서는 해당 문장에 대한 표현을 학습시키고, 그 결괏값을 디코더에 보내면 디코더에서 타깃 문장을 생성한다.

1.5 트랜스포머 학습

손실 함수loss function를 최소화하는 방향으로 트랜스포머 네트워크를 학습시킬 수 있다. 이때 어떤 손실 함수를 사용해야 할까? 앞에서 디코더가 vocab에 대한 확률 분포를 예측하고 확률이 가장 큰 단어를 선택한다는 것을 배웠다. 즉, 올바른 문장을 생성하려면 예측 확률 분포와 실제 확률 분포 사이의 차이를 최소화해야 한다. 그러려면 두 분포의 차이를 알아야 한다. 이때 교차 엔트로피cross-entropy를 사용하면 분포의 차이를 알 수 있다. 따라서 손실 함수를 교차 엔트로피 손실cross-entropy loss로 정의하고 예측 확률 분포와 실제 확률 분포를 최소화하도록 모델을 학습한다. 이때 옵티마이저optimizer는 아담Adam을 사용한다.

여기서 한 가지 고려해야 할 점은 과적합overfitting을 방지하려면 각 서브레이어의 출력에 드롭아웃dropout을 적용하고, 임베딩 및 위치 인코딩의 합을 구할 때도 드롭아웃을 적용해야 한다는 것이다.

1장에서는 트랜스포머가 어떤 원리로 작동하는지 배웠다. 다음 장부터 본격적으로 BERT를 다룬다.

1.6 마치며

이번 장에서는 트랜스포머 모델이 무엇인지, 인코더–디코더 아키텍처가 어떤 원리로 작동하는지를 다뤘다. 트랜스포머의 인코더 부분을 살펴보면서 멀티 헤드 어텐션과 피드포워드 네트워크 같은 인코더에서 사용하는 다양한 서브레이어를 확인했다.

셀프 어텐션은 단어를 좀 더 잘 이해하기 위해 주어진 문장의 모든 단어와 해당 단어를 연결하는 형태다. 셀프 어텐션을 계산하기 위해 쿼리, 키, 밸류 행렬이라는 세 가지 행렬을 사용했다. 그다음으로 위치 인코딩을 계산하는 방법과 위치 인코딩을 사용해 문장 내 단어의 순서를 입력하는 방법을 살펴봤다. 인코더에서 피드포워드 네트워크가 작동하는 방법과 add 및 norm 요소에 대해서도 배웠다.

인코더에 대해 알아본 다음 디코더의 작동 원리를 살펴봤다. 마스크된 멀티 헤드 어텐션, 인코더–디코더 어텐션, 피드포워드 네트워크 등 디코더에서 사용하는 서브레이어를 알아봤다. 트랜스포머의 인코더와 디코더가 결합한 형태에서 어떻게 작동하는지 이해한 다음 네트워크를 학습시키는 방법도 배웠다.

다음 장에서는 BERT가 무엇이며 모델 학습을 위해 트랜스포머를 어떻게 사용하는지를 알아볼 것이다.

1.7 연습 문제

다음 질문에 답해보자.

1. 셀프 어텐션의 전체 단계를 설명하라.
2. 스케일 닷 프로덕트 어텐션을 정의하라.
3. 쿼리, 키, 밸류 행렬은 어떻게 생성하는가?
4. 위치 인코딩이 필요한 이유는 무엇인가?
5. 디코더의 서브레이어는 무엇이 있는가?
6. 디코더의 인코더–디코더 어텐션 레이어의 입력은 무엇인가?

1.8 보충 자료

더 자세한 내용을 알고 싶다면 다음 자료를 참조하길 바란다.

- Attention Is All You Need by Ashish Vaswani, Noam Shazeer, and Niki Parmar, *https://papers.nips.cc/paper/7181-attention-is-all-you-need.pdf.*
- The Illustrated Transformer blog by Jay Alammar, *http://jalammar.github.io/illustrated-transformer.*

BERT 이해하기

이 장에서는 가장 널리 사용되는 고성능 텍스트 임베딩 모델인 BERT를 소개한다. BERT는 다양한 자연어 처리 태스크 분야에서 가장 성능이 뛰어나며, 자연어 처리가 전반적으로 한 걸음 나아가는 데 이바지했다. BERT가 무엇이며 다른 임베딩 모델과 어떻게 다른지 이해하는 데서부터 시작한 다음 BERT의 동작 방식과 구조를 자세히 들여다보자.

마스크 언어 모델링masked language modeling (MLM)과 다음 문장 예측next sentence prediction (NSP)이라는 두 가지 태스크 기반 BERT 모델이 어떻게 사전 학습을 진행하는지 살펴본다. 이 장의 마지막에서는 바이트 쌍 인코딩byte pair encoding, 바이트 수준 바이트 쌍 인코딩byte-level byte pair encoding 및 워드피스WordPiece를 포함한 몇 가지 흥미로운 하위 단어 토큰화 알고리즘subword tokenization algorithm 에 대해 배워본다.

이 장에서 다룰 내용은 다음과 같다.

- BERT의 기본 개념
- BERT의 동작 방식
- BERT 구조
- BERT 사전 학습
- 사전 학습 절차
- 하위 단어 토큰화 알고리즘

2.1 BERT의 기본 개념

BERTBidirectional Encoder Representation from Transformer는 구글에서 발표한 최신 임베딩 모델이다. 질문에 대한 대답, 텍스트 생성, 문장 분류 등과 같은 태스크에서 가장 좋은 성능을 도출해 자연어 처리 분야에 크게 기여해왔다. BERT가 성공한 주된 이유는 문맥context이 없는 워드투벡터word2vec와 같은 다른 인기 있는 임베딩 모델과 달리 문맥을 고려한 임베딩 모델이기 때문이다.

먼저 다음 두 문장을 통해 문맥 기반context-based 임베딩 모델과 문맥 독립context-free 임베딩 모델의 차이를 이해해보자.

A 문장: He got bit by Python(파이썬이 그를 물었다).

B 문장: Python is my favorite programming language(내가 가장 좋아하는 프로그래밍 언어는 파이썬이다).

두 문장에서 '파이썬'이라는 단어의 의미가 서로 다르다는 것을 알 수 있다. A 문장에서 '파이썬'이라는 단어는 뱀의 한 종류를 의미하고 B 문장에서 '파이썬'이라는 단어는 프로그래밍 언어를 의미한다.

워드투벡터와 같은 임베딩 모델을 사용해 앞의 두 문장에서 '파이썬'이라는 단어에 대한 임베딩을 얻는 경우 두 문장에서 동일한 단어가 쓰였으므로 동일하게 표현하게 된다. 이는 워드투벡터가 문맥 독립 모델이기 때문에 문맥과 관계없이 '파이썬'이라는 단어에 대해 항상 동일한 임베딩을 제공하기 때문이다.

반면 BERT는 문맥 기반 모델이므로 문장의 문맥을 이해한 다음 문맥에 따라 단어 임베딩을 생성한다. 따라서 앞의 두 문장의 문맥을 기반으로 '파이썬'이라는 단어에 대해 서로 다른 임베딩을 제공한다. 그런데 BERT는 어떻게 작동하는 것일까? 문맥을 어떻게 이해할까? 이에 대해서 좀 더 자세히 살펴보겠다.

A 문장(He got bit by Python)을 보자. BERT는 모든 단어의 문맥상 의미를 이해하기 위해 문장의 각 단어를 문장의 다른 모든 단어와 연결시켜 이해한다. 따라서 '파이썬'이라는 단어의 문맥상 의미를 이해하기 위해 BERT는 '파이썬'이라는 단어를 가져와서 문장의 다른 모든 단어와의 관계를 기반으로 이해하려 시도한다. 이렇게 하면 BERT는 A 문장의 '파이썬'이라는 단어와 '물었다bit'라는 단어의 강한 연결 관계를 파악해 '파이썬'이 뱀의 한 종류를 의미한다는 걸 파악하게 된다.

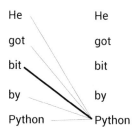

그림 2-1 파이썬과 다른 모든 단어의 관계

이제 B 문장(Python is my favorite programming language)을 보자. 마찬가지로 여기서 BERT는 모든 단어의 문맥상 의미를 이해하기 위해 문장의 각 단어를 문장의 모든 단어와 연결한다. 따라서 BERT는 '파이썬'이라는 단어를 가져와서 이 단어의 의미를 이해하기 위해 문장의 모든 단어와 연결한다. 이렇게 함으로써 BERT는 B 문장의 '파이썬'이라는 단어가 '프로그래밍programming'이라는 단어와 함께 사용되고 있으므로 프로그래밍 언어와 관련이 있음을 인지하게 된다.

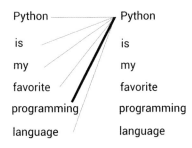

그림 2-2 파이썬과 다른 모든 단어의 관계

문맥 독립 모델과 달리 문맥과 관계없이 정적 임베딩을 생성하는 워드투벡터와 같은 BERT는 문맥을 기반으로 동적 임베딩을 생성한다.

자, 우리가 궁금한 부분은 BERT가 정확히 어떻게 작동하는가였다. 과연 BERT는 문맥을 어떻게 이해하는 것일까? 지금까지 BERT의 기본 개념을 확인했으니, 이어지는 절에서 BERT를 더 자세히 살펴보며 이런 질문에 대한 답을 찾아볼 것이다.

2.2 BERT의 동작 방식

이름에서 알 수 있듯이 BERT는 트랜스포머 모델을 기반으로 하며, 인코더-디코더가 있는 트랜스포머[1] 모델과 달리 인코더만 사용한다.

1장에서 문장을 트랜스포머 인코더에 입력하고 문장의 각 단어에 대한 표현 벡터를 출력으로 반환한다는 것을 확인했다. 이것이 바로 트랜스포머 인코더, 즉 BERT의 표현 벡터다. 그럼, 양방향bidirectional이라는 용어는 무엇을 의미할까?

트랜스포머 인코더는 원래 양방향으로 문장을 읽을 수 있기 때문에 양방향이다. 따라서 BERT는 기본적으로 트랜스포머에서 얻은 양방향 인코더 표현이다.[2]

예제를 통해 BERT가 어떻게 트랜스포머에서 양방향 인코더 표현을 하는지 이전 절에서 살펴본 문장으로 이해해보자!

'He got bit by Python(파이썬이 그를 물었다)'이라는 A 문장을 트랜스포머의 인코더에 입력으로 제공하고 문장의 각 단어에 대한 문맥 표현(임베딩)을 출력으로 가져온다. 인코더에 문장을 입력하면 인코더는 **멀티 헤드 어텐션 메커니즘**multi-head attention mechanism을 사용해 문장의 각 단어의 문맥을 이해해(문장의 각 단어를 문장의 다른 모든 단어와 연결해 관계 및 문맥을 고려해 의미를 학습한다) 문장에 있는 각 단어의 문맥 표현을 출력으로 반환한다.

[그림 2-3]과 같이 문장을 트랜스포머의 인코더에 입력으로 제공하고 문장의 각 단어를 출력으로 표시했다. 그림과 같이 N개의 인코더를 쌓을 수 있으나, 불필요한 복잡함을 줄이기 위해 하나의 블록만 확장했다. [그림 2-3]에서 '파이썬Python'이라는 단어의 표현을 출력하고 차례로 '그he'라는 단어의 표현을 출력한다. 각 토큰의 표현 크기는 인코더 레이어의 출력의 차원이며, 인코더 레이어의 차원이 768이라고 가정하면 각 토큰의 표현 크기는 768이 된다.

---

1 옮긴이_ 구글에서 발간한 「Attention Is All You Need」라는 유명 논문에서 처음 제안한 모델 구조로, 논문에서는 트랜스포머로 기계번역 성능을 획기적으로 향상시킨 결과를 보여주었다.

2 옮긴이_ 트랜스포머 인코더는 원래 양방향이기 때문에 양방향은 중복된 표현이라 볼 수 있다.

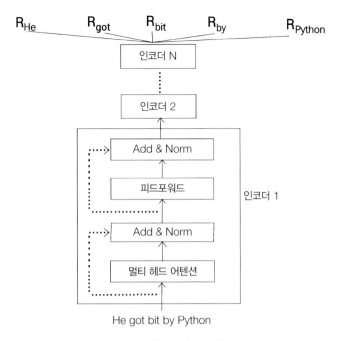

그림 2-3 BERT에 입력된 A 문장의 각 단어 표현 출력

마찬가지로, 'Python is my favorite programming language(내가 가장 좋아하는 프로그래밍 언어는 파이썬이다)'라는 B 문장을 트랜스포머 인코더에 입력하면 [그림 2-4]와 같이 문장의 각 단어에 대한 문맥 표현을 얻을 수 있다.

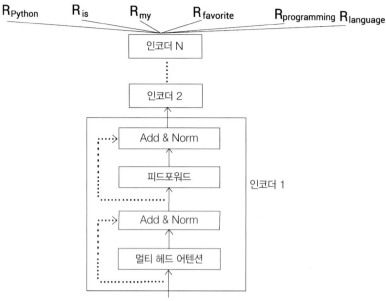

R_{Python} R_{is} R_{my} $R_{favorite}$ $R_{programming}$ $R_{language}$

인코더 N

인코더 2

Add & Norm

피드포워드

인코더 1

Add & Norm

멀티 헤드 어텐션

Python is my favorite programming language

그림 2-4 BERT에 입력된 B 문장의 각 단어 표현 출력

2.3 BERT의 구조

BERT 논문 저자들은 아래와 같이 두 가지 구성의 모델을 제시했다.

- BERT-base
- BERT-large

각각을 자세히 알아보자.

2.3.1 BERT-base

BERT-base는 12개의 인코더 레이어가 스택처럼 쌓인 형태로 구성되어 있다. 모든 인코더는 12개의 어텐션 헤드를 사용하며, 인코더의 피드포워드 네트워크는 768개 차원의 은닉^{hidden} 유닛으로 구성된다. 따라서 BERT-base에서 얻은 표현 크기는 768이다.

앞으로 다음 표기법을 사용할 것이다.

- 인코더 레이어의 수는 L로 표시한다.

- 어텐션 헤드는 A로 표시한다.

- 은닉 유닛은 H로 표시한다.

BERT-base 모델은 $L = 12$, $A = 12$, $H = 768$가 되며, 총 변수의 수는 1억 1천만 개다. [그림 2-5]는 BERT-base 모델을 시각화한 것이다.[3]

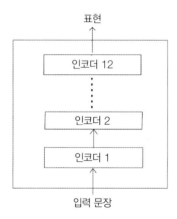

그림 2-5 BERT-base

2.3.2 BERT-large

BERT-large는 24개의 인코더 레이어가 스택처럼 쌓인 형태로 구성되어 있다. 모든 인코더는 16개의 어텐션 헤드를 사용하며, 인코더의 피드포워드 네트워크는 1,024개의 은닉 유닛으로 구성된다. 따라서 BERT-large에서 얻은 표현 크기는 1,024가 된다.

BERT-large 모델은 $L = 24$, $A = 16$, $H = 1024$가 되며, 총 변수의 수는 3억 4천만 개다. [그림 2-6]은 BERT-large 모델을 시각화한 것이다.

----

3 옮긴이_ 이 부분은 구글이 제공하는 BERT-base에 대한 설명이며, $L = 12$, $A = 12$, $H = 768$의 구조를 가진다고 해서 반드시 1억 1천만 개의 변수를 가지는 것은 아니다. 이외에도 구조를 구성하는 다양한 속성이 존재하며 이에 따라 변수 수는 달라질 수 있다. 한 가지 예를 들면 '입력 가능한 문장의 최대 길이'와 같은 속성이 존재한다.

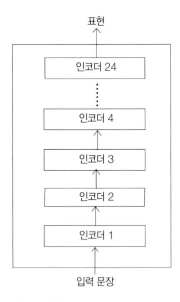

그림 2-6 BERT-large

2.3.3 그 밖의 여러 BERT 구조

앞의 두 가지 표준 구조 외에도 다른 조합으로 BERT를 구축할 수 있다. 더 작은 구조 중 일부는 다음과 같다.

- BERT-tiny: $L = 2$, $A = 2$, $H = 128$
- BERT-mini: $L = 4$, $A = 4$, $H = 256$
- BERT-small: $L = 4$, $A = 8$, $H = 521$
- BERT-medium: $L = 8$, $A = 8$, $H = 521$

[그림 2-7]은 다양한 BERT의 구조를 보여준다.

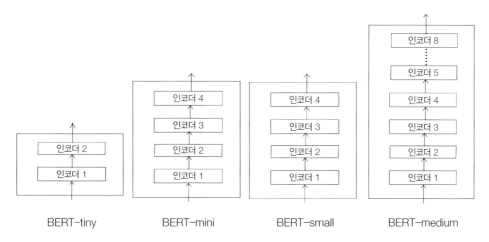

그림 2-7 다양한 BERT 구조

컴퓨팅 리소스가 제한된 환경에서는 더 작은 BERT가 적합할 수 있다. 하지만 BERT-base, BERT-large와 같은 표준 구조가 더 정확한 결과를 제공하기 때문에 가장 널리 사용되고 있다.

지금까지 BERT의 작동 방식과 다양한 구조에 대해 살펴보았다. 그러나 아직 다음과 같은 의문 몇 가지가 남아 있을 것이다.

- 입력 문장에 대한 적절한 표현을 생성하게 하려면 BERT를 어떻게 학습시켜야 할까?
- 학습에 어떤 데이터셋을 사용해야 할까?
- 학습 방법은 무엇일까?

바로 다음 절에서 논의할 내용이다.

2.4 BERT 사전 학습

이 절에서는 BERT를 사전 학습시키는 방법을 알아본다. 그런데 사전 학습이란 무엇일까? 모델을 하나 학습시켜야 한다고 가정해보자. 일단 특정 태스크에 대한 방대한 데이터셋으로 모델을 학습시키고 학습된 모델을 저장한다. 그다음으로, 새 태스크가 주어지면 임의 가중치로 모델을 초기화하는 대신 이미 학습된 모델(사전 학습된 모델)의 가중치로 모델을 초기화한다. 즉, 모델이 이미 대규모 데이터셋에서 학습되었으므로 새 태스크를 위해 새로운 모델로 처음부터 학습시키는 대신 사전 학습된 모델을 사용하고 새로운 태스크에 따라 가중치를 조정(파인 튜닝)한다. 이런 방식이 사전 학습의 대표적인 유형이다.

BERT는 MLM과 NSP라는 두 가지 재미있는 태스크를 이용해 거대한 말뭉치를 기반으로 사전 학습된다. 사전 학습 후 사전 학습된 BERT를 저장해두고, 새로운 태스크가 주어질 경우 BERT를 처음부터 학습시키는 대신 사전 학습된 BERT를 사용한다. 즉, 사전 학습된 BERT를 기반으로 새 태스크에 대한 가중치를 조정(파인 튜닝)한다.

이제 BERT가 어떻게 사전 학습되는지 자세히 알아볼 것이다. 그전에 먼저 BERT가 허용하는 방식으로 입력 데이터를 구조화하는 방법부터 살펴보자.

2.4.1 BERT의 입력 표현

BERT에 데이터를 입력하기 전에 다음 세 가지 임베딩 레이어를 기반으로 입력 데이터를 임베딩으로 변환해야 한다.

- 토큰 임베딩token embedding
- 세그먼트 임베딩segment embedding
- 위치 임베딩position embedding

그럼, 임베딩 레이어가 각각 어떻게 동작하는지 확인해보자!

토큰 임베딩

먼저, 토큰 임베딩token embedding 레이어 차례다. 다음 두 문장으로 살펴보자.

A 문장: Paris is a beautiful city(파리는 아름다운 도시다).

B 문장: I love Paris(나는 파리를 좋아한다).

먼저 여기에 표시된 것처럼 두 문장을 모두 토큰화해 토큰들을 추출한다. 이 예에서는 토큰을 소문자로 변환하지 않을 것이다.

```
tokens = [Paris, is, a, beautiful, city, I, love, Paris]
```

다음으로, 첫 번째 문장의 시작 부분에만 [CLS] 토큰이라는 새 토큰을 추가한다.

```
tokens = [ [CLS], Paris, is, a, beautiful, city, I, love, Paris]
```

그런 다음 모든 문장 끝에 [SEP]라는 새 토큰을 추가한다.

```
tokens = [ [CLS], Paris, is, a, beautiful, city, [SEP], I, love, Paris, [SEP]]
```

[CLS] 토큰은 첫 번째 문장의 시작 부분에만 추가되고 [SEP] 토큰은 모든 문장의 끝에 추가한다. [CLS] 토큰은 분류 작업에 사용되며 [SEP] 토큰은 모든 문장의 끝을 나타내는 데 사용된다. 이 두 스페셜 토큰인 [CLS]와 [SEP]가 어떤 기능을 수행하는지 이 장에서 자세히 알아볼 것이다.

이제 모든 토큰을 BERT에 입력하기 전에 토큰 임베딩이라는 임베딩 레이어를 사용해 토큰을 임베딩으로 변환한다. 토큰 임베딩의 변수들은 사전 학습이 진행되면서 학습된다. [그림 2-8]에서 볼 수 있듯이 모든 토큰에 대한 임베딩이 있다. 즉, $E_{[cls]}$는 [CLS] 토큰의 임베딩을 나타내며, $E_{[paris]}$는 Paris 토큰의 임베딩을 나타낸다.

그림 2-8 토큰 임베딩

세그먼트 임베딩

세그먼트 임베딩segment embedding은 주어진 두 문장을 구별하는 데 사용된다. 앞에서 활용한 문장으로 세그먼트 임베딩을 살펴보자.

A 문장: Paris is a beautiful city.

B 문장: I love Paris.

앞의 두 문장을 토큰화하면 다음과 같은 결과를 얻는다.

```
tokens = [ [CLS], Paris, is, a, beautiful, city, [SEP], I, love, Paris, [SEP]]
```

이제 [SEP] 토큰과 별도로 두 문장을 구분하기 위해 모델에 일종의 지표를 제공해야 한다. 이를 위해 세그먼트 임베딩 레이어에 입력 토큰을 제공한다.

세그먼트 임베딩 레이어는 입력에 대한 출력으로 E_A, E_B만 반환한다. 입력 토큰이 A 문장에 속하면 토큰이 E_A에 매핑되고, B 문장에 속하면 E_B에 매핑된다.

[그림 2-9]에 표시된 대로 문장 A의 모든 토큰은 E_A에 매핑되고 B 문장의 모든 토큰은 E_B에 매핑된다.

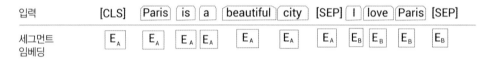

그림 2-9 세그먼트 임베딩: 문장이 2개인 경우

그럼, 문장이 하나만 있는 경우 세그먼트 임베딩은 어떻게 될까? 'Paris is a beautiful city'라는 문장만 있다고 가정하면, 다음과 같이 문장의 모든 토큰이 E_A에 매핑된다.

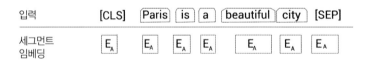

그림 2-10 세그먼트 임베딩: 문장이 1개인 경우

위치 임베딩

다음으로 위치 임베딩^{position embedding}이 있다. 전 장에서 트랜스포머가 어떤 반복 메커니즘도 사용하지 않고 모든 단어를 병렬로 처리하므로 단어 순서와 관련된 정보를 제공해야 한다는 것을 배웠다. 이때 위치 인코딩을 사용했다.

BERT는 본질적으로 트랜스포머의 인코더이므로 BERT에 데이터를 직접 입력하기 전에 문장에서 단어(토큰)의 위치에 대한 정보를 제공해야 한다. 결국 우리는 위치 임베딩이라는 레이어를 사용해 문장의 각 토큰에 대한 위치 임베딩 출력을 얻게 된다.

[그림 2-11]에서 [CLS]의 위치 임베딩인 E_0와 Paris 토큰의 위치 임베딩인 E_1 등을 확인할 수 있다.

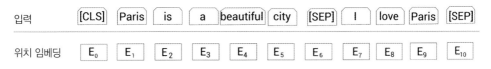

그림 2-11 위치 임베딩

최종 입력 데이터 표현

이제 최종 입력 데이터 표현을 살펴보자. [그림 2-12]에 표시된 것처럼 먼저 주어진 입력 문장을 토큰으로 변환하고 토큰을 토큰 임베딩, 세그먼트 임베딩, 위치 임베딩 레이어에 공급하고 임베딩을 얻는다. 그다음으로 모든 임베딩을 합산해 BERT에 입력으로 제공한다.

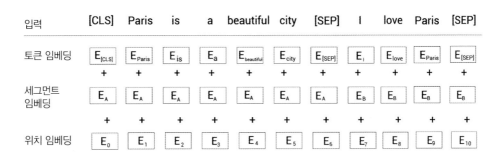

그림 2-12 입력의 최종 표현

지금까지 세 가지 임베딩 레이어를 사용해 입력을 임베딩으로 변환하는 방법을 배웠다. 다음으로 BERT에서 사용하는 워드피스 토크나이저에 대해 알아보자.

워드피스 토크나이저

BERT는 워드피스 토크나이저라는 특별한 유형의 토크나이저를 사용하며, 이는 하위 단어 토큰화 알고리즘을 기반으로 한다. 예제를 통해 워드피스 토크나이저가 어떻게 작동하는지 이해해보자. 먼저 다음 문장이 주어졌다고 가정하자.

Let us start pretraining the model(모델 사전 학습을 시작하자).

워드피스 토크나이저를 사용해 문장을 토큰화하면 다음과 같은 토큰을 얻을 수 있다.

```
tokens = [let, us, start, pre, ##train, ##ing, the, model]
```

워드피스 토크나이저를 사용해 문장을 토큰화하면 개별 단어가 pre, ##train, ##ing와 같은 하위 단어^{subword}로 분할되는 것을 볼 수 있다. 왜 하위 단어로 분할하는 것일까?

BERT는 워드피스 토크나이저를 사용해 토큰화할 때 단어가 어휘 사전에 있는지 확인한다. 단어가 어휘 사전에 있으면 그 단어를 토큰으로 사용하고, 단어가 어휘 사전에 없으면 그 단어를 하위 단어로 분할해 하위 단어가 어휘 사전에 있는지 확인한다. 하위 단어가 어휘 사전에 있으면 이를 토큰으로 사용한다. 만약 하위 단어가 어휘 사전에 없으면 다시 하위 단어로 분할해 어휘 사전에 있는지 확인한다. 어휘 사전에 있으면 토큰으로 사용하고 그렇지 않으면 다시 분할한다. 이런 식으로 개별 문자에 도달할 때까지 어휘 사전을 기반으로 하위 단어를 계속 분할하고 확인한다. 이 방식은 **어휘 사전 이외**^{out-of-vocabulary}(OOV)의 단어를 처리하는 데 효과적이다.

BERT 어휘 사전 크기는 3만 토큰이다. 입력 단어가 3만 토큰에 속하면 이를 토큰으로 사용하고 그렇지 않으면 해당 단어를 하위 단어로 분할하여 하위 단어가 이 3만 토큰에 속하는지 확인한다. 알고리즘은 개별 문자에 도달할 때까지 어휘 사전(3만 토큰)으로 하위 단어를 계속 분할하고 확인한다.

이 예에서 **pretraining**이라는 단어는 BERT의 어휘 사전에 없기 때문에 이 단어를 pre, ##train, ##ing와 같은 하위 단어로 나눈다. ##train과 ##ing 토큰 앞의 해시 기호는 하위 단어임을 나타내고 앞에 다른 단어가 있음을 의미한다. 이제 어휘 사전에 ##train과 ##ing 하위 단어가 있는지 확인하고, 이들은 어휘 사전에 존재하기 때문에 다시 나누지 않고 토큰으로 사용한다.

결국, 워드피스 토크나이저를 사용해 다음과 같은 토큰들을 얻게 된다.

```
tokens = [ let, us, start, pre, ##train, ##ing, the, model ]
```

이후 문장 시작 부분에 [CLS] 토큰을 추가하고 문장 끝부분에 [SEP] 토큰을 추가한다.

```
tokens = [ [CLS], let, us, start, pre, ##train, ##ing, the, model, [SEP] ]
```

앞에서 배운 것처럼 입력 토큰을 토큰, 세그먼트, 위치 임베딩 레이어에 입력해 각 임베딩을 얻고 이들 임베딩을 합한 다음 BERT에 입력한다. 워드피스 토크나이저의 작동 방식과 어휘 사전 구축 방식은 2.5절에서 다른 토크나이저와 함께 자세히 다룬다.

입력을 임베딩으로 변환해 BERT에 공급하는 방법과 워드피스 토크나이저를 사용해 입력을 토큰화하는 방법을 배웠다. 이제 BERT 모델을 사전 학습시키는 방법을 확인해보자.

2.4.2 사전 학습 전략

BERT는 다음 두 가지 태스크에 대해 사전 학습된다.

1. 마스크 언어 모델링masked language modeling(MLM)
2. 다음 문장 예측next sentence prediction(NSP)

이 두 가지 학습 전략을 차례로 살펴봄으로써 어떻게 작동하는지 이해해보자. MLM 태스크를 설명하기 전에 먼저 언어 모델링 태스크를 살펴본다.

언어 모델링

언어 모델링language modeling은 일반적으로 임의의 문장이 주어지고 단어를 순서대로 보면서 다음 단어를 예측하도록 모델을 학습시키는 것이다. 언어 모델링은 다음 두 가지로 분류할 수 있다.

- 자동 회귀 언어 모델링auto-regressive language modeling
- 자동 인코딩 언어 모델링auto-encoding language modeling

자동 회귀 언어 모델링

자동 회귀 언어 모델링auto-regressive language modeling은 다시 다음 두 가지 방식으로 구분할 수 있다.

- 전방(왼쪽에서 오른쪽으로) 예측forward(left-to-right) prediction
- 후방(오른쪽에서 왼쪽으로) 예측backward(right-to-left) prediction

이 두 가지 방법이 어떻게 동작하는지 예제로 살펴보자. 'Paris is a beautiful city. I love Paris(파리는 아름다운 도시다. 난 파리를 사랑한다)'라는 문장이 주어졌을 때 다음과 같이 'city'라는 단어를 제거하고 공백을 추가해본다.

Paris is a beautiful __. I love Paris.

이제 모델은 공백을 예측해야 한다. 전방 예측을 사용하는 경우 모델은 예측을 수행하기 위해 다음과 같이 왼쪽에서 오른쪽으로 공백까지 모든 단어를 읽는다.

Paris is a beautiful __.

후방 예측을 사용하면 예측을 수행하기 위해 모델은 다음과 같이 오른쪽에서 왼쪽으로 공백까지 모든 단어를 읽는다.

__. I love Paris.

자동 회귀 언어 모델은 원래 단방향이므로 한 방향으로만 문장을 읽는다.

자동 인코딩 언어 모델링

자동 인코딩 언어 모델링auto-encoding language modeling은 전방(왼쪽에서 오른쪽) 및 후방(오른쪽에서 왼쪽) 예측을 모두 활용한다. 즉, 예측을 하면서 양방향으로 문장을 읽는다. 따라서 자동 인코딩 언어 모델은 본질적으로 양방향이라고 말할 수 있다. 다음에서 볼 수 있듯이 공백을 예측하기 위해 자동 인코딩 언어 모델은 양방향, 즉 왼쪽에서 오른쪽 및 오른쪽에서 왼쪽으로 문장을 읽는다.

Paris is a beautiful __. I love Paris.

양방향으로 문장을 읽으면 문장 이해 측면에서 더 명확해지므로 더 정확한 결과를 제공한다.

언어 모델링의 작동 방식을 이해했으니 이제 BERT의 사전 학습 전략 중 하나인 MLM에 대해 살펴보자.

마스크 언어 모델링(MLM)

BERT는 자동 인코딩 언어 모델로, 예측을 위해 문장을 양방향으로 읽는다. 마스크 언어 모델링masked language modeling(MLM)은 주어진 입력 문장에서 전체 단어의 15%를 무작위로 마스킹하고 마스크된 단어를 예측하도록 모델을 학습시키는 것이다. 마스크된 단어를 예측하기 위해 모델은 양방향으로 문장을 읽고 마스크된 단어를 예측하려 시도한다.

마스크 언어 모델링이 어떻게 작동하는지 예제를 통해 살펴보자. 앞에서 살펴본 문장(Paris is a beautiful city, I love Paris)을 토큰화한다.[4]

```
tokens = [Paris, is, a, beautiful, city, I, love, Paris]
```

첫 번째 문장의 시작 부분에 [CLS] 토큰을 추가하고 문장 끝에 [SEP] 토큰을 추가한다.

```
tokens = [ [CLS], Paris, is, a, beautiful, city, [SEP], I, love, Paris, [SEP] ]
```

다음으로, 토큰(단어)의 15%를 무작위로 마스킹한다. 다음과 같이 city라는 단어를 마스킹한 다음 city를 [MASK] 토큰으로 바꾼다.

```
tokens = [ [CLS], Paris, is, a, beautiful, [MASK], [SEP], I, love, Paris, [SEP] ]
```

'city'라는 단어를 [MASK] 토큰으로 대체했다. 이젠 마스크된 토큰을 예측하기 위한 BERT를 학습시킨다.

---

4   옮긴이_ 이 책에서는 간단하게 설명하기 위해 토큰화를 진행하면서 마침표와 같은 문장 부호 처리는 고려하지 않았다. 'Paris is a beautiful city.'라는 문장이 있다고 가정하면, 이 문장 마지막에 마침표가 존재하고 실제 토큰화를 진행했을 때 마침표가 누락되지 않는다.

여기에 작은 문제가 있다. 위와 같은 방식으로 토큰을 마스킹하면 사전 학습과 파인 튜닝 사이에 불일치가 생기게 된다. [MASK] 토큰을 예측해 BERT를 사전 학습시키고, 학습시킨 후에는 감정 분석과 같은 다운스트림 태스크를 위해 사전 학습된 BERT를 파인 튜닝한다. 그런데 파인 튜닝에는 입력에 [MASK] 토큰이 없다. 이 때문에 BERT가 사전 학습되는 방식과 파인 튜닝에 사용되는 방식 간에 불일치가 발생한다.

이 문제를 극복하기 위해 80-10-10% 규칙을 적용한다. 문장에서 토큰의 15%를 무작위로 마스킹한다는 것을 확인했다. 그럼 15% 토큰에 대해 다음을 수행한다.

- 15% 중 80%의 토큰(실제 단어)을 [MASK] 토큰으로 교체한다. 적용 결과는 다음과 같다.

```
tokens = [ [CLS], Paris, is, a, beautiful, [MASK], [SEP], I, love, Paris, [SEP] ]
```

- 15% 중 10%의 토큰(실제 단어)을 임의의 토큰(임의 단어)으로 교체한다. 적용 결과는 다음과 같다.

```
tokens = [ [CLS], Paris, is, a, beautiful, love, [SEP], I, love, Paris, [SEP] ]
```

- 15% 중 나머지 10%의 토큰은 어떤 변경도 하지 않는다. 적용 결과는 다음과 같다.

```
tokens = [ [CLS], Paris, is, a, beautiful, city, [SEP], I, love, Paris, [SEP] ]
```

토큰화 및 마스킹 후에 입력 토큰을 토큰, 세그먼트, 위치 임베딩 레이어에 입력해 입력 임베딩을 얻는다.

이제 이 입력 임베딩을 BERT에 제공한다.

[그림 2-13]과 같이 BERT는 입력을 받은 다음 각 토큰의 표현 벡터를 출력으로 반환한다. $R_{[CLS]}$는 [CLS] 토큰의 표현 벡터를 의미하고, R_{Paris}는 Paris 토큰의 표현 벡터를 의미한다. 이 예에서는 12개의 인코더 레이어, 12개의 어텐션 헤드, 768개의 은닉 유닛이 있는 BERT-base를 사용한다. BERT-base 모델을 사용하기 때문에 각 토큰의 표현 벡터 크기는 768이 된다.

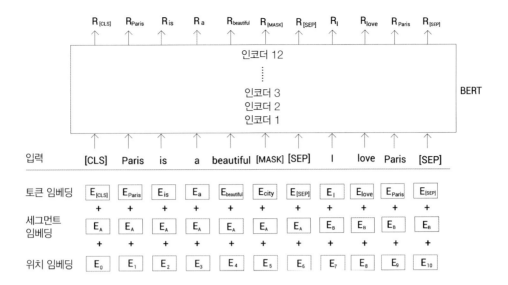

그림 2-13 BERT

[그림 2-13]에서 각 토큰의 표현 R을 얻었다. 이제 이러한 표현으로 마스크된 토큰을 어떻게 예측하게 될까?

마스크된 토큰을 예측하기 위해 BERT에서 반환된 마스크된 토큰 $R_{[MASK]}$의 표현을 소프트맥스 활성화를 통해 피드포워드 네트워크에 입력한다. 피드포워드 네트워크는 다음 그림과 같이 $R_{[MASK]}$ 단어가 마스크된 단어가 될 확률을 반환한다. 여기서는 복잡함을 줄이기 위해 입력 임베딩 레이어(토큰, 세그먼트, 위치)를 표시하지 않았다.

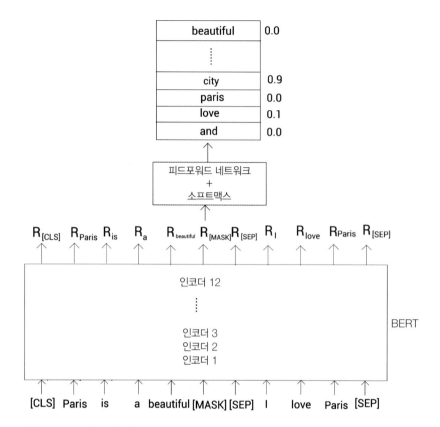

그림 2-14 마스크된 토큰 예측

[그림 2-14]에서 볼 수 있듯이 'city'라는 단어가 마스크된 단어일 확률이 높다. 이 경우 마스크된 단어는 'city'로 예측된다.

학습 초기에는 BERT의 피드포워드 네트워크 및 인코더 계층의 가중치가 최적이 아니므로 모델이 올바른 확률을 반환하지 않는다. 그러나 역전파를 통한 일련의 반복 학습을 거치며 BERT 피드포워드 네트워크 및 인코더 계층의 가중치 업데이트가 반복되면서 최적의 가중치를 학습하게 된다.

마스크 언어 모델링 태스크는 **빈칸 채우기 태스크**^{cloze task}라고도 한다. 지금까지 마스크 언어 모델링 태스크가 작동하는 방식과 마스크 언어 모델링 태스크를 사용해 BERT를 학습시키는 방법을 배웠다. 이제 좀 더 어려운 전체 단어 마스킹 방법을 알아보자.

전체 단어 마스킹(WWM)

전체 단어 마스킹 Whole Word Masking(WWM)이 어떻게 동작하는지 예제를 통해 이해해보자. 'Let us start pretraining the model(모델 사전 학습을 시작한다)'이라는 문장을 예로 들어보자. BERT는 워드피스 토크나이저를 사용하므로 워드피스 토크나이저를 사용해 문장을 토큰화하면 다음과 같은 토큰을 얻게 된다.

```
tokens = [let, us, start, pre, ##train, ##ing, the, model]
```

문장 시작 부분에 [CLS] 토큰을 추가하고 문장 끝부분에 [SEP] 토큰을 추가한다.

```
tokens = [ [CLS], let, us, start, pre, ##train, ##ing, the, model, [SEP] ]
```

마지막으로 단어의 15%를 무작위로 마스킹하는데, 마스킹 결과가 다음과 같다고 해보자.

```
tokens = [ [CLS], [MASK], us, start, pre, [MASK], ##ing, the, model, [SEP] ]
```

let과 ##train이라는 단어를 마스킹했다. ##train이라는 단어는 하위 단어로 사전 학습 pretraining이라는 단어의 일부다. WWM 방법에서는 하위 단어가 마스킹되면 해당 하위 단어와 관련된 모든 단어를 마스킹한다. 따라서 이제 토큰 리스트는 다음과 같아진다.

```
tokens = [ [CLS], [MASK], us, start, [MASK], [MASK], [MASK], the, model, [SEP] ]
```

##train 하위 단어와 관련된 모든 토큰들이 마스크되었다. WWM의 경우 하위 단어가 마스크되면 해당 하위 단어와 관련된 모든 단어를 마스킹하면서 마스크 비율(15%)을 유지하려 한다. 따라서 하위 단어와 관련된 모든 단어를 마스킹하는 동안 마스크 비율이 15%를 초과하면 다른 단어의 마스킹을 무시한다. 다음과 같이 마스크 비율을 유지하기 위해 let이라는 단어의 마스킹을 무시했다.

```
tokens = [ [CLS], let, us, start, [MASK], [MASK], [MASK], the, model, [SEP] ]
```

이러한 방식으로 WWM을 기반으로 토큰을 마스킹한다. 마스킹한 후 토큰을 BERT에 입력하고 앞에서 배운 것처럼 마스크된 토큰을 예측하도록 모델을 학습시킨다.

이어서 BERT 학습과 관련된 또 다른 흥미로운 태스크를 살펴보도록 하자.

다음 문장 예측(NSP)

다음 문장 예측next sentence prediction(NSP)은 BERT 학습에 사용되는 또 다른 흥미로운 태스크로, 이진 분류 테스트다. NSP 태스크에서는 BERT에 두 문장을 입력하고 두 번째 문장이 첫 번째 문장의 다음 문장인지 예측한다. 예제를 통해 NSP 태스크를 이해해보자.

다음 두 문장이 주어졌다고 가정해보자.

A 문장: She cooked pasta(그녀가 파스타를 요리했다).

B 문장: It was delicious(맛있었다).

이 문장 쌍에서 B 문장은 A 문장의 후속 문장이다. 즉, A 문장에 이어지는 문장이다. 따라서 이 문장 쌍을 isNext로 표시해 B 문장이 A 문장의 다음 문장임을 알 수 있게 한다.

다시 다음 두 문장이 주어졌다고 가정해보자.

A 문장: Turn the radio on(라디오 켜줘).

B 문장: She bought a new hat(그녀는 새 모자를 샀다).

이 문장 쌍에서 B 문장은 A 문장의 후속 문장이 아니다. 즉, A 문장에 이어지는 문장이 아니다. 따라서 이 문장 쌍을 notNext로 표시해 B 문장이 A 문장의 다음 문장이 아님을 알 수 있게 한다.

NSP 태스크에서 모델의 목표는 문장 쌍이 isNext 범주에 속하는지 여부를 예측하는 것이다. 문장 쌍(문장 A 및 B)을 BERT에 입력하고 B 문장이 A 문장 다음에 오는지 여부를 예측하도록 학습시킨다. 모델은 B 문장이 A 문장에 이어지면 isNext를 반환하고, 그렇지 않으면 notNext를 반환한다. 따라서 NSP는 본질적으로 이진 분류 태스크다.

NSP 태스크의 목적은 무엇일까? NSP 태스크를 수행함으로써 모델은 두 문장 사이의 관계를 파악할 수 있다. 두 문장 간의 관계를 이해하는 것은 질문-응답 및 유사문장탐지와 같은 다운스트림downstream 태스크에서 유용하다.[5]

---

[5] 옮긴이_ 질문-응답, 감정 분류, 유사문장탐지 등의 태스크에 나타나는 두 문장은 거대한 사전 학습셋에서 서로 인접해 존재하는 경향이 있다. 이런 태스크를 NSP의 다운스트림 태스크라고 한다.

그럼, NSP 태스크를 위한 데이터셋을 어떻게 얻을 수 있을까? 어떠한 말뭉치에서도 데이터셋을 획득할 수 있다. 2개의 문서가 있다고 가정해보자. isNext 클래스의 경우 한 문서에서 연속된 두 문장을 isNext로 표시하고 notNext 클래스의 경우 한 문서에서 한 문장을, 임의의 문서에서 다른 문장을 가져와 notNext로 표시하면 된다. isNext 클래스를 전체의 50% 비율로 유지하고 notNext 클래스에서 나머지 50%를 유지해 클래스가 균형을 이룰 수 있도록 한다.

이제 NSP 태스크가 무엇인지 알았으니, NSP 태스크를 수행하기 위해 BERT를 학습시키는 방법을 살펴보겠다. 데이터셋이 [그림 2-15]와 같이 나타난다고 가정해보자.

문장 쌍	레이블
She cooked pasta(그녀는 파스타를 요리했다) It was delicious(맛있었다)	isNext
Jack loves songwriting(잭은 작곡을 좋아한다) He wrote a new song(그는 새 노래를 썼다)	isNext
Birds fly in the sky(새들은 하늘을 난다) He was reading(그는 읽고 있었다)	NotNext
Turn the radio on(라디오 켜줘) She bought a new hat(그녀는 새 모자를 샀다)	NotNext

그림 2-15 간단한 데이터셋

[그림 2-15]에 제시된 첫 번째 데이터를 살펴보자. 먼저 다음과 같이 문장 쌍을 토큰화한다.

```
tokens = [She, cooked, pasta, It, was, delicious]
```

첫 번째 문장의 시작 부분에 [CLS] 토큰을 추가하고 모든 문장의 끝에 [SEP] 토큰을 추가한다.

```
tokens = [ [CLS], She, cooked, pasta, [SEP], It, was, delicious, [SEP] ]
```

이 토큰들을 토큰, 세그먼트, 위치 임베딩 레이어에 입력하고 입력 임베딩을 반환받는다. 그런 다음 입력 임베딩을 BERT에 넣어 각 토큰의 표현을 얻는다. [그림 2-16]에서 볼 수 있듯이 토큰 $R_{[CLS]}$는 [CLS]의 표현을 나타내고 R_{She}는 She 토큰의 표현을 나타낸다.

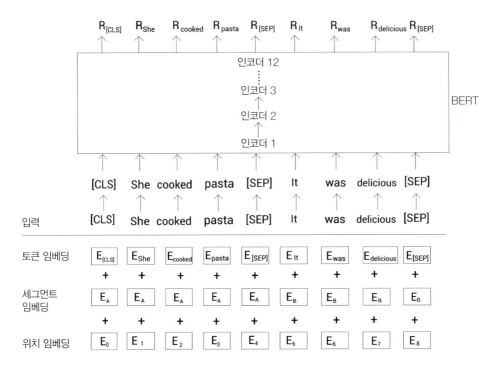

그림 2-16 BERT

좀 전에 NSP가 이진 분류 작업이라고 배웠는데, 지금 우리는 문장 쌍에서 각 토큰의 표현만 가지고 있다. 이러한 표현을 기반으로 문장 쌍을 어떻게 분류할 수 있을까?

분류를 수행하려면 간단히 [CLS] 토큰 표현을 가져와 소프트맥스 함수를 사용해 피드포워드 네트워크에 입력한다. 그러면 문장 쌍이 `isNext`인지, `notNext`인지에 대한 확률값이 반환된다. 그렇다면 왜 [CLS] 토큰만 포함시켜야 할까? 다른 토큰의 임베딩이 아닌 이유는 무엇일까?

[CLS] 토큰은 기본적으로 모든 토큰의 집계 표현을 보유하고 있으므로 문장 전체에 대한 표현을 담고 있다. 따라서 다른 모든 토큰의 표현을 무시하고 [CLS] 토큰 표현 $R_{[CLS]}$를 가져와 확률을 반환하는 소프트맥스 함수를 사용해 피드포워드 네트워크에 공급할 수 있다. 이러한 내용이 [그림 2-17]에 표현되어 있다. 여기서는 복잡함을 줄이기 위해 입력 임베딩 레이어(토큰,

세그먼트, 위치 임베딩 레이어)를 표시하지 않았다.

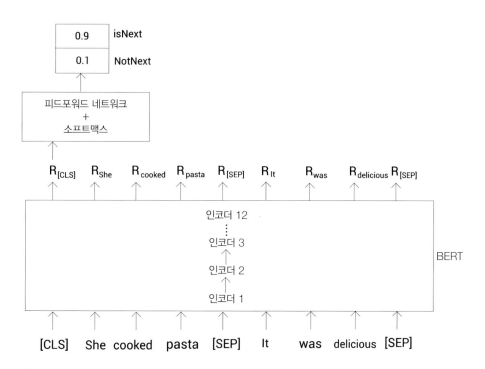

그림 2-17 NSP 태스크

[그림 2-17]의 피드포워드 네트워크는 입력 문장 쌍이 **isNext** 클래스에 속할 확률이 높다는 것을 보여준다.

학습 초기에는 피드포워드 네트워크 및 인코더 계층의 가중치가 최적이 아니기 때문에 모델이 올바른 확률을 반환하지 못할 것이다. 그러나 역전파를 기반으로 한 일련의 반복 학습을 통해 피드포워드 네트워크의 가중치와 BERT 인코더 계층의 가중치를 업데이트하고 최적의 가중치를 학습하게 된다.

MLM 및 NSP 태스크를 기반으로 BERT를 사전 학습시키는 방법을 확인했다. 다음으로 사전 학습 절차를 살펴보자.

2.4.3 사전 학습 절차

BERT의 사전 학습에는 토론토 책 말뭉치^{Toronto BookCorpus} 및 위키피디아 데이터셋을 사용한다. 앞서 BERT는 MLM(빈칸 채우기 태스크) 및 NSP 태스크를 사용해 사전 학습된다는 것을 배웠다. 그럼, 이 두 태스크를 사용해 BERT를 학습시키기 위한 데이터셋을 어떻게 준비할까?

먼저 말뭉치에서 두 문장을 샘플링한다. A와 B 문장을 샘플링했다고 가정해보자. A와 B 문장의 총 토큰 수의 합은 512보다 작거나 같아야 한다. 두 문장을 샘플링할 때 전체의 50%는 B 문장이 A 문장의 후속 문장이 되도록 샘플링하고, 나머지 50%는 B 문장을 A 문장의 후속 문장이 아닌 것으로 샘플링한다.

다음 두 문장을 샘플링했다고 가정하자.

> A 문장: We enjoyed the game(우리는 게임을 즐겼다).
>
> B 문장: Turn the radio on(라디오 켜줘).

먼저 워드피스 토크나이저를 사용해 문장을 토큰화하고 첫 번째 문장의 시작 부분에 [CLS] 토큰을 추가한 다음 모든 문장의 끝에 [SEP] 토큰을 추가해, 다음과 같은 토큰 리스트를 얻는다.

```
tokens = [ [CLS], we, enjoyed, the, game, [SEP], turn, the radio, on, [SEP] ]
```

다음 과정으로, 80-10-10%[6] 규칙에 따라 토큰의 15%를 무작위로 마스킹한다. game 토큰을 마스킹했다고 가정하면 다음과 같다.

```
tokens = [ [CLS], we, enjoyed, the, [MASK], [SEP], turn, the radio, on, [SEP] ]
```

이제 토큰을 BERT에 입력하고 마스크된 토큰을 예측하기 위해 모델을 학습시키며 동시에 B 문장이 A 문장의 후속 문장인지 여부를 분류하게 한다. 즉, MLM과 NSP 작업을 동시에 사용해 BERT를 학습시킨다.

---

6 옮긴이_ 「BERT: Pre-training of Deep Bidirectional Transformers forLanguage Understanding」 3.1절에 더 자세한 이야기가 나왔다. 전체 토큰 중 15%를 마스킹 대상으로 진행하나, 선택된 15%의 토큰 모두를 마스킹하기보다는 80%의 확률로 마스킹을 수행하고 10% 확률로 원래와 다른 토큰([MASK]가 아닌)으로 교체하며, 마지막 10%의 확률로 마스킹을 하지 않고 정답 토큰을 그대로 노출한다고 언급하고 있다. 이는 사전 학습과 파인 튜닝 태스크의 차이를 줄이기 위한 일종의 정규화 작업으로 이해할 수 있다.

BERT는 총 100만 스텝을 학습시키고, 각 스텝당 배치 크기 256 입력 시퀀스에 대해 학습시킨다. 학습률은 $lr = 1e - 4$, $\beta_1 = 0.9$, $\beta_2 = 0.999$로 설정하고 아담 옵티마이저를 사용하며, 웜업warmup은 1만 스텝으로 학습을 진행한다. 여기서 웜업 스텝은 무엇일까?

학습이 진행되면, 높은 학습률을 설정해 학습 초기에 모델의 큰 변화를 유도하고 학습 후반에는 낮은 학습률을 설정해 모델에 작은 변화를 주어 최적화한다. 학습 초기에는 수렴과 거리가 멀기 때문에 모델에 과감한 변화를 주지만 이후에는 수렴에 가까워지기 때문에 큰 변화보다 작은 변화를 주어 모델을 최적화하는 것이다. 이와 같이 학습 초기에 학습률 값을 높게 설정한 다음 학습이 진행되면서 학습률을 감소시키는 것을 학습률 스케줄링이라고 한다.

웜업 스텝은 학습률 스케줄링의 일부다. 학습률이 $1e - 4$고 웜업 스텝이 총 1만 스텝이라고 가정하면, 초기 1만 스텝은 학습률이 0에서 $1e - 4$로 선형적으로 증가한다는 것을 의미한다. 1만 스텝 후에는 수렴에 가까워짐에 따라 학습률을 선형적으로 감소시키게 된다.

또한 드롭아웃dropout 확률이 0.1인 모든 레이어에 드롭아웃을 적용한다. BERT에서는 갤루GELU라는 활성화 함수를 사용하는데, 이는 **가우시안 오차 선형 유닛**Gaussian Error Linear Unit을 의미한다.

갤루 함수는 다음과 같다.

$$GELU(x) = x\Phi(x)$$

$\Phi(x)$는 표준 가우시안 누적 분포standard Gaussian cumulative distribution 함수이며, 갤루 함수는 다음 수식의 근사치다.

$$GELU(x) = 0.5x\left(1 + \tanh\left[\sqrt{\frac{2}{\pi}}\left(x + 0.044715x^3\right)\right]\right)$$

[그림 2-18]은 갤루 함수를 도식화한 것이다.

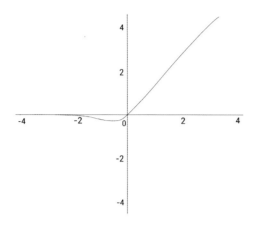

그림 2-18 갤루 활성화 함수

이게 전부다. 이러한 방식으로 MLM 및 NSP 태스크를 사용해 BERT를 사전 학습시킬 수 있다. 사전 학습된 BERT는 다양한 태스크에 사용할 수 있다. 3장에서 사전 학습된 BERT를 활용하는 방법에 대해 자세히 알아볼 것이다. 다음 절에서는 몇 가지 흥미로운 하위 단어 토큰화 알고리즘을 확인해보겠다.

2.5 하위 단어 토큰화 알고리즘

하위 단어 토큰화는 BERT 및 GPT-3을 포함한 많은 최신 자연어 모델에서 널리 사용되는데, 이 방식이 OOV 단어 처리에 매우 효과적이기 때문이다. 이 절에서는 하위 단어 토큰화가 어떻게 동작하는지 자세히 이해해보려고 한다. 하위 단어 토큰화로 바로 다가가기 전에 먼저 단어 수준 토큰화를 보자.

학습 데이터셋이 있다고 가정해보자. 이제 이 학습셋에서 어휘 사전을 구축한다. 어휘 사전을 구축하기 위해 데이터셋에 있는 텍스트를 공백으로 분할하고 모든 고유 단어를 어휘 사전에 추가한다. 일반적으로 어휘 사전은 많은 단어(토큰)로 구성되지만 여기서는 다음 단어로만 구성된 어휘 사전을 가정해보자.

```
vocabulary = [game, the, I, played, walked, enjoy]
```

이제 어휘 사전을 만들었으니 입력을 토큰화하는 데 이 어휘 사전을 사용한다. 'I play the game'이라는 입력 문장을 생각해보자. 문장에서 토큰을 생성하기 위해 먼저 문장을 공백으로 분할해 문장의 모든 단어를 얻는다. 입력 문장을 기반으로 [I, play, the, game]을 얻게 된다. 이제 어휘 사전에 단어(I, play, the, game)가 있는지 확인한다. 모든 단어가 어휘 사전에 있기 때문에 주어진 문장에 대한 최종 토큰은 다음과 같다.

```
tokens = [I, played, the, game]
```

'I enjoyed the game(나는 게임을 즐겼다)'이라는 또 다른 문장을 생각해보자. 문장을 토큰화하기 위해 주어진 문장을 공백으로 나누어 단어들을 얻는다. [I, play, the, game]을 얻을 수 있다. 이제 어휘 사전에 모든 단어(I, play, the, game)가 있는지 확인한다. enjoyed를 제외하고 어휘 사전에 모든 단어가 있음을 알 수 있다. enjoyed라는 단어가 어휘 사전에 존재하지 않기 때문에, <UNK>(unknown) 토큰으로 대체한다. 결국 최종 토큰은 다음과 같다.

```
tokens = [ I, <UNK>, the, game]
```

어휘 사전에 단어 enjoy가 있지만, 단어 enjoyed는 없기 때문에 이 토큰은 <UNK>와 같이 **알 수 없는 단어**로 표시된다. 일반적으로, 거대한 어휘 사전을 구축하고 난 다음 희귀한 단어, 어휘 사전에 존재하지 않는 단어가 오면 <UNK> 토큰으로 표시해 알 수 없는 단어로 정의한다. 물론 어휘 사전을 더 크게 할 수 있으나, 이는 모델의 메모리 부족 문제와 성능 문제를 일으킬 수 있다. 게다가 여전히 **알 수 없는 단어**(어휘 사전에 없는 단어)는 존재하기 때문에 문제도 발생할 수 있다.[7]

이런 문제를 해결하는 더 좋은 방법이 있을까? 바로 이러한 이슈를 하위 단어 토큰화 알고리즘이 해결할 수 있다. 앞의 예제로 하위 단어 토큰화가 어떻게 작동하는지 살펴보자. 어휘 사전은 다음과 같이 동일하다.

```
vocabulary = [game, the, I, played, walked, enjoy]
```

....

7 옮긴이_ 어휘 사전이 커지면 모델의 총 변수의 수가 늘어난다. 이는 토큰 임베딩 변수의 수가 늘어나는 것에 기인한다. 총 변수의 수가 늘어나면 모델이 점유하는 메모리 크기가 커지며, 메모리 크기가 커지면 모델의 처리량(throughput)이 작아지는 결과를 초래한다.

하위 단어 토큰화에서는 단어를 하위 단어로 분할한다. played 단어를 하위 단어 [play, ed]로 나누고 walked 단어를 하위 단어 [walk, ed]로 분리했다고 가정하자. 이렇게 하위 단어를 분리한 후 어휘 사전에 추가한다. 어휘 사전은 고유한 단어로만 구성되므로 다음과 같다.

```
vocabulary = [game, the, I, play, walk, ed, enjoy]
```

'I enjoyed the game(나는 게임을 즐겼다)'이라는 문장을 토큰화하기 위해 주어진 문장을 공백으로 나누어 단어 리스트 [I, enjoyed, the, game]을 얻는다. 어휘 사전에 모든 단어(I, enjoyed, the, game)가 있는지 확인한다. enjoyed 단어를 제외하고 어휘 사전에 모든 단어가 있음을 알 수 있다. enjoyed 단어가 어휘 사전에 존재하지 않기 때문에 이를 하위 단어인 [enjoy, ed]로 쪼갠다. 이제 어휘 사전에 enjoy와 ed라는 하위 단어가 있는지 확인한다. 이들은 어휘 사전에 존재하기 때문에 토큰 리스트는 다음과 같이 구성된다.

```
tokens = [ I, enjoy, ##ed, the, game]
```

ed라는 단어 앞에 2개의 해시 기호가 있다. 이것은 ##ed가 하위 단어이고 앞에 다른 단어가 있음을 나타낸다. 그런데 enjoy 하위 단어에는 ## 기호가 없다. 단어의 시작 부분에 해당하는 하위 단어에는 ## 기호를 추가하지 않기 때문이다. ## 기호는 하위 단어이고 앞에 다른 단어가 있음을 나타내기 위해 추가된다. 이러한 방식으로 하위 단어 토큰화는 알 수 없는 단어, 즉 어휘 사전에 없는 단어를 처리한다.

played, walked 단어를 나누고 하위 단어로 만들어 어휘 사전에 추가하는 과정을 확인했다. 그런데 왜 그 단어들만 나누는 것일까? 어휘 사전에 있는 다른 단어들은? 분할할 단어와 분할하지 않을 단어를 어떻게 결정할까? 이러한 질문에 대한 답변은 하위 단어 토큰화 알고리즘에 있다.

앞으로 어휘 사전을 생성하는 데 사용되는 몇 가지 흥미로운 하위 단어 토큰화 알고리즘을 알아보자.

- 바이트 쌍 인코딩byte pair encoding
- 바이트 수준 바이트 쌍 인코딩byte-level byte pair encoding
- 워드피스WordPiece

2.5.1 바이트 쌍 인코딩

몇 가지 예제를 통해 **바이트 쌍 인코딩**^{byte pair encoding}(BPE)이 동작하는 방식을 이해해보자. 먼저 데이터셋이 있다고 가정해보자. 데이터셋에서 모든 단어를 빈도수와 함께 추출한다. 빈도수와 함께 데이터셋에서 추출된 단어가 (cost, 2), (best, 2), (menu, 1), (men, 1), (camel, 1)이라고 가정해보자.

이제 모든 단어를 문자로 나누고 문자 시퀀스로 만든다. 다음 표는 단어 빈도수와 함께 문자 시퀀스를 보여준다.

문자 시퀀스	빈도수
C o s t	2
b e s t	2
m e n u	1
m e n	1
c a m e l	1

그림 2-19 단어의 문자 시퀀스와 빈도수

다음으로 어휘 사전 크기를 정의한다. 크기가 14인 어휘 사전을 구축한다고 가정해보자. 이것은 14개의 토큰으로만 어휘 사전을 생성한다는 것을 의미한다. 이제 BPE를 사용해 어휘 사전을 만드는 방법을 확인해보자.

먼저 다음과 같이 문자 시퀀스에 있는 모든 고유 문자를 어휘 사전에 추가한다.

문자 시퀀스	빈도수	어휘 사전
C o s t	2	a, b, c, e, l, m, n, o, s, t, u
b e s t	2	
m e n u	1	
m e n	1	
c a m e l	1	

그림 2-20 모든 고유 문자로 어휘 사전 생성

어휘 사전 크기는 11인 것을 확인할 수 있다. 이제 어휘 사전에 새 토큰을 추가하는 방법을 살펴보자.

어휘 사전에 새 토큰을 추가하기 위해 먼저 가장 빈도수가 큰 기호 쌍을 식별한다. 그런 다음 가장 빈번한 기호 쌍을 병합해 어휘 사전에 추가한다. 이 작업은 어휘 사전 크기에 도달할 때까지 반복적으로 수행한다. 이 과정을 자세히 살펴보자.

문자 시퀀스를 살펴보면 기호 쌍 s와 t가 4번 발생했기 때문에 가장 빈번한 기호 쌍이 s와 t임을 알 수 있다(cost에서 2번, best에서 2번).

문자 시퀀스	빈도수	어휘 사전
C o s̲t̲	2	a, b, c, e, l, m, n, o, s, t, u
b e s̲t̲	2	
m e n u	1	
m e n	1	
c a m e l	1	

그림 2-21 가장 빈번한 기호 쌍 찾기

따라서 아래와 같이 기호 s, t를 병합해 어휘 사전에 추가한다.

문자 시퀀스	빈도수	어휘 사전
C o st	2	a, b, c, e, l, m, n, o, s, t, u ,st
b e st	2	
m e n u	1	
m e n	1	
c a m e l	1	

그림 2-22 기호 s, t 병합

이제 같은 단계를 반복한다. 즉, 가장 빈번한 기호 쌍을 다시 확인하는 것이다. 우리가 현재 가지고 있는 가장 빈번한 기호 쌍은 m과 e라는 것을 알 수 있다. 총 3번 발생했기 때문이다(menu에서 1번, men에서 1번, camel에서 1번).

문자 시퀀스	빈도수	어휘 사전
C o st	2	a, b, c, e, l, m, n, o, s, t, u ,st
b e st	2	
m e n u	1	
m e n	1	
c a m e l	1	

그림 2-23 가장 빈번한 기호 쌍 찾기

따라서 다음과 같이 m과 e기호를 병합하고 어휘 사전에 추가한다.

문자 시퀀스	빈도수	어휘 사전
C o st	2	a, b, c, e, l, m, n, o, s ,t , u, st, me
b e st	2	
me n u	1	
me n	1	
c a me l	1	

그림 2-24 기호 m과 e 병합

다시 한번 가장 빈번한 기호 쌍을 확인한다. 현재 가지고 있는 가장 빈번한 기호 쌍은 me와 n이다. 2번(menu에서 1번, men에서 1번) 발생했기 때문이다.

문자 시퀀스	빈도수	어휘 사전
C o st	2	a, b, c, e, l, m, n, o, s ,t , u, st, me
b e st	2	
me n u	1	
me n	1	
c a me l	1	

그림 2-25 가장 빈번한 기호 쌍 찾기

그래서 me와 n기호를 병합하고 다음과 같이 어휘 사전에 추가한다.

문자 시퀀스	빈도수
C o st	2
b e st	2
men u	1
men	1
c a me l	1

어휘 사전

a, b, c, e, l, m, n, o,
s, t, u, st, me, **men**

그림 2-26 기호 **me**와 n 병합

이런 식으로 어휘 사전 크기에 도달할 때까지 이 단계를 여러 번 반복한다. 앞의 그림에서 어휘 사전에 14개의 토큰이 있음을 알 수 있었다. 이 예시에서는 크기 14까지의 어휘 사전을 생성하기 때문에 현 단계에서 중지한다. 이렇게 해서 주어진 데이터셋을 기반으로 총 14개의 토큰을 포함하는 어휘 사전을 구축했다.

```
vocabulary = {a,b,c,e,l,m,n,o,s,t,u,st,me,men}
```

BPE와 관련된 단계는 다음과 같다.

1. 빈도수와 함께 주어진 데이터셋에서 단어 추출
2. 어휘 사전 크기 정의
3. 단어를 문자 시퀀스로 분할
4. 문자 시퀀스의 모든 고유 문자를 어휘 사전에 추가
5. 빈도가 높은 기호 쌍을 선택하고 병합
6. 어휘 사전 크기에 도달할 때까지 앞 다섯 단계 반복

지금까지 BPE를 사용해 어휘를 구축하는 방법을 배웠다. 그럼 이러한 어휘 사전을 어떻게 사용할 수 있을까? 주어진 입력 문장들을 토큰화하기 위해 어휘 사전을 사용하게 된다. 다음 절의 몇 가지 예를 통해 이 개념을 이해해보자.

BPE로 토큰화하기

앞에서 주어진 데이터셋으로 다음과 같은 어휘 사전을 생성했다.

```
vocabulary = {a,b,c,e,l,m,n,o,s,t,u,st,me,men}
```

이제 이 어휘 사전을 어떻게 사용할 수 있는지 확인해보자. 입력 텍스트가 mean이라는 한 단어로만 구성되어 있다고 가정한다. 이제 어휘 사전에 mean이라는 단어가 있는지 확인해보면, 단어가 어휘 사전에 존재하지 않는다는 것을 알 수 있다. 그래서 mean이라는 단어를 하위 단어 [me, an]으로 나눈다. 다시 하위 단어가 어휘 사전에 있는지 확인한다. 하위 단어 me가 어휘 사전에 있지만 하위 단어 an은 어휘에 없는 것을 알 수 있다. 이에 따라 하위 단어 an을 분할하고 결국 하위 단어는 [me, a, n]으로 구성된다. 다시 어휘 사전에 문자 a와 n이 있는지 확인하고, 이들 문자는 어휘 사전에 존재하므로 최종 토큰은 다음과 같을 것이다.

```
tokens = [me,a,n]
```

한 가지 더, bear를 입력 단어로 삼아보자. 우리 어휘 사전에 bear라는 단어가 없다는 것을 알 수 있다. 먼저 단어의 하위 단어 [be, ar]로 나눈 뒤, 이제 하위 단어 be와 ar이 어휘 사전에 있는지 확인한다. 하위 단어 be는 있지만 ar은 어휘 사전에 없다. 따라서 하위 단어 ar을 분할하고 이제 하위 단어는 [be, a, r]로 구성된다. 이후 문자 a와 r이 어휘 사전에 있는지 확인한다. 어휘 사전에는 a가 있지만 r이 없는 것을 알 수 있다. 이제 개별 문자만 있으므로 다른 분할을 수행할 수 없게 된다. 결국 r은 <UNK> 토큰으로 교체된다. 최종 토큰은 다음과 같다.

```
tokens = [be,a,<UNK>]
```

잠깐! BPE로 드문 단어를 잘 처리한다고 했는데, 입력 문장을 처리한 결과로 <UNK> 토큰을 포함하게 되었다. 물론 r이 우리 어휘 사전에 존재하지 않는 건 작은 예시를 보여주기 위함이며, 대부분의 경우 거대한 말뭉치로 어휘 사전을 만들면 어휘 사전에는 모든 문자가 포함된다.

입력 단어 men을 하나 더 예로 들어보자. 이제 우리 어휘 사전에 men이라는 단어가 있는지 확인한다. men라는 단어가 우리 어휘 사전에 있기 때문에 해당 토큰이 반환된다. 따라서 최종 토큰은 다음과 같다.

```
tokens = [men]
```

이런 식으로 BPE를 사용해 입력 문장을 토큰화한다. 이제 BPE의 작동 방식을 이해했으니 바이트 수준 바이트 쌍 인코딩을 살펴보겠다.

2.5.2 바이트 수준 바이트 쌍 인코딩

바이트 수준 바이트 쌍 인코딩(byte-level byte pair encoding)(BBPE)은 널리 사용되는 또 다른 알고리즘이다. BPE와 매우 유사하게 작동하지만 문자 수준 시퀀스를 사용하는 대신 바이트 수준 시퀀스를 사용한다. 예제를 기반으로 BBPE가 어떻게 작동하는지 이해해보자.

입력 텍스트가 'best'라는 단어로만 구성되어 있다고 가정해보자. BPE에서 단어를 문자 시퀀스로 변환하므로 다음과 같은 결과를 볼 수 있다.

문자 시퀀스: b e s t

반면 BBPE에서는 단어를 문자 시퀀스로 변환하는 대신 바이트 수준 시퀀스로 변환한다. 따라서 'best'라는 단어를 바이트 시퀀스로 변환한다.

바이트 시퀀스: 62 65 73 74

이런 식으로 주어진 입력을 문자 수준 시퀀스 대신 바이트 수준 시퀀스로 변환하며, 각 유니코드 문자는 바이트로 변환되기에, 단일 문자 크기는 1~4바이트가 될 수 있다.

한자 단어 **你好**를 보면, 단어를 문자 시퀀스로 변환하는 대신 바이트 수준 시퀀스로 변환한다.

바이트 시퀀스: e4 bd a0 e5 a5 bd

입력 단어를 바이트 시퀀스로 변환했다. 이러한 방식으로 주어진 텍스트를 바이트 수준 시퀀스로 변환한 다음 BPE 알고리즘을 적용하고 바이트 수준에서 빈번한 쌍을 구분해 어휘 사전을 구축한다. 그럼 문자 수준 BPE 대신 바이트 수준 BPE를 수행하는 목적은 무엇일까? 바이트 수준 BPE가 다국어 설정에서 매우 유용하기 때문이다. 무엇보다 OOV 단어 처리에 매우 효과적이어서 여러 언어로 어휘 사전을 공유하기 좋다.

2.5.3 워드피스

워드피스^{WordPiece}는 BPE와 유사하게 작동하지만 한 가지 사소한 차이가 있다. BPE에서는 주어진 데이터셋에서 먼저 단어의 빈도수를 추출하고 단어를 문자 시퀀스로 분할한다. 다음으로 빈도수가 높은 기호 쌍을 병합한다. 어휘 사전 크기에 도달할 때까지 반복적으로 고빈도 기호 쌍을 병합한다. 워드피스에서도 동일한 작업을 수행하지만 한 가지 차이점은 여기서는 빈도에 따라 심볼 쌍을 병합하지 않는다는 것이다. 그 대신 가능도^{likelihood}를 기준으로 기호 쌍을 병합한다. 따라서 주어진 학습 데이터에 대해 학습된 언어 모델 가능도가 높은 기호 쌍을 병합한다. 예를 들어보자.

앞에서 사용한 예로 설명하면 다음과 같다.

문자 시퀀스	빈도수	어휘 사전
C o s t	2	a, b, c, e, l, m, n, o, s, t, u
b e s t	2	
m e n u	1	
m e n	1	
c a m e l	1	

그림 2-27 문자 시퀀스 및 빈도수

BPE에서 가장 빈번한 기호 쌍을 병합한다는 것을 배웠다. BPE에서는 심볼 쌍 s와 t가 4번 발생했기 때문에 병합했다. 그러나 워드피스에서는 빈도에 따라 심볼 쌍을 병합하지 않는다. 그 대신 가능도에 따라 병합한다. 먼저, 모든 기호 쌍에 대해 언어 모델(주어진 학습 세트에서 학습된)의 가능도를 확인한다. 그다음 가능도가 가장 높은 기호 쌍을 병합한다. 다음과 같이 기호 쌍 s 및 t의 가능도를 계산한다.

$$\frac{p(st)}{p(s)\,p(t)}$$

가능도가 높으면 기호 쌍을 병합하고 어휘 사전에 추가하기만 하면 된다. 이런 식으로 모든 기호 쌍의 가능도를 계산하고 최대 가능도를 가진 것을 병합해 어휘에 추가한다. 알고리즘을 상세하게 확인해보면 다음과 같다.

1. 빈도수와 함께 주어진 데이터셋에서 단어 추출

2. 어휘 사전 크기 설정

3. 단어를 문자 시퀀스로 분할

4. 문자 시퀀스의 모든 고유 문자를 어휘 사전에 추가

5. 주어진 데이터셋(학습셋)에서 언어 모델 빌드

6. 학습셋에서 학습된 언어 모델의 최대 가능도를 가진 기호 쌍을 선택하고 병합

7. 어휘 사전 크기에 도달할 때까지 앞의 여섯 단계 반복

이렇게 구축된 어휘 사전은 입력 문장 토큰화에 사용한다. 다음을 워드피스 방법을 사용해 만든 어휘 사전이라고 가정해보자.

```
vocabulary = {a, b, c, e, l, m, n, o, s, t, u, st, me}
```

입력 텍스트가 하나의 단어 stem으로만 구성되어 있다고 가정해보겠다. 어휘 사전에 stem이라는 단어가 없다는 것을 알 수 있는데, 이 단어를 하위 단어 [st, ##em]으로 분할한다. 이제 우리는 어휘 사전에 하위 단어 st와 em이 있는지 확인한다. 하위 단어 st는 있지만 em은 없다. 따라서 하위 단어 em을 분할하고 하위 단어는 [be, ##e, ##m]으로 구성된다. 이제 문자 e와 m이 어휘 사전에 있는지 확인한다. 어휘 사전에 존재하므로 최종 토큰은 다음과 같다.

```
tokens = [st, ##e, ##m]
```

이러한 방식으로 워드피스 하위 단어 토큰화 알고리즘을 사용해 어휘 사전을 생성하고 토큰화에 이 어휘 사전을 사용할 수 있다.

이 장에서 우리는 BERT가 사전 학습되는 방법을 자세히 다루었으며 언어 모델에서 주로 사용하는 하위 단어 토큰화 알고리즘들을 살펴보았다. 다음 장에서는 사전 학습된 BERT를 적용하는 방법을 자세히 알아볼 것이다.

2.6 마치며

이 장은 BERT의 기본 개념을 이해하는 것으로 시작했다. BERT가 문맥에 관계없이 임베딩을 생성하는 워드투벡터와 같은 문맥 독립 모델과 달리 단어의 문맥의 의미를 이해해 임베딩을 생성할 수 있다는 것을 확인했다.

또한 BERT의 작동 방식을 살펴보았는데, 이름에서 알 수 있듯이 BERT가 트랜스포머 모델이라는 것을 이해할 수 있었다.

이어서 BERT의 다양한 구성을 들여다보았다. BERT-base는 인코더 레이어 12개, 어텐션 헤드 12개, 은닉 유닛 768개로 구성되는 반면, BERT-large는 인코더 레이어 24개, 어텐션 헤드 16개, 은닉 유닛 1,024개로 구성된다는 것을 확인했다.

계속해시 MLM과 NSP라는 두 가시 흥미로운 태스크를 사용해 BERT를 사전 학습시키는 방법을 배웠다. MLM에서는 입력 토큰의 15%를 마스킹해 마스크된 토큰을 예측하는 반면, NSP 태스크에서는 두 번째 문장이 첫 번째 문장의 후속 문장인지 여부를 분류한다.

또한 BERT의 사전 학습 절차를 확인했다. 장의 끝에서는 널리 사용되는 세 가지 하위 단어 토큰화 알고리즘(BPE, BBPE, 워드피스)에 대해 배웠다. 다음 장에서는 이렇게 학습된 BERT를 활용하는 방법을 알아볼 것이다.

2.7 연습 문제

다음 질문에 답을 고민해보면서 BERT를 이해해보자.

1. BERT는 다른 임베딩 모델과 어떻게 다른가?
2. BERT-base 모델과 BERT-large 모델의 차이점은 무엇인가?
3. 세그먼트 임베딩은 무엇인가?
4. BERT는 어떻게 사전 학습되는가?
5. MLM 태스크는 어떻게 동작하는가?
6. 80-10-10% 규칙은 무엇인가?
7. NSP 태스크는 어떻게 동작하는가?

2.8 보충 자료

더 자세한 내용을 알고 싶다면 다음 문서를 참조하길 바란다.

- BERT: Pre-training of Deep Bidirectional Transformers for Language Understanding, by Jacob Devlin, Ming-Wei Chang, Kenton Lee, and Kristina Toutanova, *https://arxiv.org/pdf/1810.04805.pdf*.

- Gaussian Error Linear Units (GELUs), by Dan Hendrycks and Kevin Gimpel, *https://arxiv.org/pdf/1606.08415.pdf*.

- Neural Machine Translation of Rare Words with Subword Units, by Rico Sennrich, Barry Haddow, and Alexandra Birch, *https://arxiv.org/pdf/1508.07909.pdf*.

- Neural Machine Translation with Byte-Level Subwords, by Changhan Wang, Kyunghyun Cho, and Jiatao Gu, *https://arxiv.org/pdf/1909.03341.pdf*.

- Japanese and Korean Voice Search, by Mike Schuster and Kaisuke Nakajima, *https://static.googleusercontent.com/media/research.google.com/en//pubs/archive/37842.pdf*.

BERT 활용하기

이 장에서는 사전 학습된 BERT를 사용하는 방법을 자세히 알아볼 것이다. 가장 먼저 구글에서 오픈 소스로 제공한 사전 학습된 BERT 모델의 다양한 구성을 살펴본다. 그런 다음 사전 학습된 BERT 모델을 특징 추출기로 사용하는 방법을 확인한다. 또한 허깅페이스Hugging Face의 트랜스포머transformer 라이브러리가 어떤 건지 확인하고 이를 활용해 사전 학습된 BERT에서 임베딩을 추출하는 방법을 배울 것이다.

이어서 BERT의 모든 인코더 레이어에서 임베딩을 추출하는 방법을 알아본다. 그다음으로 다운스트림 태스크를 위해 사전 학습된 BERT 모델을 파인 튜닝하는 방법을 살펴본다. 일단 텍스트 분류 작업을 위해 사전 학습된 BERT를 파인 튜닝하는 방법을 배운다. 그다음으로 트랜스포머 라이브러리를 사용해 감정 분석 작업을 위해 BERT를 파인 튜닝하는 방법을 확인한다. 마지막으로 자연어 추론natural language inference(NLI), 질문−응답 태스크 및 개체명 인식 태스크를 위해 사전 학습된 BERT 모델을 파인 튜닝하는 방법을 살펴볼 것이다.

이 장에서 다룰 내용은 다음과 같다.

- 사전 학습된 BERT 모델 탐색
- 사전 학습된 BERT에서 임베딩을 추출하는 방법
- BERT의 모든 인코더 레이어에서 임베딩을 추출하는 방법
- 다운스트림 태스크를 위한 BERT 파인 튜닝 방법

3.1 사전 학습된 BERT 모델 탐색

2장에서 MLM와 NSP 태스크를 사용해 BERT를 사전 학습시키는 방법을 배웠다. 그러나 BERT를 처음부터 사전 학습시키는 것은 계산 비용이 많이 든다. 따라서 사전 학습된 공개 BERT 모델을 다운로드해 사용하는 게 효과적이다. 구글은 사전 학습된 BERT 모델을 오픈 소스로 제공했으며 구글 리서치의 깃허브 저장소(*https://github.com/google-research/bert*)에서 다운로드할 수 있게 했다.[1] 또한 [그림 3-1]과 같이 다양한 구성으로 사전 학습된 BERT를 공개했다. L은 인코더 레이어의 수를 나타내고 H는 은닉 유닛 크기(표현 크기)를 나타낸다.

	H=128	H=256	H=512	H=768
L=2	2/128(BERT-tiny)	2/256	2/512	2/768
L=4	4/128	4/256(BERT-mini)	4/512 (BERT-small)	4/768
L=6	6/128	6/256	6/512	6/768
L=8	8/128	8/256	8/512 (BERT-medium)	8/768
L=10	10/128	10/256	10/512	10/768
L=12	12/128	12/256	12/512	12/768(BERT-base)

그림 3-1 구글에서 제공하는 사전 학습된 BERT 모델(*https://github.com/google-research/bert*)

사전 학습된 모델은 BERT-uncased 및 BERT-cased 형식으로도 제공된다. BERT-uncased에서는 모든 토큰이 소문자이지만 BERT-cased에서는 토큰에 대해 소문자화를 하지 않은 상태로 학습을 진행한 모델이다. 그럼, BERT-cased 또는 BERT-uncased 중 어떤 사전 학습 BERT를 사용해야 할까? BERT-uncased의 경우 가장 일반적으로 사용되는 모델이지만 대소문자를 보존해야 하는 **개체명 인식**^{Named Entity Recognition}(NER)과 같은 특정 작업을 수행하는 경우 BERT-cased 모델을 사용해야 한다. 이와 함께 구글은 전체 단어 마스킹(WWM) 방법을 사용해 사전 학습된 BERT 모델도 공개했다. 그럼, 이런 사전 학습된 BERT 모델을 정확히 어떻게 사용할 수 있을까?

---

1 옮긴이_ 구글에서 공개한 버트 모델의 한국어 인식 성능이 좋지 않아서 SKT에서는 한국어를 잘 처리할 수 있는 사전 학습된 한국어 버트인 코버트(KoBERT, *https://github.com/SKTBrain/KoBERT*)를 공개했다.

사전 학습된 모델을 다음 두 가지 방법으로 사용할 수 있다.

- 임베딩을 추출해 특징 추출기로 사용한다.
- 사전 학습된 BERT 모델을 텍스트 분류, 질문-응답 등과 같은 다운스트림 태스크에 맞게 파인 튜닝한다.

다음 절에서는 임베딩을 추출해 사전 학습된 BERT 모델을 특징 추출기로 사용하는 방법을 배우고, 사전 학습된 BERT 모델을 다운스트림 태스크에 맞춰 파인 튜닝하는 방법도 자세히 알아보자.

3.2 사전 학습된 BERT에서 임베딩을 추출하는 방법

예제를 통해 사전 학습된 BERT에서 임베딩을 추출하는 방법을 알아보겠다. 다음과 같은 문장이 있다고 가정한다.

I love Paris(나는 파리를 사랑한다).

문장에서 각 단어의 문맥 임베딩을 추출해야 한다면, 먼저 문장을 토큰화하고 사전 학습된 BERT에 토큰을 입력해 각 토큰에 대한 임베딩을 반환한다. 또한 토큰 수준(단어 수준) 표현을 얻는 것 외에도 문장 수준의 표현을 얻을 수도 있다.

이 절에서는 사전 학습된 BERT에서 단어 수준 및 문장 수준 임베딩을 추출하는 방법을 자세히 알아보겠다.

감정 분석 작업을 수행할 때 [그림 3-2]에 표시된 데이터셋이 있다고 가정해보자.

문장	레이블
I love paris	1
Sam hated the movie	0
It was a great day	1
The song is not good	0
⋮	⋮
We loved the game	1

그림 3-2 데이터셋 예시

[그림 3-2]에서 볼 수 있듯이 문장과 그 문장에 대한 레이블이 있다. 여기서 1은 긍정적인 감정을 나타내고 0은 부정적인 감정을 나타낸다. 주어진 데이터셋을 사용해 문장의 감정을 분류하도록 분류기를 학습할 수 있다.

그러나 주어진 데이터셋은 텍스트이므로 모델에 직접 입력할 수 없다. 따라서 먼저 텍스트를 벡터화해야 한다. TF-IDF, 워드투벡터word2vec 등과 같은 방법을 사용해 텍스트를 벡터화할 수 있다. 이전 장에서 BERT가 워드투벡터와 같은 다른 문맥 독립 임베딩 모델과 달리 문맥 임베딩을 학습한다는 것을 배웠다. 이제 사전 학습된 BERT 모델을 사용해 데이터셋의 문장을 벡터화하는 방법을 알아보겠다.

데이터셋의 첫 번째 문장 'I love Paris'를 보자. 먼저 워드피스 토크나이저를 사용해 문장을 토큰화하고 토큰(단어)을 얻는다. 문장을 토큰화하면 다음과 같다.

```
tokens = [I, love, Paris]
```

토큰 리스트 시작 부분에 [CLS] 토큰을 추가하고 끝에 [SEP] 토큰을 추가한다. 그러면 토큰 리스트는 다음과 같다.

```
tokens = [ [CLS], I, love, Paris, [SEP] ]
```

이와 같은 방법으로 학습셋의 모든 문장을 토큰화할 수 있다. 하지만 각 문장의 길이가 다양하듯이, 토큰의 길이도 다양하다. 따라서 모든 토큰의 길이를 동일하게 유지해야 한다. 데이터셋의 모든 문장에 대해 토큰의 길이를 7로 유지한다고 가정해보자. 이전 토큰 목록을 보면 토큰의 길이는 5가 된다. 토큰 길이를 7로 만들기 위해 [PAD]라는 새 토큰을 추가하면 토큰은 다음과 같다.

```
tokens = [ [CLS], I, love, Paris, [SEP], [PAD], [PAD] ]
```

[PAD] 토큰 2개를 추가했으므로 이제 토큰의 길이는 7이 된다. 다음 단계는 [PAD] 토큰이 토큰의 길이를 맞추기 위해서만 추가될 뿐 실제 토큰의 일부가 아니라는 것을 모델이 이해하도록 하는 것이다. 이를 위해 우리는 어텐션 마스크를 소개한다. 다음과 같이 모든 위치에서 어텐션 마스크값을 1로 설정하고 [PAD] 토큰이 있는 위치에만 0을 설정한다.

```
attention_mask = [ 1,1,1,1,1,0,0]
```

다음으로 모든 토큰을 고유한 토큰 ID에 매핑한다. 다음이 매핑된 토큰 ID라고 가정하자.

```
token_ids = [101, 1045, 2293, 3000, 102, 0, 0]
```

ID 101은 [CLS] 토큰, 1045는 I 토큰, 2293은 Paris 토큰을 나타낸다.

이제 사전 학습된 BERT 모델에 대한 입력으로 어텐션 마스크와 함께 token_ids를 공급하고 각 토큰의 벡터 표현(임베딩)을 얻는다. 일단 코드를 살펴보면 좀 더 명확해질 것이다.

[그림 3-3]은 사전 학습된 BERT 모델을 사용해 임베딩을 얻는 방법을 보여준다. 이해를 돕기 위해 토큰 ID 대신 토큰을 표시했다. 보다시피, 토큰을 입력으로 공급하면 인코더 1은 모든 토큰의 표현을 계산해 다음 인코더인 인코더 2로 보낸다. 인코더 2는 인코더 1이 계산한 표현을 입력으로 가져와서 다음 인코더인 인코더 3으로 전송한다. 이러한 방식으로 각 인코더는 자신의 표현을 그다음 인코더로 전송한다. 최종 인코더인 인코더 12는 문장에 있는 모든 토큰의 최종 표현 벡터(임베딩)를 반환하게 된다.

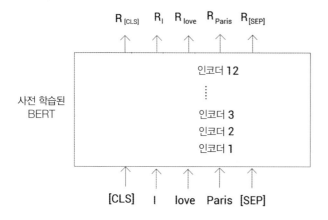

그림 3-3 사전 학습된 BERT

앞의 그림에서 볼 수 있듯이 $R_{[CLS]}$는 [CLS] 토큰의 임베딩이고, R_I는 I 토큰의 임베딩, R_{love}는 love 토큰의 임베딩이다. 이러한 표현 벡터는 기본적으로 문맥화된 단어(토큰) 임베딩이다. 사전 학습된 BERT 기반 모델을 사용한다고 가정해보겠다. 이때 각 토큰의 표현 크기는 768 이다.

'I love Paris' 문장에서 각 단어에 대한 표현을 얻는 방법을 확인했다. 그렇다면 전체 문장의 표현을 어떻게 얻을까?

문장 시작 부분에 [CLS] 토큰을 추가했다는 것을 배웠다. 이 [CLS] 토큰의 표현은 전체 문장의 집계 표현을 보유하게 된다. 따라서 다른 모든 토큰의 임베딩을 무시하고 [CLS] 토큰의 임베딩을 가져와서 문장의 표현으로 할당할 수 있다. 따라서 'I love Paris' 문장의 표현은 [CLS] 토큰에 해당하는 $R_{[CLS]}$의 표현 벡터가 된다.

매우 유사한 방식으로 학습셋에 있는 모든 문장의 벡터 표현을 계산할 수 있다. 학습셋에 있는 모든 문장의 문장 표현을 얻은 후에는 해당 표현을 입력으로 제공하고 분류기를 학습해 감정 분석 작업을 수행할 수 있다.

[CLS] 토큰의 표현을 문장 표현으로 사용하는 것이 항상 좋은 생각은 아니다. 문장의 표현을 얻는 효율적인 방법은 모든 토큰의 표현을 평균화하거나 풀링하는 것이다. 다음 장에서 이에 대해 자세히 알아볼 것이다.

이제 사전 학습된 BERT 모델을 사용해 임베딩 (표현)을 추출하는 방법을 배웠으니 다음 절에서는 트랜스포머로 알려진 라이브러리를 사용해 이러한 작업을 수행하는 방법을 확인해보자.

3.2.1 허깅페이스 트랜스포머

허깅페이스^{Hugging Face}는 자연어 기술의 민주화를 추구하는 조직이다. 오픈 소스 트랜스포머 라이브러리는 자연어 처리^{natural language processing}(NLP) 커뮤니티에서 많은 인기를 얻고 있다. 여러 NLP 및 자연어 이해^{natural language understanding}(NLU) 태스크에 매우 유용하고 강력하다. 라이브러리에는 100개 이상의 언어로 사전 학습된 수천 개의 모델이 포함되어 있다. 트랜스포머 라이브러리의 많은 장점 중 하나는 파이토치 및 텐서플로와 모두 호환된다는 것이다.

다음과 같이 **pip**를 사용해 트랜스포머를 직접 설치할 수 있다.

```
pip install transformers==3.5.1
```

이 책에서는 3.5.1 버전의 트랜스포머를 사용한다. 이제 트랜스포머를 설치했으므로 설명을 시작하겠다.

3.2.2 BERT 임베딩 생성하기

이제 사전 학습된 BERT에서 임베딩을 추출하는 방법을 알아본다. 'I love Paris(나는 파리를 사랑한다)'라는 문장이 있다고 하자. 허깅페이스의 트랜스포머 라이브러리와 함께 사전 학습된 BERT 모델을 사용해 문장에 있는 모든 단어의 문맥화된 단어 임베딩을 얻는 방법을 알아보겠다. 책의 깃허브 저장소에서 선체 코드에 접근할 수 있도록 했다. 코드를 원활하게 실행하려면 책의 깃허브 저장소를 클론^{clone}하고 구글 콜랩^{Google Colab}을 사용해 코드를 실행한다.

```
from transformers import BertModel, BertTokenizer
import torch
```

일단 사전 학습된 BERT 모델을 다운로드한다. *https://huggingface.co/transformers/pre-trained_models.html*에서 사용 가능한 모든 사전 학습된 BERT 모델을 확인할 수 있다. 여기서는 **bert-base-uncased** 모델을 사용한다. 이름에서 알 수 있듯이 12개의 인코더가 있는 BERT 기반 모델이며 모두 소문자로 변환한 uncased 토큰으로 학습되었다. BERT-base를 사용하고 있으므로 표현 벡터 크기는 768이 된다.

아래 코드로 bert-base-uncased 모델을 다운로드한다.

```
model = BertModel.from_pretrained('bert-base-uncased')
```

다음으로 bert-base-uncased 모델을 사전 학습시키는 데 사용된 토크나이저를 다운로드한다.

```
tokenizer = BertTokenizer.from_pretrained('bert-base-uncased')
```

문장을 BERT에 입력하기 전에 전처리하는 방법을 살펴보자.

입력 전처리하기

문장을 아래와 같이 정의한다.

```
sentence = 'I love Paris'
```

문장을 토큰화하고 토큰을 얻는다.

```
tokens = tokenizer.tokenize(sentence)
```

토큰을 출력한다.

```
print(tokens)
```

앞의 코드는 다음을 출력한다.

```
['i', 'love', 'paris']
```

이제 시작 부분에 [CLS] 토큰을 추가하고 토큰 목록 끝에 [SEP] 토큰을 추가한다.

```
tokens = ['[CLS]'] + tokens + ['[SEP]']
```

업데이트된 토큰 목록을 살펴보자.

```
print(tokens)
```

앞의 코드는 다음을 출력한다.

```
[ '[CLS]', 'i', 'love', 'paris', '[SEP]']
```

이런 식으로 처음에는 [CLS] 토큰이 있고 토큰 목록 끝에는 [SEP] 토큰이 있다. 또한 토큰 리스트의 길이가 5임을 알 수 있다.

토큰 목록의 길이를 7로 유지해야 한다고 가정하면 다음과 같이 끝에 2개의 [PAD] 토큰을 추가해야 한다.

```
tokens = tokens + ['[PAD]'] + ['[PAD]']
```

업데이트된 토큰 리스트를 출력해보자.

```
print(tokens)
```

앞의 코드는 다음을 출력한다.

```
[ '[CLS]', 'i', 'love', 'paris', '[SEP]', '[PAD]', '[PAD]']
```

이제 [PAD] 토큰이 존재하는 토큰 리스트이며 토큰 리스트의 길이는 7이다.

그럼 이제 어텐션 마스크를 만든다. 토큰이 [PAD] 토큰이 아니면 어텐션 마스크값을 1로 설정하고, 그렇지 않으면 다음과 같이 어텐션 마스크를 0으로 채운다.

```
attention_mask = [1 if i!= '[PAD]' else 0 for i in tokens]
```

attention_mask를 출력해보자.

```
print(attention_mask)
```

앞의 코드는 다음을 출력한다.

```
[1, 1, 1, 1, 1, 0, 0]
```

보다시피, [PAD] 토큰이 있는 위치에는 어텐션 마스크값이 0이고 다른 위치에는 1이 되었다.

모든 토큰을 다음과 같이 토큰 ID로 변환한다.

```
token_ids = tokenizer.convert_tokens_to_ids(tokens)
```

token_ids를 살펴보자.

```
print(token_ids)
```

앞의 코드는 다음을 출력한다.

```
[101, 1045, 2293, 3000, 102, 0, 0]
```

출력에서 각 토큰이 고유한 토큰 ID에 매핑되는 것을 볼 수 있다.

이제 token_ids와 attention_mask를 다음 코드와 같이 텐서로 변환한다.

```
token_ids = torch.tensor(token_ids).unsqueeze(0)
attention_mask = torch.tensor(attention_mask).unsqueeze(0)
```

사전 학습된 BERT 모델에 token_ids 및 attention_mask를 입력하고 임베딩을 추출해보자.

임베딩 추출하기

다음 코드에서 볼 수 있듯이 token_ids 및 attention_mask를 모델에 입력하고 임베딩을
획득한다. 모델은 두 값으로 구성된 튜플로 출력을 반환한다. 첫 번째 값은 은닉 상태 표현
(hidden_rep)인데, 이는 최종 인코더(12번째 인코더)에서 얻은 모든 토큰의 표현 벡터로 구
성되어 있고, 두 번째 값인 cls_head는 [CLS] 토큰의 표현으로 구성된다.

```
hidden_rep, cls_head = model(token_ids, attention_mask = attention_mask)
```

앞의 코드에서 `hidden_rep`는 입력에 대한 모든 토큰의 임베딩(표현)을 포함한다. 차원을 확인하기 위해 `hidden_rep` 크기를 출력해보자.

```
print(hidden_rep.shape)
```

앞의 코드는 다음을 출력한다.

```
torch.Size([1, 7, 768])
```

`[1, 7, 768]`는 `[batch_size, sequence_length, hidden_size]`[2]를 의미한다.

배치 크기는 1이며, 입력 시퀀스의 길이는 토큰의 길이를 의미하므로 7개의 토큰이 있으므로 7이다. 은닉 벡터의 길이는 표현 벡터(임베딩) 크기이고 앞서 확인한 대로 BERT의 경우 768이다.

다음과 같이 각 토큰의 표현을 얻을 수 있다.

- `hidden_rep[0][0]`은 첫 번째 토큰인 [CLS]의 표현 벡터를 제공한다.
- `hidden_rep[0][1]`은 두 번째 토큰인 I의 표현 벡터를 제공한다.
- `hidden_repo[0][2]`는 세 번째 토큰인 love의 표현 벡터를 제공한다.

이러한 방식으로 모든 토큰의 문맥별 표현 벡터를 얻을 수 있다. 이는 기본적으로 주어진 문장에 있는 모든 단어의 문맥화된 단어 임베딩이다.

이제 `cls_head`를 살펴보자. 여기에는 [CLS] 토큰의 표현이 포함된다. `cls_head` 크기를 출력해보겠다.

```
print(cls_head.shape)
```

앞의 코드는 다음을 출력한다.

```
torch.Size ([1, 768])
```

---

2 옮긴이_ batch_size는 배치 크기, sequence_length는 입력 시퀀스의 길이, hidden_size는 입력 벡터의 길이를 의미한다.

크기 [1, 768]은 [batch_size, hidden_size]를 나타낸다.

우리는 cls_head가 문장 전체의 표현을 보유하고 있다는 것을 배웠으므로 cls_head를 I love Paris 문장의 표현 벡터로 사용할 수 있다.

사전 학습된 BERT에서 임베딩을 추출하는 방법을 배웠다. 그러나 이들은 BERT의 최상위 인코더 계층인 12번째 인코더에서만 얻은 임베딩이다. BERT의 모든 인코더 계층에서도 임베딩을 추출할 수 있을까? 그렇다! 그 방법은 다음 절에서 알아볼 것이다.

3.3 BERT의 모든 인코더 레이어에서 임베딩을 추출하는 방법

이전 절에서 사전 학습된 BERT 모델에서 임베딩을 추출하는 방법을 배웠다. 그리고 추출된 임베딩은 최종 인코더 계층에서 얻은 임베딩임을 확인했다. 그런데 항상 최종 인코더 레이어(마지막 계층의 은닉 상태)에서만 얻은 임베딩을 사용해야 할까, 아니면 모든 인코더 레이어(모든 은닉 상태)에서 얻은 임베딩도 고려해야 할까? 이 부분을 확인해보자.

h_0는 입력 임베딩 레이어, h_1는 첫 번째 인코더 레이어(첫 번째 은닉 레이어), h_2는 두 번째 인코더 레이어(두 번째 은닉 레이어) 그리고 마지막 12번째 인코더 레이어 h_{12}로 표현해보자. [그림 3-4]와 같다.

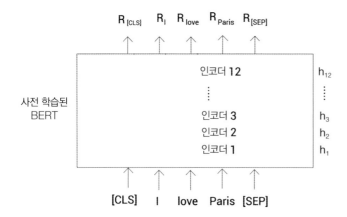

그림 3-4 사전 학습된 BERT

최종 인코더 레이어에서만 임베딩(표현 벡터)을 가져오는 대신 BERT 연구원들은 다른 인코더 레이어에서 임베딩을 가져오는 실험을 했다.

예를 들어, 개체명 인식 태스크의 경우 연구원은 사전 학습된 BERT 모델을 사용해 특징을 추출했다. 최종 인코더 레이어(최종 은닉 레이어)의 임베딩만 속성으로 사용하는 대신 다른 인코더 레이어(다른 은닉 레이어)의 임베딩을 속성으로 사용해 실험하고 다음과 같은 F1 점수를 얻었다. [3]

속성	표기	F1 스코어
임베딩	h_0	91.0
마지막 두 레이어	h_{11}	95.6
마지막 레이어	h_{12}	94.9
마지막 4개 레이어의 가중합	$h_{9\ to}\ h_{12}$	95.9
마지막 4개 레이어의 연결값	$h_{9\ to}\ h_{12}$	96.1
12개 레이어의 가중합	$h_{1\ to}\ h_{12}$	95.5

그림 3-5 서로 다른 레이어의 임베딩 속성으로 도출한 F1 스코어

[그림 3-5]에서 볼 수 있듯이 마지막 4개의 인코더 레이어의 임베딩을 연결하면 F1 점수가 96.1%가 된다. 여기서 확인한 것과 같이 최종 인코더 레이어(최종 은닉 레이어)에서만 임베딩을 가져오는 대신 다른 인코더 레이어의 임베딩을 사용할 수도 있다.

이제 트랜스포머 라이브러리를 사용해 모든 인코더 계층에서 임베딩을 추출하는 방법을 확인해보자.

3.3.1 임베딩 추출하기

먼저 필요한 모듈을 가져온다.

```
from transformers import BertModel, BertTokenizer
import torch
```

---

3 옮긴이_ 정밀도(precision)와 재현율(recall)의 조화 평균(*https://ko.wikipedia.org/wiki/정밀도와_재현율*).

다음으로 사전 학습된 BERT 모델 및 토크나이저를 다운로드한다. 사전 학습된 BERT 모델을 다운로드할 때 output_hidden_states = True로 설정한다. True는 모든 인코더 레이어에서 임베딩을 얻는 데 필요하다.

```
model = BertModel.from_pretrained('bert-base-uncased',
                                  output_hidden_states = True)
tokenizer = BertTokenizer.from_pretrained('bert-base-uncased')
```

그리고 입력을 모델에 공급하기 전에 전처리를 수행한다.

입력 전처리

앞에서 본 문장을 고려해보자. 먼저 문장을 토큰화하고 시작 부분에 [CLS] 토큰을 추가하고 끝에 [SEP] 토큰을 추가한다.

```
sentence = 'I love Paris'
tokens = tokenizer.tokenize(sentence)
tokens = ['[CLS]'] + tokens + ['[SEP]']
```

토큰의 길이를 7로 유지해야 한다고 가정한다. 따라서 [PAD] 토큰을 추가하고 어텐션 마스크도 정의한다.

```
tokens = tokens + ['[PAD]'] + ['[PAD]']
attention_mask = [1 if i!= '[PAD]' else 0 for i in tokens]
```

다음으로 토큰을 토큰 ID로 변환한다.

```
token_ids = tokenizer.convert_tokens_to_ids(tokens)
```

이제 token_ids와 attention_mask를 텐서로 변환한다.

```
token_ids = torch.tensor(token_ids).unsqueeze(0)
attention_mask = torch.tensor(attention_mask).unsqueeze(0)
```

이렇게 입력 전처리를 수행했으므로 임베딩을 출력해보자.

임베딩 가져오기

모든 인코더 계층에서 임베딩을 가져오기 위해 모델을 정의하면서 `output_hidden_states = True`로 설정했으므로 모델은 다음 코드와 같이 3개의 값이 있는 튜플을 반환한다.

```
last_hidden_state, pooler_output, hidden_states = model(token_ids, attention_mask =
attention_mask)
```

앞의 코드를 간단히 해석하면 다음과 같다.

- 첫 번째 값인 `last_hidden_state`는 최종 인코더 계층(12번째 인코더)에서만 얻은 모든 토큰의 표현을 가진다.
- `pooler_output`은 최종 인코더 계층의 [CLS] 토큰 표현을 나타내며 선형 및 tanh 활성화 함수에 의해 계산된다.
- `hidden_states`는 모든 인코더 계층에서 얻은 모든 토큰의 표현을 포함한다.

각 값을 살펴보면서 더 자세히 이해해보자.

먼저 `last_hidden_state`를 보자. 우리가 배운 것처럼 최종 인코더 계층(12번째 인코더)에서만 얻은 모든 토큰의 표현을 가지고 있다. `last_hidden_state` 크기를 출력해보자.

```
last_hidden_state.shape
```

앞의 코드는 다음을 출력한다.

```
torch.Size([1, 7, 768])
```

크기 `[1, 7, 768]`은 `[batch_size, sequence_length, hidden_size]`를 나타낸다.

배치 크기는 1이며, 7개의 토큰이 있으므로 입력 시퀀스의 길이는 7이다. 은닉 벡터의 길이는 표현 벡터(임베딩) 크기이고 BERT의 경우 768이다.

다음과 같이 각 토큰의 임베딩을 얻을 수 있다.

- `last_hidden[0][0]`은 첫 번째 토큰인 [CLS]의 표현 벡터를 반환한다.
- `last_hidden[0][1]`은 두 번째 토큰인 I의 표현 벡터를 반환한다.

- last_hidden[0][2]는 love라는 세 번째 토큰의 표현 벡터를 반환한다.

마찬가지로 최종 인코더 계층에서 모든 토큰의 표현을 얻을 수 있다.

다음으로, 최종 인코더 계층의 [CLS] 토큰 표현을 포함하는 pooler_output이 있으며 선형 및 tanh 활성화 함수에 의해 계산된다. pooler_output 크기를 출력해보자.

```
pooler_output.shape
```

[1, 768]은 [batch_size, hidden_size]를 나타낸다.

[CLS] 토큰이 문장 전체의 표현을 가지고 있다는 것을 알고 있다. 따라서 우리는 'I love Paris' 문장의 표현으로 pooler_output을 사용할 수 있다.

마지막으로 모든 인코더 계층에서 얻은 모든 토큰의 표현을 포함하는 hidden_states가 있다. 이는 입력 임베딩 레이어 h_0에서 최종 인코더 레이어 h_{12}까지 모든 인코더 레이어의 표현을 포함하는 13개의 값을 포함하는 튜플이다.

```
len(hidden_states)
```

앞의 코드는 다음을 출력한다.

```
13
```

확인한 것과 같이 모든 레이어의 표현 벡터 13개의 값을 갖는다.

- hidden_states[0]는 입력 임베딩 레이어 h_0에서 얻은 모든 토큰의 표현 벡터를 가진다.
- hidden_states[1]는 첫 번째 인코더 계층 h_1에서 얻은 모든 토큰의 표현 벡터를 가진다.
- hidden_states[2]는 두 번째 인코더 계층 h_2에서 얻은 모든 토큰의 표현 벡터를 가진다.
- hidden_states[12]는 최종 인코더 레이어 h_{12}에서 얻은 모든 토큰의 표현 벡터를 가진다.

더 자세히 살펴보자. 먼저 입력 임베딩 레이어 h_0에서 얻은 모든 토큰의 표현을 포함하는 hidden_states[0] 크기를 출력해보겠다.

```
hidden_states[0].shape
```

앞의 코드는 다음을 출력한다.

```
torch.Size([1, 7, 768])
```

[1, 7, 768]은 [batch_size, sequence_length, hidden_size]를 의미한다.

이제 첫 번째 인코더 계층 h_1에서 얻은 모든 토큰의 표현을 포함하는 hidden_states[1] 크기를 출력해보자.

```
hidden_states[1].shape
```

앞의 코드는 다음을 출력한다.

```
torch.Size([1, 7, 768])
```

이러한 방식으로 모든 인코더 계층에서 토큰 임베딩을 얻을 수 있다. 지금까지 사전 학습된 BERT를 사용해 임베딩을 추출하는 방법을 배웠다. 감정 분석과 같은 다운스트림 태스크에도 사전 학습된 BERT를 사용할 수 있을까? 그렇다! 다음 절에서 이에 대해 알아볼 것이다.

3.4 다운스트림 태스크를 위한 BERT 파인 튜닝 방법

지금까지 사전 학습된 BERT 모델을 사용하는 방법을 배웠다. 이제 사전 학습된 BERT 모델을 다운스트림 태스크에 맞춰 파인 튜닝하는 방법을 알아보겠다. 파인 튜닝은 BERT를 처음부터 학습시키지 않는다는 것을 의미한다. 그 대신 사전 학습된 BERT를 기반으로 태스크에 맞게 가중치를 업데이트하게 된다.

이 절에서는 다음 다운스트림 태스크에 맞춰 사전 학습된 BERT 모델을 파인 튜닝하는 방법을 알아보겠다.

- 텍스트 분류
- 자연어 추론(NLI)
- 개체명 인식(NER)
- 질문-응답

3.4.1 텍스트 분류

사전 학습된 BERT 모델을 텍스트 분류 태스크에 맞춰 파인 튜닝하는 방법을 알아보겠다. 감정 분석을 수행하고 있다고 가정해보자. 감정 분석 태스크에서 우리의 목표는 문장이 긍정적인지 부정적인지 분류하는 것이다. 레이블과 함께 문장이 포함된 데이터셋이 있다고 가정하자.

'I love Paris'라는 문장이 주어졌다고 하자. 먼저 문장을 토큰화하고 시작 부분에 [CLS] 토큰을 추가한 뒤 문장 끝에 [SEP] 토큰을 추가한다. 그런 다음 사전 학습된 BERT 모델에 대한 입력으로 토큰을 입력하고 모든 토큰의 임베딩을 가져온다.

다음으로 다른 모든 토큰의 임베딩을 무시하고 $R_{[CLS]}$인 [CLS] 토큰의 임베딩만 취한다. [CLS] 토큰을 포함하면 문장의 집계 표현이 유지된다. $R_{[CLS]}$를 분류기(소프트맥스 함수가 있는 피드 포워드 네트워크)에 입력하고 학습시켜 감정 분석을 수행한다.

이러한 방식이 절의 시작 부분에서 본 것과 어떻게 다를까? 사전 학습된 BERT 모델을 파인 튜닝하는 것은 사전 학습된 BERT를 특징 추출기로 사용하는 것과 어떻게 다른 걸까?

3.2절에서 문장의 임베딩 $R_{[CLS]}$를 추출한 후 $R_{[CLS]}$를 분류기에 입력하고 분류기를 학습해 분류를 수행한다는 것을 배웠다. 마찬가지로 파인 튜닝 중에 $R_{[CLS]}$ 임베딩을 분류기에 입력하고 분류를 수행할 수 있다.

차이점은 사전 학습된 BERT 모델을 파인 튜닝할 때 분류기와 함께 모델의 가중치를 업데이트한다는 것이다. 그러나 사전 학습된 BERT 모델을 특징 추출기로 사용하면 사전 학습된 BERT 모델이 아닌 분류기의 가중치만 업데이트하게 된다.

파인 튜닝 중에 다음 두 가지 방법으로 모델의 가중치를 조정할 수 있다.

- 분류 계층과 함께 사전 학습된 BERT 모델의 가중치를 업데이트한다.
- 사전 학습된 BERT 모델이 아닌 분류 계층의 가중치만 업데이트한다. 이렇게 하면 사전 학습된 BERT 모델을 특징 추출기로 사용하는 것과 같다.

[그림 3-6]은 감정 분석 태스크를 위해 사전 학습된 BERT 모델을 파인 튜닝하는 방법을 보여준다.

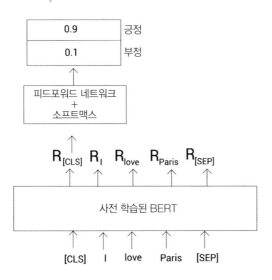

그림 3-6 텍스트 분류를 위한 BERT 파인 튜닝

[그림 3-6]에서 볼 수 있듯이 사전 학습된 BERT에 토큰을 입력하고 모든 토큰의 임베딩을 가져온다. [CLS] 토큰을 임베딩해 소프트맥스 함수를 사용해 피드포워드 네트워크에 입력하고 분류한다.

이제 감정 분석 태스크에 맞춰 사전 학습된 BERT를 파인 튜닝할 것이다. 이를 통해 파인 튜닝이 동작하는 방식을 더 잘 이해해보자.

감정 분석을 위한 BERT 파인 튜닝

IMDB 데이터셋을 기반으로 한 감정 분석 태스크를 위해 사전 학습된 BERT를 파인 튜닝하는 방법을 살펴보겠다. IMDB 데이터셋은 영화 리뷰 텍스트와 리뷰의 감정 레이블로 구성된다. 저자의 깃허브 저장소에서 전체 코드를 확인할 수 있다. 코드를 원활하게 실행하려면 책의 깃허브 저장소를 클론하고 구글 콜랩을 사용해 코드를 실행하면 된다.

의존 패키지 설치

먼저 필요한 라이브러리를 설치한다.

```
!pip install nlp==0.4.0
!pip install transformers==3.5.1
```

필요한 모듈을 임포트한다.

```
from transformers import BertForSequenceClassification, BertTokenizerFast, Trainer,
TrainingArguments
from nlp import load_dataset
import torch
import numpy as np
```

데이터셋과 모델 로딩하기

모델과 데이터셋을 로드한다. 먼저 **nlp** 라이브러리를 사용해 데이터셋을 다운로드하고 로드
한다.

```
!gdown https://drive.google.com/uc?id=11_M4ootuT7I1G0RlihcC0cA3Elqotlc-
dataset = load_dataset('csv', data_files='./imdbs.csv', split='train')
```

데이터 타입을 확인한다.

```
type(dataset)
```

출력 결과는 다음과 같다.

```
nlp.arrow_dataset.Dataset
```

다음으로 데이터셋을 학습 및 테스트셋으로 분할한다.

```
dataset = dataset.train_test_split(test_size=0.3)
```

데이터셋을 출력해보자.

```
dataset
```

앞의 코드는 다음을 출력한다.

```
{
'test': Dataset(features: {'text': Value(dtype='string', id=None), 'label':
Value(dtype='int64', id=None)}, num_rows: 30),
 'train': Dataset(features: {'text': Value(dtype='string', id=None), 'label':
Value(dtype='int64', id=None)}, num_rows: 70)
 }
```

이제, 학습 및 테스트셋을 만든다.

```
train_set = dataset['train']
test_set = dataset['test']
```

다음으로 사전 학습된 BERT 모델을 다운로드하자. 이 예에서는 사전 학습된 BERT-base-uncased 모델을 사용한다. 보다시피 시퀀스 분류를 수행하고 있으므로 BertForSequence Classification 클래스를 사용한다.

```
model = BertForSequenceClassification.from_pretrained('bert-base-uncased')
```

다음으로 BERT-base-uncased 모델을 사전 학습시키는 데 사용된 토크나이저를 다운로드한다.

여기서는 BertTokenizer 대신 BertTokenizerFast 클래스를 사용해 토크나이저 인스턴스를 생성한다. BertTokenizerFast 클래스는 BertTokenizer에 비해 장점이 많다. 이 부분은 이어지는 내용에서 확인해보자.

```
tokenizer = BertTokenizerFast.from_pretrained('bert-base-uncased')
```

데이터셋과 모델을 로드했으니 이제 데이터셋을 전처리해보자.

데이터셋 전처리

토크나이저를 사용해 데이터셋을 빠르게 전처리할 수 있다. 예를 들어, 'I love Paris'라는 문장을 고려해보자.

먼저 다음과 같이 문장을 토큰화하고 시작 부분에 [CLS] 토큰을 추가하고 끝에 [SEP] 토큰을 추가한다.

```
tokens = [ [CLS], I, love, Paris, [SEP] ]
```

다음으로 토큰을 고유한 입력 ID(토큰 ID)에 매핑한다. 아래의 리스트가 입력 ID(토큰 ID)라고 가정하자.

```
input_ids = [101, 1045, 2293, 3000, 102]
```

그런 다음 세그먼트 ID(토큰 타입 ID)를 추가해야 한다. 그런데, 세그먼트 ID는 무엇일까? 입력에 문장이 2개 있다고 가정하자. 이 경우 세그먼트 ID는 한 문장을 다른 문장과 구별하는 데 사용된다. 첫 번째 문장의 모든 토큰은 0으로 매핑하고 두 번째 문장의 모든 토큰은 1로 매핑한다. 여기에는 문장이 하나뿐이므로 모든 토큰은 다음과 같이 0으로 매핑된다.

```
token_type_ids = [0, 0, 0, 0, 0]
```

이제 어텐션 마스크를 만들어야 한다. 이미 우리는 어텐션 마스크가 실제 토큰과 [PAD] 토큰을 구분하는 데 사용된다는 것을 알고 있다. 모든 토큰을 1로 매핑하고 [PAD] 토큰을 0으로 매핑한다. 토큰의 길이가 5라고 가정하면, 토큰 리스트에는 이미 5개의 토큰이 있으므로 [PAD] 토큰을 추가할 필요가 없다. 따라서 어텐션 마스크는 다음과 같다.

```
attention_mask = [1, 1, 1, 1, 1]
```

앞서 언급한 모든 단계를 수동으로 수행하는 대신 토크나이저가 이러한 단계를 수행한다. 다음 코드와 같이 토크나이저에 문장을 전달하기만 하면 된다.

```
tokenizer('I love Paris')
```

앞의 코드는 다음을 반환한다. 보다시피 입력 문장은 토큰화되고 input_ids, token_type_ids, attention_mask에 매핑된다.

```
{
'input_ids': [101, 1045, 2293, 3000, 102],
'token_type_ids': [0, 0, 0, 0, 0],
'attention_mask': [1, 1, 1, 1, 1]
}
```

토크나이저를 사용하면 여러 문장을 전달하고 자동으로 패딩을 수행할 수도 있다. 이를 위해 패딩을 True로 설정하고 시퀀스의 최대 길이도 설정한다. 예를 들어 다음 코드와 같이 3개의 문장을 전달하고 시퀀스의 최대 길이 max_length를 5로 설정해보자.

```
tokenizer(['I love Paris', 'birds fly','snow fall'], padding = True,
          max_length=5)
```

앞의 코드는 다음을 반환한다. 보다시피 모든 문장은 input_ids, token_type_ids, attention_mask에 매핑된다. 두 번째와 세 번째 문장에는 토큰이 2개만 있는 상태라서 [CLS]와 [SEP]을 추가하면 총 4개의 토큰이 된다. padding을 True로 설정하고 max_length 를 5로 설정했기 때문에 추가 [PAD] 토큰이 두 번째 및 세 번째 문장에 추가되었다. 이것이 두 번째 및 세 번째 문장의 어텐션 마스크에 0이 있는 이유다.

```
{
'input_ids': [[101, 1045, 2293, 3000, 102], [101, 5055, 4875, 102, 0], [101, 4586,
2991, 102, 0]],
'token_type_ids': [[0, 0, 0, 0, 0], [0, 0, 0, 0, 0], [0, 0, 0, 0, 0]],
'attention_mask': [[1, 1, 1, 1, 1], [1, 1, 1, 1, 0], [1, 1, 1, 1, 0]]
}
```

이게 전부인데, 토크나이저를 사용하면 데이터셋을 쉽게 전처리할 수 있다. 따라서 다음과 같이 데이터셋을 처리하는 preprocess라는 함수를 정의해보자.

```
def preprocess(data):
    return tokenizer(data['text'], padding=True, truncation=True)
```

이제 preprocess 함수를 사용해 학습 및 테스트셋을 전처리한다.

```
train_set = train_set.map(preprocess, batched=True,
                          batch_size=len(train_set))
test_set = test_set.map(preprocess, batched=True, batch_size=len(test_set))
```

다음으로 set_format 함수를 사용해 다음 코드와 같이 데이터셋에 필요한 열column과 필요한 형식을 입력한다.

```
train_set.set_format('torch',
                     columns=['input_ids', 'attention_mask', 'label'])
test_set.set_format('torch',
                    columns=['input_ids', 'attention_mask', 'label'])
```

이렇게 데이터셋이 준비되었으니 이제 모델을 학습해보자.

모델 학습

배치 및 에폭epoch 크기를 정의한다.

```
batch_size = 8
epochs = 2
```

웜업warmup 스텝 크기 및 웨이트 디케이weight decay를 정의한다.

```
warmup_steps = 500
weight_decay = 0.01
```

학습 인수를 정의한다.

```
training_args = TrainingArguments(
    output_dir='./results',
    num_train_epochs=epochs,
    per_device_train_batch_size=batch_size,
    per_device_eval_batch_size=batch_size,
    warmup_steps=warmup_steps,
    weight_decay=weight_decay,
    evaluate_during_training=True,
    logging_dir='./logs',
)
```

이제 트레이너를 정의한다.

```
trainer = Trainer(
    model=model,
    args=training_args,
    train_dataset=train_set,
```

```
        eval_dataset=test_set
)
```

학습을 시작한다.

```
trainer.train()
```

학습한 후 평가 기능을 사용해 모델을 평가할 수 있다.

```
trainer.evaluate()
```

출력 결과는 다음과 같다.

```
{'epoch': 1.0, 'eval_loss': 0.68}
{'epoch': 2.0, 'eval_loss': 0.50}
```

이러한 방식으로 사전 학습된 BERT를 파인 튜닝할 수 있다. 이제 텍스트 분류 작업을 위해 BERT를 파인 튜닝하는 방법을 배웠으므로 NLI를 위해 BERT를 파인 튜닝하는 방법을 살펴본다.

3.4.2 자연어 추론

자연어 추론natural language inference (NLI)에서 모델은 가정이 주어진 전제에 참인지 거짓인지 중립인지 여부를 결정하는 태스크다. BERT를 파인 튜닝해 NLI를 수행하는 방법을 알아보겠다.

[그림 3-7]에 표시된 샘플 데이터셋을 보면 예시가 참, 거짓 또는 중립인지를 나타내는 레이블과 함께 전제와 가설을 제공한다.

전제	가설	레이블
그는 놀고 있다	그는 자고 있다	거짓
여러 남성이 플레이하는 축구 게임	몇몇 남자들이 스포츠를 하고 있다	참
웃고 있는 노인과 청년	두 남자가 바닥에서 놀고 있는 강아지들을 보고 웃고 있다	중립

그림 3-7 샘플 NLI 데이터

우리 모델의 목표는 주어진 문장 쌍(전제, 가설 쌍)에 대해서 참, 거짓, 중립 여부를 결정하는 것이다. 예제를 통해 이를 수행하는 방법을 이해해보자. 다음 전제, 가설 쌍이 있다고 하자.

전제: He is playing(그는 놀고 있다).

가설: He is sleeping(그는 자고 있다).

먼저, 문장 쌍을 토큰화한 다음 첫 번째 문장의 시작 부분에 [CLS] 토큰을 추가하고 모든 문장 끝에 [SEP] 토큰을 추가한다. 토큰은 다음과 같다.

```
tokens = [ [CLS], He, is, playing, [SEP], He, is, sleeping [SEP]]
```

이제 사전 학습된 BERT에 토큰을 입력하고 각 토큰의 임베딩을 가져온다. [CLS] 토큰의 표현이 집계 표현을 보유한다는 것을 배웠다.

따라서 [CLS] 토큰의 $R_{[CLS]}$ 표현 벡터를 가져와 분류기(피드포워드 + 소프트맥스)에 입력하면, 분류기는 문장이 참, 거짓, 중립일 확률을 반환한다. 학습 초기에는 결과가 정확하지 않지만 여러 번 반복iteration하면 정확한 결과를 얻을 수 있다.

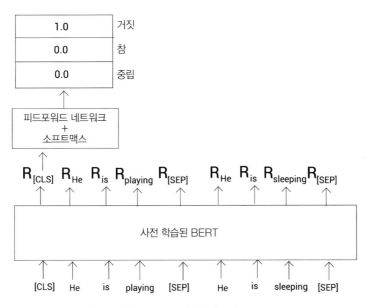

그림 3-8 NLI를 위한 사전 학습 BERT 모델의 파인 튜닝

이제 NLI 태스크를 위한 BERT 파인 튜닝 방법을 배웠으므로 질문-응답을 위해 BERT를 파인 튜닝하는 방법을 살펴본다.

3.4.3 질문-응답

질문-응답 태스크^{question-answering task}에서는 질문에 대한 응답이 포함된 단락과 함께 질문이 제공된다. 태스크의 목표는 주어진 질문에 대한 단락에서 답을 추출하는 것이다. 이제 사전 학습된 BERT를 파인 튜닝해 질문에 답하는 태스크를 수행하는 방법을 알아보겠다.

BERT의 입력은 질문-단락 쌍^{question-paragraph pair}이다. 즉, BERT에 질문과 응답을 담은 단락을 입력하고 단락에서 응답을 추출해야 한다. 따라서 BERT는 단락에서 응답에 해당하는 텍스트의 범위를 반환해야 한다. 다음 질문-단락 쌍을 예를 들어 생각해보자.

질문 = "면역 체계는 무엇입니까?"

단락 = "면역 체계는 질병으로부터 보호하는 유기체 내의 다양한 생물학적 구조와 과정의 시스템입니다. 제대로 기능하려면 면역 체계가 바이러스에서 기생충에 이르기까지 병원균으로 알려진 다양한 물질을 탐지하고 유기체의 건강한 조직과 구별해야 합니다."

이제 우리 모델은 단락에서 답을 추출해야 한다. 본질적으로 응답을 포함하는 텍스트 범위를 반환해야 한다. 따라서 다음을 반환해야 한다.

응답 = "질병으로부터 보호하는 유기체 내의 다양한 생물학적 구조와 과정의 시스템입니다."

그럼, 이 작업을 수행하기 위해 BERT를 어떻게 파인 튜닝할 수 있을까? 이를 위해 우리 모델은 주어진 단락의 답을 포함하는 텍스트 범위의 시작과 끝의 인덱스를 이해해야 한다. 예를 들어, "면역 체계는 무엇입니까?"라는 질문을 받고, 모델이 이 질문에 대한 답이 두 번째 인덱스('질병으로부터')에서 시작하고 10번째 인덱스('시스템입니다')에서 끝난다는 것을 이해하면 다음과 같은 답을 얻을 수 있다.[4]

단락 = "면역 체계는 **질병으로부터 보호하는 유기체 내의 다양한 생물학적 구조와 과정의 시스템입니다.** 제대로 기능하려면 면역 체계가 바이러스에서 기생충에 이르기까지 병원균으로 알려진 다양한 물질을 탐지하고 유기체의 건강한 조직과 구별해야 합니다."

이제 답을 포함하는 텍스트 범위의 시작과 끝의 인덱스를 어떻게 찾을까? 단락 내 답의 시작과 끝 토큰(단어)의 확률을 구하면 쉽게 답을 추출할 수 있을 것이다? 그런데, 어떻게 이렇게 동작하게 할 수 있을까? 이를 위해 시작 벡터 S와 끝 벡터 E라는 2개의 벡터를 사용한다. 시작 및 끝 벡터의 값은 학습이 되는 값이다.

먼저 단락 내 각 토큰(단어)이 응답의 시작 토큰이 될 확률을 계산해보자.

이 확률을 계산하기 위해 각 토큰 i에 대해 R_i 토큰 표현 벡터와 시작 벡터 S 간의 내적을 계산한다. 그리고 내적 $S \cdot R_i$에 소프트맥스 함수를 적용하고 확률을 얻는다.

$$P_i = \frac{e^{S \cdot R_i}}{\sum_j e^{S \cdot R_i}}$$

다음으로 시작 토큰이 될 확률이 높은 토큰의 인덱스를 선택해 시작 인덱스를 계산한다.

유사한 방식으로 단락의 각 토큰(단어)이 응답의 끝 토큰이 될 확률을 계산한다. 이 확률을 계

---

[4] 옮긴이_ 이 예제에서는 띄어쓰기 단위로 토큰화를 한다고 가정한다.

산하기 위해 각 토큰 i에 대해 R_i 토큰 표현 벡터와 끝 벡터 E 사이의 내적을 계산한다. 그리고 내적 $E \cdot R_i$에 소프트맥스 함수를 적용하고 확률을 얻는다.

$$P_i = \frac{e^{E \cdot R_i}}{\sum_j e^{E \cdot R_i}}$$

다음으로 끝 토큰이 될 확률이 높은 토큰의 인덱스를 선택해 끝 인덱스를 계산한다. 이제 시작 및 끝 인덱스를 사용해 답을 포함하는 텍스트 범위를 선택할 수 있게 된다.

[그림 3-9]와 같이 먼저 질문-단락 쌍을 토큰화하고 토큰을 사전 학습된 BERT 모델에 입력해 모든 토큰의 임베딩을 반환한다. [그림 3-9]에서 볼 수 있듯이 $R_i \sim R_N$은 질문에 포함된 토큰을 나타내고 $R_1' \sim R_M'$은 단락에 포함된 토큰을 나타낸다.

임베딩을 계산한 후 시작/끝 벡터로 내적을 계산한 뒤 소프트맥스 함수를 적용하고, 단락의 각 토큰에 대해서 시작/끝 단어일 확률을 얻는다.

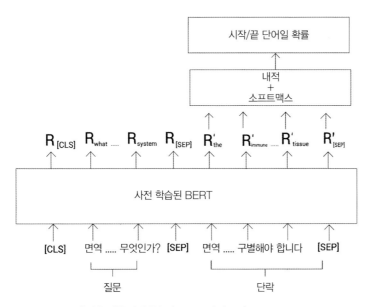

그림 3-9 질문-응답을 위한 사전 학습된 BERT 파인 튜닝

[그림 3-9]에서 단락의 각 토큰이 시작/끝 단어가 될 확률을 계산하는 방법을 확인할 수 있다.

그리고 확률이 가장 높은 시작 및 끝 인덱스를 사용해 답을 포함하는 텍스트 범위를 선택해야 한다. 이 부분이 어떻게 동작하는지 더 잘 이해하기 위해 파인 튜닝된 질문-응답 BERT 모델을 사용하는 방법을 살펴보겠다.

파인 튜닝된 BERT로 질문-응답 태스크 수행하기

이제 파인 튜닝된 질문-응답 BERT 모델을 사용해 질문-응답을 수행하는 방법을 알아볼 것이다. 먼저 필요한 모듈을 가져오겠다.

```
from transformers import BertForQuestionAnswering, BertTokenizer
```

이제 모델을 다운로드하고 로드한다. 우리는 **스탠포드 질문-응답 데이터셋**Stanford Question-Answering Dataset(SQUAD)을 기반으로 파인 튜닝된 bert-large-uncased-whole-word-masking-fine-tuned-squad 모델을 사용할 것이다.

```
model = BertForQuestionAnswering.from_pretrained('bert-large-uncased-whole-word-masking-fine-tuned-squad')
```

다음으로 토크나이저를 다운로드한다.

```
tokenizer = BertTokenizer.from_pretrained('bert-large-uncased-whole-word-masking-fine-tuned-squad')
```

이제 모델과 토크나이저를 다운로드했으니 입력을 전처리하자.

입력 전처리

먼저 질문 및 단락 텍스트를 사용해 BERT 입력을 정의한다.

```
question = "면역 체계는 무엇입니까?"
paragraph = "면역 체계는 질병으로부터 보호하는 유기체 내의 다양한 생물학적 구조와 과정의 시스템입니다. 제대로 기능하려면 면역 체계가 바이러스에서 기생충에 이르기까지 병원균으로 알려진 다양한 물질을 탐지하고 유기체의 건강한 조직과 구별해야 합니다."
```

질문 시작 부분에 [CLS] 토큰을 추가하고 질문과 단락 끝에 [SEP] 토큰을 추가한다.

```
question = '[CLS] ' + question + '[SEP]'
paragraph = paragraph + '[SEP]'
```

이제 질문과 단락을 토큰화한다.

```
question_tokens = tokenizer.tokenize(question)
paragraph_tokens = tokenizer.tokenize(paragraph)
```

질문 및 단락 토큰을 결합해 input_ids로 변환한다.

```
tokens = question_tokens + paragraph_tokens
input_ids = tokenizer.convert_tokens_to_ids(tokens)
```

다음으로 segment_ids를 정의한다. 이제 segment_ids는 질문의 모든 토큰에 대해 0으로, 단락의 모든 토큰에 대해 1로 정의한다.

```
segment_ids = [0] * len(question_tokens)
segment_ids = [1] * len(paragraph_tokens)
```

이제 input_ids 및 segment_ids를 텐서로 변환한다.

```
input_ids = torch.tensor([input_ids])
segment_ids = torch.tensor([segment_ids])
```

입력을 처리했으므로 이제 모델에 입력하고 결과를 확인한다.

응답 얻기

모든 토큰에 대한 시작 점수와 끝 점수를 반환하는 모델(질문–응답 파인 튜닝된 BERT 모델)에 input_ids 및 segment_ids를 입력한다.

```
start_scores, end_scores = model(input_ids, token_type_ids = segment_ids)
```

이제 시작 점수가 가장 높은 토큰의 인덱스인 start_index와 가장 높은 끝 점수를 가진 토큰의 인덱스인 end_index를 추출한다.

```
start_index = torch.argmax(start_scores)
end_index = torch.argmax(end_scores)
```

이제 시작과 끝 인덱스 사이의 텍스트 범위를 답으로 출력한다.

```
print(' '.join(tokens[start_index:end_index+1]))
```

앞의 코드는 다음을 출력한다.

질병으로부터 보호하는 유기체 내의 다양한 생물학적 구조와 과정의 시스템입니다.

지금까지 질문—응답을 위해 BERT를 파인 튜닝하는 방법을 배웠으므로 개체명 인식(NER)을 위해 BERT를 파인 튜닝하는 방법을 배워보자.

3.4.4 개체명 인식

개체명 인식named entity recognition(NER)에서 우리의 목표는 개체명을 미리 정의된 범주로 분류하는 것이다. 예를 들어, 'Jeremy lives in Paris(제레미가 파리에 산다)'라는 문장을 예로 들어보자. 이 문장에서 '제레미'는 사람person으로, '파리'는 위치location로 분류한다.

이제 사전 학습된 BERT 모델을 파인 튜닝해 NER를 수행하는 방법을 알아보겠다. 먼저 문장을 토큰화한 다음 시작 부분에 [CLS] 토큰을 추가하고 끝에 [SEP] 토큰을 추가한다. 그런 다음 사전 학습된 BERT 모델에 토큰을 입력하고 모든 토큰의 표현 벡터를 얻는다. 그리고 이러한 토큰 표현을 분류기(피드포워드 네트워크 + 소프트맥스 함수)에 입력한다. 그러면 분류기는 개체명이 속한 범주를 반환한다. [그림 3-10]을 확인해보자.

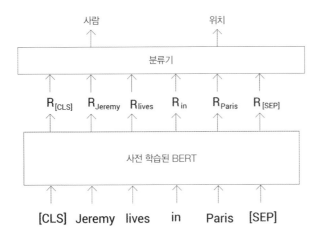

그림 3-10 사전 학습된 BERT 모델에 기반해 NER 파인 튜닝하기

사전 학습된 BERT 모델을 여러 다운스트림 태스크에 맞춰 파인 튜닝할 수 있다. 지금까지 BERT의 동작 방식과 사전 학습된 BERT 모델을 활용하는 방법을 배웠다. 다음 장에서는 BERT의 다양한 변형에 대해 알아볼 것이다.

3.5 마치며

구글에서 제공하는 사전 학습된 BERT 모델의 다양한 구성을 확인하며 이 장을 시작했다. 그런 다음 사전 학습된 BERT 모델을 두 가지 방법으로 사용할 수 있음을 배웠다. 임베딩을 추출해 특징 추출기로 사용하는 방법과 텍스트 분류, 질문-응답 및 텍스트 분류와 같은 다운스트림 태스크를 위해 사전 학습된 BERT 모델을 파인 튜닝하는 것이다.

이어서 첫 번째 사용법, 즉 사전 학습된 BERT 모델에서 임베딩을 추출하는 방법을 자세히 배웠다. 또한 허깅페이스의 트랜스포머 라이브러리를 사용해 임베딩을 생성하는 방법도 알아봤다. 그리고 BERT의 모든 인코더 계층에서 임베딩을 추출하는 방법을 자세히 배웠다.

그리고 두 번째 방법, 즉 사전 학습된 BERT를 다운스트림 태스크에 맞춰 파인 튜닝하는 방법을 배웠다. 텍스트 분류, NLI, NER 및 질문-응답을 위해 BERT를 파인 튜닝하는 방법을 자세히 확인했다. 다음 장에서는 BERT의 몇 가지 흥미로운 변형을 살펴볼 것이다.

3.6 연습 문제

다음 질문에 답해보자.

1. 사전 학습된 BERT를 어떻게 사용하는가?
2. [PAD] 토큰의 용도는 무엇인가?
3. 어텐션 마스크는 무엇인가?
4. 파인 튜닝은 무엇인가?
5. 질문-응답에서 응답의 시작 인덱스를 어떻게 계산하는가?
6. 질문-응답에서 응답의 끝 인덱스를 어떻게 계산하는가?
7. NER을 위해 BERT를 어떻게 사용하는가?

3.7 보충 자료

더 자세한 내용을 알고 싶다면 다음 문서를 참조하길 바란다.

- 허깅페이스 트랜스포머 라이브러리 문서는 *https://huggingface.co/transformers/model_doc/ bert.html*에서 확인할 수 있다.

- BERT: Pre-training of Deep Bidirectional Transformers for Language Understanding by Jacob Devlin, Ming-Wei Chang, Kenton Lee, and Kristina Toutanova, *https://arxiv. org/pdf/1810.04805.pdf*.

BERT 파생 모델

2부에서는 ALBERT, RoBERTa, ELECTRA, SpanBERT와 같이 유명한 BERT의 파생 모델을 소개한다.
DistilBERT 및 TinyBERT와 같은 지식 증류를 기반으로 하는 BERT의 파생 모델들에 대해서도 학습한다.

Part II

BERT
파생 모델

BERT의 파생 모델 I: ALBERT, RoBERTa, ELECTRA, SpanBERT

이번 장에서는 BERT의 다양한 형태의 파생 모델인 ALBERT, RoBERTa, ELECTRA, SpanBERT에 대해 알아본다. 이번 장은 ALBERT가 어떠한 원리로 작동하는지를 이해하는 것부터 시작한다. **ALBERT**^{Lite version of BERT}는 BERT의 라이트 버전이다. ALBERT는 학습 시간 을 최소화하기 위해 BERT의 아키텍처의 변화가 거의 없는 편이다. 이번 장에서 ALBERT의 작동 방식과 BERT와의 차이점을 자세히 다룰 계획이다.

다음으로 **RoBERTa**^{Robustly Optimized BERT pre-training Approach}를 살펴본다. RoBERTa는 BERT의 파 생 모델 가운데 가장 많이 쓰이는 방법 중 하나로, 최신 시스템에서 많이 사용된다. RoBERTa 는 BERT와 유사하게 작동하지만 사전 학습 단계에서 몇 가지 차이점이 있다. 이번 장에서 RoBERTa의 작동 방식과 BERT와의 차이점을 자세히 살펴본다.

계속해서 **ELECTRA**^{Efficiently Learning and Encoder that Classifies Token Replacements Accurately}에 대해 알아본다. 다른 BERT 파생 모델과는 달리 ELECTRA는 생성기^{generator}와 판별기^{discriminator}를 사용한다. 또 한 사전 학습 과정에 교체된 토큰 판별 태스크^{replaced token detection task}라는 태스크를 사용한다. 이 번 장에서 ELECTRA가 정확히 어떻게 작동하는지 자세히 알아볼 것이다.

마지막으로 SpanBERT에 대해 배운다. **SpanBERT**는 질문—응답, 관계 추출 등과 같은 태스 크에 널리 사용되고 있다. SpanBERT의 아키텍처를 탐색하면서 어떠한 원리로 작동하는지 알 아볼 것이다.

이 장에서 다룰 내용은 다음과 같다.

- ALBERT

- RoBERTa

- ELECTRA

- SpanBERT를 활용한 스팬^{span} 예측

4.1 ALBERT

이번 절에서는 **ALBERT**^{A Lite version of BERT}를 살펴본다. BERT의 주요 문제점 중 하나는 수백만 개의 변수로 구성되어 있다는 점이다. BERT-base는 1억 1천만 개의 변수로 구성되어 있어서 모델 학습이 어렵고 추론 시 시간이 많이 걸린다. 모델 크기를 늘리면 성능은 좋지만, 계산할 때 리소스 제한이 발생한다. 이 문제를 해결하기 위해 ALBERT를 도입한 것이다. ALBERT는 다음 두 가지 방법을 사용해 BERT와 대비해 변수를 적게 사용한다.

- 크로스 레이어 변수 공유^{cross-layer parameter sharing}

- 펙토라이즈 임베딩 레이어 변수화^{factorized embedding layer parameterization}

위 두 가지 방법을 적용해 BERT 모델의 학습 시간과 추론 시간을 줄인다. 먼저 이 두 방법의 작동 원리를 자세히 이해해보고, ALBERT 모델을 사전 학습시키는 방법을 알아보자.

4.1.1 크로스 레이어 변수 공유

크로스 레이어 변수 공유^{cross-layer parameter sharing}는 BERT 모델의 변수 개수를 줄이는 방법이다. BERT는 N개의 인코더로 구성되어 있다. 예를 들어 BERT-base는 12개의 인코더 레이어로 구성되어 있다. 학습이 진행되면 인코더 레이어에 있는 모든 변수에 대해 학습이 이루어진다. 하지만 크로스 레이어 변수 공유 방법의 경우 모든 인코더 레이어의 변수를 학습시키는 것이 아니라 첫 번째 인코더 레이어의 변수만 학습한 다음 첫 번째 인코더 레이어의 변수를 다른 모든 인코더 레이어와 공유한다. 이에 대해 좀 더 자세히 알아보자.

다음 그림은 N개의 인코더 레이어를 가진 BERT 모델을 표현한 것이다. 난해해 보이지 않도록 첫 번째 인코더 레이어만 자세히 표현했다.

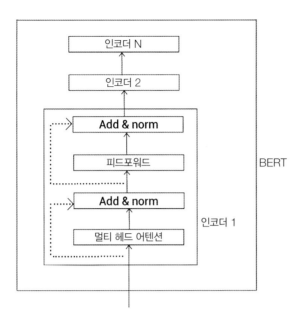

그림 4-1 N개의 인코더를 가진 BERT

BERT에서 각각의 인코더 레이어는 동일한 형태를 가진다. 즉, 각 인코더는 멀티 헤드 어텐션 및 피드포워드 레이어의 하위 레이어로 구성되어 있다. 인코더 1의 변수를 학습시키고, 다른 모든 인코더와 변수를 공유하는 것을 크로스 레이어 변수 공유라고 한다. 계층 간에 변수를 공유하는 방법은 여러 가지가 있다.

- All-shared: 첫 번째 인코더의 하위 레이어에 있는 모든 변수를 나머지 인코더와 공유
- Shared feedforward network: 첫 번째 인코더 레이어의 피드포워드 네트워크의 변수만 다른 인코더 레이어의 피드포워드 네트워크와 공유
- Shared attention: 첫 번째 인코더 레이어의 멀티 헤드 어텐션의 변수만 다른 인코더 레이어와 공유

> **NOTE_** 여기서 ALBERT는 첫 번째 옵션인 All-shared를 기본 옵션으로 사용했다.

지금까지 크로스 레이어 변수 공유 방법에 대해 배웠다. 이제 또 다른 흥미로운 방법인 변수 감소$^{parameter\ reduction}$에 대해 알아보도록 하자.

4.1.2 펙토라이즈 임베딩 변수화

앞서 BERT를 다룰 때 워드피스 토크나이저를 사용해 워드피스 토큰을 생성하는 것을 배웠다. 워드피스 임베딩 크기는 은닉 레이어의 임베딩 크기(표현 크기)와 같다. 워드피스 임베딩은 비맥락적^{non-contextual}인 표현이며, 원-핫 인코딩^{one-hot encoding}된 어휘 벡터에서 학습이 이루어진다. 은닉 레이어 임베딩은 인코더를 통해 맥락적 의미를 가지는 형태로 학습이 이루어진다.

여기서 사전 크기를 V라고 하자. BERT의 사전 크기는 30,000이다. 은닉 레이어 임베딩 크기를 H이고, 워드피스 임베딩 크기를 E라고 하자.

일반적으로 더 많은 정보를 은닉 레이어 임베딩으로 인코딩하기 위해 은닉 레이어의 임베딩 크기를 높게 설정한다. 예를 들어 BERT-base의 경우 은닉 레이어 임베딩 크기는 768이다. 이때 은닉 레이어 임배딩 크기는 $V \times H = 30,000 \times 768$이 된다. 이때 워드피스 임베딩 크기는 $V \times H = 30,000 \times 768$이 된다. 따라서 은닉 레이어의 임배딩 크기 H를 키우면 워드피스 임베딩 크기인 E도 같이 증가한다.[1]

워드피스 임베딩과 은닉 레이어 임베딩은 모두 모델 학습이 진행될 때 학습이 이루어진다. 위와 같은 경우 워드피스 임베딩 크기를 은닉 레이어 임베딩 크기와 동일하게 설정하면 학습해야 할 변수 역시 늘어나는 것을 알 수 있다. 이런 현상을 방지하기 위해 임베딩 행렬을 더 작은 행렬로 분해하는 방법인 펙토라이즈 임베딩 변수화^{factorized embedding parameterization} 방법을 사용했다.

워드피스 임베딩의 경우 사전의 원-핫 인코딩 벡터를 은닉 공간^{hidden space}으로 직접 투영^{projection}하기 때문에 은닉 레이어 임베딩 크기와 동일하게 임베딩 크기를 설정했다. 행렬 분해^{faxtorization}를 사용하면, 원-핫 인코딩된 어휘 벡터를 은닉 공간($V \times H$)에 직접 투영하는 대신 처음에는 원-핫 인코딩된 벡터를 낮은 차원의 임베딩 공간($V \times E$)으로 투영하고, 그다음에는 낮은 차원의 임베딩을 은닉 공간($E \times H$)으로 투영하는 것이다. 즉 $V \times H$으로 직접 투영하는 대신, $V \times E$와 $E \times H$로 분해^{factrization}하는 방법을 사용한다.

예제를 통해 좀 더 자세히 알아보자. 사전 크기 V는 30,000이다. 이때 워드피스 임베딩 크기를 은닉 레이어 임베딩 크기와 동일하게 설정하지 않는다. 워드피스 임베딩 E 크기를 128, 은닉 레이어 임베딩 크기 H를 768이라고 한다면 $V \times H$로 투영하는 것은 다음 단계로 진행된다.

---

1 옮긴이_ 워드피스 임베딩의 경우 각 토큰의 인덱스 값을 임베딩한 경우를 말하며, 일반적인 크기는 사전 크기×임베딩 차원이 된다. 은닉 레이어의 경우 인코더에 값을 입력했을 때의 은닉 레이어를 의미하며, 일반적으로 위 크기는 입력값 크기와 형태가 동일하기 때문에 워드피스의 임베딩 크기와 은닉 레이어의 임베딩 크기가 같다고 이야기한다.

- 먼저 사전의 원-핫 인코딩한 벡터 V를 저차원의 워드피스 임베딩 공간 E로 투영한다($V \times E$). 이때 워드피스 임베딩의 차원은 $V \times E = 30,000 \times 128$이 된다.
- 그다음 워드피스 임베딩 공간 E를 은닉 레이어 H로 투영한다($E \times H$). 이때 차원은 $E \times H = 128 \times 768$이 된다.

즉, $V \times H$ 대신 $V \times E$와 $E \times H$로 분해하는 것이다.

지금까지 이야기한 크로스 레이어 변수 공유 방법과 펙토라이즈 임베딩 변수화 방법을 사용해 모델의 변수를 줄일 수 있다. 지금까지 ALBERT에서 모델의 변수를 줄이는 방법을 알아보았다. 이제 ALBERT를 어떻게 학습시키는지 알아보자.

4.1.3 ALBERT 모델 학습

BERT와 유사하게 ALBERT 모델은 영문 위키피디아 및 토론토 책 말뭉치 데이터셋을 사용해 사전 학습을 진행한다. BERT의 경우 MLM과 NSP 태스크를 통해 사전 학습을 진행한다. 이와 유사하게 ALBERT의 모델은 MLM은 사용하지만, NSP 태스크 대신 **문장 순서 예측**^{sentence order} ^{prediction}(SOP)을 사용한다. 그렇다면 왜 NSP 태스크를 사용하지 않는 것일까?

ALBERT 연구원들은 사전 학습 시 NSP를 사용하는 것은 실제로는 유용하지 않고, MLM 태스크 대비 난도가 높지 않다는 점을 이야기했다. 또한 NSP 태스크는 주제에 대한 예측과 문장의 일관성에 대한 예측을 하나의 작업으로 결합한다.[2] 위와 같은 문제를 해결하기 위해 SOP 태스크를 도입했다. SOP는 주제 예측이 아니라 문장 간의 일관성을 고려한다. SOP 태스크의 구체적인 수행 방법에 대해 자세히 알아보자.

문장 순서 예측

NSP 태스크와 유사하게 SOP는 이진 분류 형태의 태스크다. NSP 태스크는 한 쌍의 문장이 isNext 또는 notNext인지를 예측하는 형태로 학습이 이루어진다. 하지만 SOP 태스크는 주어진 한 쌍의 문장이 문장 순서가 바뀌었는지 여부를 예측하도록 모델 학습이 이루어진다. 예제를 통해 좀 더 자세히 알아보자. 다음과 같은 한 쌍의 문장이 있다고 하자.

---

2 옮긴이_ NSP를 수행할 때 문서 내의 문장과 임의의 다른 문서의 문장을 비교해 NSP를 수행한다. 위와 같은 경우 다음 순서에 나오는 문장이 아닌 경우는 다른 문서의 임의의 문장을 가지고 비교하기 때문에 주제의 일관성 부분도 같이 고려될 수 있다.

문장 1: She cooked pasta (그녀는 파스타를 요리했다).

문장 2: It was delicious (맛있었다).

주어진 한 쌍의 문장을 보면, 문장 2가 문장 1 다음에 온다는 것을 알 수 있다. 이때를 **positive**라고 표시한다. 반대의 경우를 만들고 싶다면 문장의 순서를 다음과 같이 바꾸면 된다.

문장 1: It was delicious (맛있었다).

문장 2: She cooked pasta (그녀는 파스타를 요리했다).

위와 같은 경우 문장 순서가 바뀐 것을 알 수 있다. 이때는 **negative**라고 표시한다.

따라서 SOP는 주어진 한 쌍의 문장이 **positive**(문장 순서가 바뀌지 않음)인지 또는 **negative**(문장 순서가 바뀜)인지를 판단하는 분류 문제이다. 단일 언어 말뭉치 데이터를 사용해 SOP 태스크에 사용할 학습 데이터를 만들 수 있다. 몇 개의 문서가 있다고 가정해보자. 이때 단순히 하나의 문서에서 2개의 연속된 문장을 가져와 순서를 변경하지 않으면 **positive** 순서를 변경하면 **negative**로 설정할 수 있다.

지금까지 ALBERT 모델이 MLM과 SOP 태스크를 사용해 학습을 진행한다는 사실을 알아보았다. 그럼 ALBERT 모델이 BERT와 대비해 좋은 성능을 보이는가? 이 부분을 자세히 다루어 보도록 하자.

4.1.4 ALBERT와 BERT 비교

BERT와 유사하게 ALBERT 역시 다양한 구성으로 사전 학습을 진행했다. 모든 경우에서 ALBERT는 BERT보다 더 적은 변수를 사용했다. [그림 4-2]는 BERT와 ALBERT 모델의 다양한 구성을 비교했으며, ALBERT가 BERT에 비해 변수가 적다는 것을 알 수 있다. 예를 들어 BERT-large의 경우 3억 3,400만 개의 변수를 사용하지만, ALBERT-large는 1,800만 개의 변수만 사용한다.

모델	파라미터	레이어(L)	은닉(H)	임베딩(E)
BERT-base	110M	12	768	768
BERT-large	334M	24	1024	1024
ALBERT-base	12M	12	768	128
ALBERT-large	18M	24	1024	128
ALBERT-xlarge	60M	24	2048	128
ALBERT-xxlarge	235M	12	4096	128

그림 4-2 ALBERT와 BERT 비교

ALBERT의 상세 결과는 다음 논문에 자세히 설명한다(*https://arxiv.org/pdf/1909. 11942.pdf*).

BERT와 마찬가지로 사전 학습된 ALBERT 모델을 가지고 파인 튜닝 작업을 진행할 수 있다. ALBERT-xxlarge 모델의 경우 SQuAD1.1, SQuAD12.0, MNLI, SST-2, RACE 등의 자연어 태스크에서 BERT-base, BERT-large보다 월등한 성향을 보인다.

즉, ALBERT는 BERT의 대안으로 사용하기 좋은 모델이다. 다음 절에서 사전 학습된 ALBERT 모델로부터 임베딩을 추출하는 방법을 알아보자.

4.2 ALBERT에서 임베딩 추출

허깅페이스 트랜스포머를 사용하면 BERT을 사용하는 것과 유사하게 ALBERT 모델을 사용할 수 있다. 예제를 통해 사용법을 알아보자. 'Paris is a beautiful city'라는 문장에 있는 모든 단어의 문맥에 대한 임베딩을 ALBERT를 통해 추출한다고 하면, 다음 절차를 수행하면 된다.

먼저 필요한 모듈을 호출한다.

```
from transformers import AlbertTokenizer, AlbertModel
```

사전 학습된 ALBERT 모델 및 토크나이저를 다운로드한다. ALBERT-base 모델을 사용한다고 가정하자.

```
model = AlbertModel.from_pretrained('albert-base-v2')
tokenizer = AlbertTokenizer.from_pretrained('albert-base-v2')
```

이제, 문장을 토크나이저에 입력해 필요한 입력값을 얻는다.

```
sentence = "Paris is a beautiful city"
inputs = tokenizer(sentence, return_tensors="pt")
```

입력값을 출력해보자.

```
print(inputs)
```

출력값은 입력한 문장에 대한 input_ids, token_type_ids(segment ID), attention_mask로 구성되어 있다. 'Paris is a beautiful city'라는 문장은 5개의 토큰(단어)에 [CLS], [SEP]을 추가해 7개의 토큰을 가진다.

```
{
'input_ids': tensor([[ 2, 1162, 25, 21, 1632, 136, 3]]),
'token_type_ids': tensor([[0, 0, 0, 0, 0, 0, 0]]),
'attention_mask': tensor([[1, 1, 1, 1, 1, 1, 1]])
}
```

이제 모델에 입력값을 넣은 후 결괏값을 얻는다. 모델은 최종 인코더 레이어의 모든 토큰에 대한 은닉 상태hidden state 표현인 hidden_rep와 최종 인코더 레이어의 [CLS] 토큰에 대한 은닉 상태 표현인 cls_head를 결괏값으로 제공한다.

```
hidden_rep, cls_head = model(**inputs)
```

ALBERT도 BERT와 같이 각 단어에 대한 문맥 단어 임베딩contextual word embedding을 얻을 수 있다.

- hidden_rep[0][0]는 [CLS] 토큰에 대한 임베딩값을 의미한다.
- hidden_rep[0][1]는 Paris 토큰에 대한 임베딩값을 의미한다.
- hidden_rep[0][2]는 is 토큰에 대한 임베딩값을 의미한다.

마찬가지로 `hidden_rep[0][6]`는 [SEP] 토큰에 대한 임베딩값을 의미한다.

이런 식으로, BERT 모델 사용하는 것처럼 ALBERT 모델을 사용할 수 있다. 또한 다양한 태스크에 대한 파인 튜닝 역시 BERT에서 사용하는 방법과 유사하게 사용이 가능하다. 지금까지 ALBERT에 대해 배웠다. 다음 절에서는 BERT의 파생 모델 중 하나인 RoBERTa를 알아보자.

4.3 RoBERTa

RoBERTa^{Robustly Optimized BERT pre-training Approach}는 BERT의 파생 모델 중 하나다. 연구원들은 BERT가 충분히 학습되지 않았음을 확인하고, BERT 모델을 사전 학습시킬 때 사용할 수 있는 몇 가지 방법을 제안했다. RoBERTa는 기본적으로 BERT와 동일하며, 사전 학습 시 다음의 항목을 변경했다.

- MLM 태스크에서 정적 마스킹이 아닌 동적 마스킹 방법을 적용했다.
- NSP 태스크를 제거하고 MLM 태스크만 학습에 사용했다.
- 배치 크기를 증가해 학습시켰다.
- 토크나이저로 BBPE^{byte-level BPE}를 사용했다.

이제 변경 사항에 대해 좀 더 자세히 알아보도록 하자.

4.3.1 정적 마스크 대신 동적 마스크 사용

BERT는 MLM과 NSP 태스크를 통해 사전 학습을 진행한다. MLM 태스크의 경우 주어진 토큰의 15% 확률로 무작위로 마스크된 토큰으로 변경한 후 모델에서 해당 토큰을 예측한다.

예를 들어 'We arrived at the airport in time'이라는 문장이 있다고 할 때, 토크나이징 적용 후 [CLS], [SEP] 토큰을 추가하면 다음과 같다.

```
tokens = [ [CLS], we, arrived, at, the, airport, in, time, [SEP] ]
```

다음으로, 15% 토큰을 무작위로 마스킹한다.

```
tokens = [ [CLS], we, [MASK], at, the airport, in, [MASK], [SEP] ]
```

이제 토큰을 BERT 모델에 입력해 마스크된 토큰을 예측하도록 학습한다. 이때 마스킹은 데이터 전처리 단계에서 한 번만 수행되며, 에폭epoch별로 동일한 마스킹을 예측하도록 모델 학습이 이루어진다. 이것이 정적 마스킹static masking이다.

RoBERTa는 동적 마스킹dynamic masking을 사용한다. 동적 마스킹이 어떤 원리로 이루어지는지 예제를 통해 알아보자.

먼저 하나의 문장을 10개 복사한다. 즉, 'We arrived at the airport in time'이라는 문장을 10개 생성한다. 다음으로 10개의 문장에 대해 무작위로 15% 확률 마스크 작업을 수행한다. 그럼 10개의 문장은 각기 다른 마스크된 토큰을 가지게 된다.

문장	토큰
문장 1	[CLS], we, [MASK], at, the, airport, in, [MASK], [SEP]
문장 2	[CLS], we, arrived, [MASK], the, [MASK], in, time, [SEP]
⋮	⋮
문장 10	[CLS], we, arrived, at, [MASK], airport, [MASK], time, [SEP]

그림 4-3 주어진 문장에 대한 10개 중복 작업

모델을 에폭 40까지 학습시키자. 이때 에폭별로 다른 마스크가 적용된 문장을 입력하게 된다. 에폭 1의 경우 문장 1을 입력하고, 에폭 2의 경우에는 문장 2를 입력하는 형태로 진행된다.

에폭	문장
에폭 1	문장 1
에폭 2	문장 2
⋮	⋮
에폭 10	문장 10
에폭 11	문장 1
에폭 12	문장 2
⋮	⋮
에폭 40	문장 10

그림 4-4 에폭별 문장 사용

모델 학습 시 에폭 4에서만 동일한 문장을 사용한다. 예를 들어 문장 1의 경우에는 에폭 1, 11, 21, 31에서만 사용되고, 문장 2의 경우 에폭 2, 12, 22, 32에서만 사용된다. 이와 같이 RoBERTa에서는 정적 마스킹 대신에 동적 마스킹 방법을 모델 학습에 사용한다.

4.3.2 NSP 태스크 제거

연구원들은 NSP 테크스가 BERT 모델 사전 학습에 유용하지 않다는 사실을 발견해 RoBERTa를 사전 학습할 때는 MLM 태스크만 사용한다. NSP 테크스의 중요성을 이해하기 위해 다음과 같은 실험을 진행했다.

- **SEGMENT-PAIR + NSP**: NSP를 사용해 BERT를 학습시킨다. 이는 원래 BERT 모델 학습 방법과 유사하며, 입력은 512개 이하의 토큰 쌍으로 구성한다.
- **SENTENCE-PAIR + NSP**: 위와 마찬가지로 NSP를 사용해 BERT를 학습시킨다. 이때 입력값은 한 문서의 연속된 부분 또는 다른 문서에서 추출한 문장을 쌍으로 구성하며, 512개 이하의 토큰 쌍을 입력한다.
- **FULL SENTENCES**: NSP를 사용하지 않고 BERT를 학습시킨다. 여기서 입력값은 하나 이상의 문서에서 지속적으로 샘플링한 결과를 사용한다. 입력 토큰은 512 토큰이다. 하나의 문서 마지막까지 샘플링을 한 이후에는 다음 문서에서 샘플링 작업을 이어간다.
- **DOC SENTENCES**: NSP를 사용하지 않고 BERT를 학습시킨다. FULL-SENTENCE와 전체적으로 유사하나, 입력값은 하나의 문서에서만 샘플링한 결과만 입력한다. 즉 하나의 문서 마지막까지 샘플링을 한 후에 다음 문서 내용을 사용하지 않는다.

연구원들은 4가지 설정으로 BERT에 대한 사전 학습을 수행했고, SQuAD, MLI-m, SST-2, RACE 등의 데이터셋을 기준으로 모델을 평가했다. [그림 4-5]는 태스크별로 모델의 F1 점수를 측정한 결과다.

모델	SQuAD 1.1/2.0	MNLI-m	SST-2	RACE
SEGMENT-PAIR	90.4/78.7	84.0	92.9	64.2
SENTENCE-PAIR	88.7/76.2	82.9	92.1	63.0
FULL-SENTENCES	90.4/79.1	84.7	92.5	64.8
DOC-SENTENCES	90.6/79.7	84.7	92.7	65.6

그림 4-5 설정별 BERT 성능

RoBERTa의 상세 결과는 다음 논문에서 확인할 수 있다(*https://arxiv.org/pdf/1907.11692.pdf*).

앞의 결과에서 볼 수 있듯이, BERT는 NSP 태스크를 수행하지 않고 학습한 **FULL-SENTEN CES**와 **DOC-SENTENCES**에서 좋은 성능을 보인다.

FULL-SENTENCES와 DOC-SENTENCES를 비교하면 단일 문서에서만 문장을 샘플링하는 DOC-SENTENCES가 여러 문서에서 문장을 샘플링하는 FULL-SENTENCES보다 더 좋은 성능을 보인다. 하지만 RoBERTa에서는 DOC-SENTENCES의 경우 문서에 따라 배치 크기가 달라지기 때문에 FULL-SENTENCES 설정을 사용해 학습을 진행한다.

결론적으로 RoBERTa에서는 NSP 태스크를 제외하고 MLM 태스크만 사용해 모델을 학습시키고, 입력은 하나 이상의 문서에서 지속적으로 샘플링을 하는 방식을 사용한다. 입력은 최대 512개의 토큰으로 구성된다. 즉, 한 문서의 마지막 지점에 도달하면 다음 문서에서 이어서 샘플링 작업을 진행한다.

4.3.3 더 많은 데이터로 학습

BERT의 경우 토론토 책 말뭉치와 영어 위키피디아 데이터셋으로 학습을 진행했으며, 이때 사용한 총 데이터 크기는 16GB이다. RoBERTa의 경우에는 BERT에서 사용한 데이터셋 이외에 **CC-News**^{Common Crawl-News}, Open WebText와 Stories(크롤 데이터의 일부)를 추가로 사용했다. 이때 사용한 데이터 5개 크기는 160GB이다.

4.3.4 큰 배치 크기로 학습

BERT의 경우 256개 배치로 100만 단계 동안 사전 학습을 진행했다. RoBERTa의 경우 더 큰 미니 배치를 적용해 사전 학습을 진행했다. 30만 단계에 대해 8,000개 배치 크기로 RoBERTa를 사전 학습했다. 50만 단계에 대해 8,000개 배치 크기로 더 오래 사전 학습을 진행할 수도 있다.

그렇다면 배치 크기를 키우는 이유는 무엇일까? 배치 크기를 키우면 어떤 이점이 있는가? 학습 시 배치 크기를 키우면 학습 속도를 높일 수 있고 모델 성능 또한 향상시킬 수 있다.

4.3.5 BBPE 토크나이저 사용

BERT의 경우 워드피스 토크나이저를 사용했다. 워드피스 토크나이저의 경우 BPE와 유사해 가능도^{likelihood}를 기반으로 해 병합 작업을 진행한다. RoBERTa의 경우 BERT와 다르게 BBPE 토크나이저를 사용한다.

BBPE는 2장에서 자세히 다루었다. BBPE의 경우 기본적으로 BPE와 유사하나 캐릭터 형태가 아닌 바이트 형태의 시퀀스를 사용한다. BERT의 경우 사전 크기가 3만 토큰이고 RoBERTa 의 경우에는 5만 토큰의 사전을 사용했다. 이제 RoBERTa 토크나이저에 대해 자세히 살펴 보자.

RoBERTa 토크나이저 알아보기

먼저 필요한 모듈을 호출한다.

```
from transformers import RobertaConfig, RobertaModel, RobertaTokenizer
```

사전 학습된 RoBERTa 모델은 다운로드한다.

```
model = RobertaModel.from_pretrained('roberta-base')
```

RoBERTa 모델의 설정을 확인해보자.

```
model.config
```

RoBERTa-base 모델의 경우 12개의 인코더 레이어, 12개의 어텐션 헤드, 768개의 은닉 크 기를 가진다.

```
RobertaConfig {
"_name_or_path": "roberta-base",
"architectures": [
"RobertaForMaskedLM"
],

"attention_probs_dropout_prob": 0.1,
"bos_token_id": 0,
```

```
"eos_token_id": 2,
"gradient_checkpointing": false,
"hidden_act": "gelu",
"hidden_dropout_prob": 0.1,
"hidden_size": 768,
"initializer_range": 0.02,
"intermediate_size": 3072,
"layer_norm_eps": 1e-05,
"max_position_embeddings": 514,
"model_type": "roberta",
"num_attention_heads": 12,
"num_hidden_layers": 12,
"pad_token_id": 1,
"type_vocab_size": 1,
"vocab_size": 50265
}
```

이제 RoBERTa 토크나이저를 다운로드하자.

```
tokenizer = RobertaTokenizer.from_pretrained("roberta-base")
```

'It was a great day'라는 문장을 RoBERTa 토크나이저를 활용해 토큰화해보자.

```
tokenizer.tokenize('It was a great day')
```

실행 결과는 다음과 같다.

```
['It', 'Ġwas', 'Ġa', 'Ġgreat', 'Ġday']
```

주어진 문장을 토큰화한 결과를 확인할 수 있는데, 이때 Ġ는 어떤 의미일까? 해당 문자는 공백을 표현한다. RoBERTa 토크나이저의 경우 모든 공백을 Ġ 문자로 표현한다. 주어진 문장에서 다른 모든 토큰은 앞에 공백이 있지만 첫 번째 토큰은 공백이 없기 때문에, Ġ는 모든 토큰 앞에 있지만 첫 번째 토큰 앞에는 존재하지 않는다. 앞에 공백을 추가하고 동일한 문장에 대해 토큰화 작업을 수행하면 어떤 결과가 나오는지 살펴보자.

```
tokenizer.tokenize(' It was a great day')
```

코드를 실행하면 다음과 같은 결과를 얻는다.

```
['ĠIt›, ‹Ġwas›, ‹Ġa›, ‹Ġgreat›, ‹Ġday›]
```

위 결과를 보면 첫 번째 토큰 앞에 공백을 추가하면 모든 토큰 앞에 Ġ 문자가 붙게 된다.

다른 예제로 좀 더 자세히 알아보자. 'I had a sudden epiphany'라는 문장을 토큰화해보자.

```
tokenizer.tokenize('I had a sudden epiphany')
```

토큰화 작업 결과는 다음과 같다.

```
['I', 'Ġhad›, ‹Ġa›, ‹Ġsudden›, ‹Ġep›, ‹iphany›]
```

위 결과에서 epiphany라는 단어가 사전에 존재하지 않기 때문에, 하위 단어 ep와 iphany로 나뉘어져 있음을 확인할 수 있다. 또한 공백의 경우 Ġ 문자로 변경한다.

지금까지 내용을 정리하면, RoBERTa는 BERT의 파생 모델 중 하나이며 MLM 태스크만으로 학습을 진행한다. RoBERTa는 BERT에서 사용한 정적 마스킹 대신 동적 마스킹, 큰 배치 크기, BBPE 토크나이저를 사용한다. 그 크기는 5만이다.

지금까지 RoBERTa를 살펴봤다. 다음은 BERT의 또다른 파생 모델인 ELECTRA에 대해 알아보자.

4.4 ELECTRA 이해하기

ELECTRAEfficiently Learning an Encoder that Classifies Token Replacements Accurately는 BERT의 파생 모델 중 하나다. BERT의 경우 MLM과 NSP 태스크를 사용해 사전 학습을 진행한다. MLM 태스크는 전체 토큰의 15%를 무작위로 마스킹한 후 해당 토큰을 예측하는 방식으로 학습을 진행한다. MLM 태스크를 사전 학습에 사용하는 대신 ELECTRA는 교체한 토큰 탐지replaced token detection라는 태스크를 사용해 학습을 진행한다.

교체한 토큰 판별 태스크는 MLM 태스크와 기본적으로는 유사하다. MLM 태스크의 경우 [MLM] 토큰으로 마스킹하는 반면 교체한 토큰 판별 태스크는 마스킹 대상인 토큰을 다른 토큰으로 변경한 후 이 토큰이 실제 토큰인지 아니면 교체한 토큰인지를 판별하는 형태로 학습을 진행한다.

그런데 MLM 태스크 대신 교체한 토큰 탐지 태스크를 사용하는 이유는 무엇일까? MLM 태스크의 문제 중 하나는 사전 학습 중에는 [MLM] 토큰을 사용하지만 파인 튜닝 태스크에서는 [MASK] 토큰을 사용하지 않는다는 점이다. 이로 인해 사전 학습과 파인 튜닝 사이에 토큰에 대한 불일치가 생길 수 있다. 그 대신 토큰을 다른 토큰으로 교체하고 주어진 토큰이 실제 토큰인지 아니면 대체된 토큰인지를 분류하도록 모델 학습을 진행하는 것이다. 이와 같은 방법을 적용하면 사전 학습과 파인 튜닝 사이의 불일치 문제를 해결할 수 있다.

MLM 및 NSP 태스크를 사용해 사전 학습을 하는 BERT와 다르게 ELECTRA는 교체된 토큰을 탐지하는 태스크만 사용해 사전 학습을 진행한다. 이때 교체한 토큰 판별 태스크는 어떻게 이루어지는가? 어떤 토큰을 대체하는 것일까? 이 태스크를 수행하기 위해 모델 학습은 어떻게 이루어지는가? 이런 모든 질문의 대답을 찾아보자.

4.4.1 교체한 토큰 판별 태스크 이해하기

하나의 예를 통해 토큰 판별 작업이 어떻게 이루어지는지 알아보자. 논문에서 사용한 것과 동일한 예를 사용해보자. 'The chef cooked the meal'이라는 문장이 있다고 할 때, 토크나이저 작업을 통해 다음 결과를 얻을 수 있다.

```
tokens = [ The, chef, cooked, the, meal]
```

여기서 첫 번째 토큰인 the를 a로, 세 번째 토큰인 cooked를 ate로 교체하면 다음과 같은 결과를 얻을 수 있다.

```
tokens = [ a, chef, ate, the, meal]
```

이제 토큰이 원래 토큰인지 아니면 교체한 토큰인지를 분류하기 위해 BERT 모델을 학습한다.

[그림 4-6]과 같이 토큰을 판별자(BERT)에 공급하고 토큰이 원본인지 아니면 교체되었는지 여부를 출력한다.

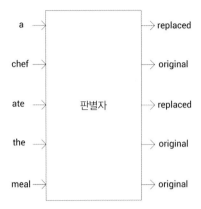

그림 4-6 토큰이 원본인지 대체되었는지를 판단하는 판별자

지금까지 주어진 문장에서 일부 토큰을 교체하고 판별자를 통해 토큰이 교체되었는지 여부를 분류한다는 것을 확인했다. 그렇다면 판별자discriminator에서 토큰을 제공하기 전에 토큰을 어떻게 교체할까? 토큰을 교체하기 위해 MLM 방법을 사용한다. 원래 문장인 'The chef cooked the meal'을 통해 알아보도록 하자. 해당 문장을 토큰화하면 다음과 같은 결과가 나온다.

```
tokens = [ The, chef, cooked, the, meal]
```

이제 전체 토큰에 대해 15% 확률로 [MASK] 토큰으로 교체한다. 교체한 결과는 다음과 같다.

```
tokens = [ [MASK] , chef, [MASK] ,the, meal]
```

다음으로 토큰을 다른 BERT 모델에 입력해 마스크된 토큰을 예측한다. 토큰에 대한 확률 분포를 결과로 제공하기 때문에 BERT를 생성자generator라고 부른다. [그림 4-7]에서 해당 결과를 확인할 수 있다. 마스크된 토큰을 생성자에 입력하면 마스크된 토큰에 대한 예측이 이루어지고, 그 결과를 출력하게 된다.

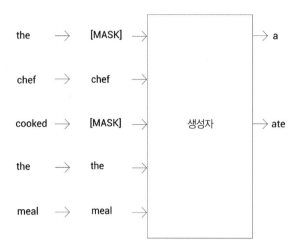

그림 4-7 마스크된 토큰을 예측하는 생성자

[그림 4-7]을 통해 생성자에서 the를 a로, cooked를 ate로 예측한 것을 알 수 있다. 이제 생성기에서 생성한 토큰을 가져와서 교체 작업을 수행한다. 즉, 주어진 문장의 토큰을 생성자가 생성한 토큰으로 교체하는 것이다. 예를 들어, 주어진 문장 'The chef cooked the meal'을 통해 알아보자. 예시 문장의 토큰은 다음과 같다.

```
tokens = [ The, chef, cooked, the, meal]
```

이제 토큰을 생성자에서 생성한 토큰으로 교체한다. 교체한 결과는 다음과 같다.

```
tokens = [ a, chef, ate, the, meal]
```

이제 교체한 토큰을 판별자에 입력해 주어진 토큰이 원래의 토큰인지 아닌지를 판별하도록 모델을 학습시킨다.

전체적인 학습 방법을 표현하면 다음과 같다. 먼저 토큰을 무작위로 마스킹하고 생성자에 입력한다. 다음으로 입력 토큰을 생성자에 의해 생성한 토큰으로 교체하고 이를 판별자에 입력한다. 판별자는 다음 그림과 같이 주어진 토큰이 원본인지 아닌지를 판단한다.

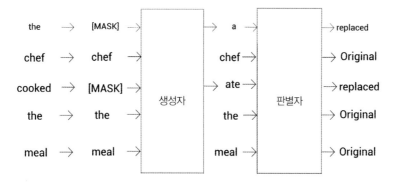

그림 4-8 ELECTRA의 생성자와 판별자

여기서 판별자가 ELECTRA 모델이다. 학습한 후에는 생성자를 제거하고 판별자를 ELECTRA 모델로 사용한다. 지금까지 교체한 토큰 판별 태스크가 어떻게 작동하는지 알아보았다. 이제 생성자와 판별자에 대해 자세히 살펴본다.

4.4.2 ELECTRA의 생성자와 판별자 이해하기

먼저 생성자에 대해 알아보자. 생성자는 MLM 태스크를 수행한다. 즉, 15% 확률로 전체 토큰을 마스크된 토큰으로 교체하고 생성기에서 마스크된 토큰을 예측하도록 학습을 진행한다. 입력 토큰이 $X = [x_1, x_2, ..., x_n]$이라고 하자. 무작위로 일부 토큰을 마스킹하고 생성기에 입력해 각 토큰의 결괏값을 얻는다. $h_G(X) = [h_1, h_2, ..., h_n]$을 생성기를 통해 얻은 각 토큰의 표현representation이라고 하자. 즉, h_1을 첫 번째 토큰 x_1의 표현값, h_2는 두 번째 토큰 x_2에 대한 표현값이 된다.

이제 마스킹한 토큰에 대한 표현을 소프트맥스 함수를 가지고 있는 피드포워드 네트워크 분류기에 입력하고, 토큰에 대한 확률 분포 결과를 얻는다. 즉, 분류기는 마스킹한 토큰이 사전 안에 있는 단어 중 어느 것에 속할지에 대한 확률 분포 결과를 출력한다.

생성기의 전체 구조는 [그림 4-9]와 같다. 'The chef cooked the meal'이라는 문장을 입력하고 일부 토큰에 대해 마스킹 작업을 수행한 후 생성기에 입력하면, 생성기는 사전에 있는 각 단어의 확률 결과를 출력한다.

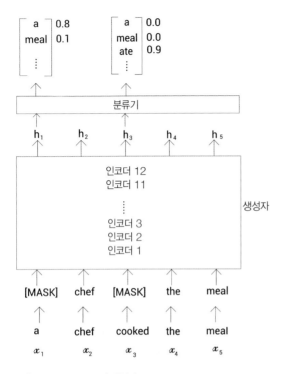

그림 4-9 ELECTRA의 생성자

x_t를 t 위치의 마스크된 단어라고 하면, 생성자는 소프트맥스 함수를 적용해 사전의 각 단어가 마스크된 단어일 확률을 출력한다.

$$P_G\left(x_t \mid X\right) = \frac{exp\left(e\left(x_t\right)^T h_G\left(X\right)_t\right)}{\sum_{x'} exp\left(e\left(x'\right)^T h_G\left(X\right)_t\right)}$$

위 식에서 $e(\cdot)$은 토큰 임베딩을 의미한다. 생성자에서 출력한 확률 분포를 통해 가장 확률이 높은 단어를 마스킹한 토큰으로 선택한다. 위의 그림에 표시된 확률 분포를 기반으로 해 마스크된 토큰 x_1은 a로 예측되고, x_3은 ate로 예측한다. 다음으로 입력 토큰을 생성자에 의해 예측한 토큰으로 변경하고, 이를 판별자에 입력한다. 이제 판별자에 대해 알아보자.

판별자의 목표는 주어진 토큰이 생성자에 의해 만들어진 토큰인지 아니면 원래 토큰인지를 판별하는 것이다. 먼저 토큰을 판별자에 입력해서 각 토큰에 대한 표현을 얻는다. 여기서 판별자를 통해 얻은 토큰별 표현을 $h_D(X) = [h_1, h_2, ..., h_n]$이라고 하자. 다음으로 각 토큰의 표현을 시그모이드 함수를 가지고 있는 피드포워드 네트워크 형태의 분류기에 입력해 주어진 토큰이 원래 토큰인지 아니면 교체된 토큰인지를 판별하는 값을 얻는다.

판별자는 다음과 같이 표현할 수 있다. [그림 4-10]에서 알 수 있듯이, 토큰을 판별자에게 입력하고 주어진 토큰이 원래 토큰인지 아닌지 여부를 출력한다.

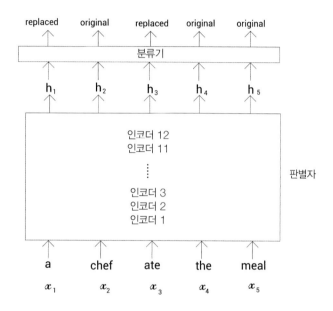

그림 4-10 ELECTRA의 판별자

여기서 위치 t의 토큰을 x_t라고 한다면, 판별자가 시그모이드 함수를 사용해 해당 토큰이 원래 토큰인지 아닌지 여부를 다음과 같은 식을 통해 계산한다.

$$D(X, t) = sigmoid\left(w^T h_D(X)_t\right)$$

지금까지의 내용을 요약하면, 마스킹한 토큰을 생성자에 입력하면 생선자는 마스크된 토큰을 예측한다. 다음으로 입력 토큰을 생성자에 의해 생성한 토큰으로 교체하고, 이 값을 판별자에 입력한다. 판별자는 주어진 토큰이 원본인지 아닌지 여부를 판단한다.

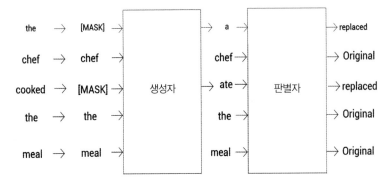

그림 4-11 ELECTRA의 생성자와 판별자

BERT 형태의 판별자가 바로 ELECTRA 모델이다. BERT(판별자) 모델을 주어진 토큰인지 아닌지 여부를 판단하도록 학습시키기 때문이다.

BERT와 비교했을 때 ELECTRA만 갖는 장점을 하나 들어보자. BERT의 MLM 태스크의 경우 전체 토큰의 15%만 마스킹한 후 학습을 진행한다. 그래서 모델 학습은 15%의 마스크된 토큰만 예측하는 것을 주목적으로 한다. 하지만 ELECTRA는 주어진 토큰의 원본 여부를 판별하는 방법으로 학습을 진행하기 때문에 모든 토큰을 대상으로 학습이 이루어진다.

지금까지 생성자와 판별자가 어떠한 원리로 동작하는지 알아보았다. 다음으로는 ELECTRA 모델을 학습시키는 방법을 확인해보자.

4.4.3 ELECTRA 모델 학습

생성자는 MLM 태스크를 사용해 학습한다. 따라서 주어진 입력 $X = [x_1, x_2, ..., x_n]$에 대해 일부 위치를 선택해 마스킹한다. 여기서 마스킹으로 선택한 위치를 $M = [m_1, m_2, ..., m_n]$이라고 한다면, 선택한 위치의 토큰을 [MASK]로 변경한다. 이를 표현하면 다음과 같다.

$$X^{masked} = replace\left(X, M, \left[MASK\right]\right)$$

마스킹한 이후에, X^{masked} 토큰을 생성기에 입력하고 나서 마스크된 토큰에 대한 예측 결과를 얻는다.

이제 입력 토큰 X 중 일부를 생성자에 의해 생성한 토큰으로 변경한다. 이때 변경한 토큰을 $X^{corrupted}$라고 하는데, 그 이유는 생성자에 의해서 일부 토큰을 변경(손상)했기 때문이다.

생성자의 손실 함수는 다음과 같다.

$$L_G\left(X, \theta_G\right) = E\left(\sum_{i \in m} -logP_G\left(x_i \mid X^{masked}\right)\right)$$

변경한 토큰 $X^{corrupted}$를 판별자에 입력하면 판별자에서는 해당 토큰이 원래 토큰인지 아닌지를 판단한다. 생성자의 손실 함수는 다음과 같다.

$$L_D\left(X, \theta_D\right) = E\left(\sum_{t=1}^{n} -1\left(x_t^{corrupt} = x_t\right)logD\left(X^{corrupt}, t\right) - 1\left(x_t^{corrupt} \neq x_t\right)log\left(1 - D\left(X^{corrupt}, t\right)\right)\right)$$

생성자와 판별자의 손실을 최소화하는 방향으로 ELECTRA 모델을 학습시키고 수식으로 표현하면 다음과 같다.

$$min_{\theta_D \theta_G} \sum_{X \in \mathbb{X}} L_G\left(X, \theta_G\right) + \lambda L_D\left(X, \theta_D\right)$$

위 식에서 θ_G와 θ_D는 각각 생성자와 판별자의 변수를 의미하며, $\mathbb{X}$는 대규모의 텍스트 말뭉치를 의미한다. 이제 ELECTRA를 효율적으로 학습시키는 방법을 알아보자.

4.4.4 효율적인 학습 방법 탐색

ELECTRA 모델을 효율적으로 학습시키기 위해서 생성자와 판별자의 가중치를 공유한다. 즉, 생성자와 판별자 크기가 같다면 인코더의 가중치를 공유할 수 있다.

하지만 생성자와 판별자를 같은 크기로 하면 학습 시간이 늘어난다. 따라서 이와 같은 현상을 막기 위해 생성자 크기를 작게 해 모델 학습을 진행한다. 만약 생성자 크기가 작으면, 임베딩 레이어(토큰과 위치 임베딩)를 생성자와 판별자가 서로 공유할 수 있다. 이렇게 하면 임베딩의 학습 시간을 줄일 수 있다.

시전 학습된 ELECTRA 모델은 구글에서 오픈 소스로 제공하고 있으며 다음 링크에서 다운로드할 수 있다(*https://github.com/google-research/electra*). ELECTRA 모델은 3개의 형태로 사용이 가능하다.

- ELECTRA-small: 12개의 인코더와 은닉 크기가 256으로 구성된다.
- ELECTRA-base: 12개의 인코더와 은닉 크기가 768으로 구성된다.
- ELECTRA-large: 24개의 인코더와 은닉 크기가 1,024으로 구성된다.

`transformers` 라이브러리를 통해 ELECTRA 모델을 BERT 모델과 유사한 형태로 사용할 수 있다. 우선 필요한 모듈을 호출한다.

```
from transformers import ElectraTokenizer, ElectraModel
```

ELECTRA-small 판별자를 사용한다면 다음과 같이 사전 학습된 ELECTRA-small 판별자를 다운로드할 수 있다.

```
model = ElectraModel.from_pretrained('google/electra-small-discriminator')
```

ELECTRA-small 생성자를 사용한다면 다음과 같이 모델을 다운로드한다.

```
model = ElectraModel.from_pretrained('google/electra-small-generator')
```

이러한 방식으로 ELECTRA의 다른 모델도 사용할 수 있다. 지금까지 ELECTRA가 어떤 방식으로 작동하는지 알아봤다. 다음 절에서는 SpanBERT에 대해 알아보자.

4.5 SpanBERT로 스팬 예측

SpanBERT는 BERT의 파생 모델 중 하나이다. 이름에서 알 수 있듯이, SpanBERT는 텍스트 범위를 예측하는 질문-응답과 같은 태스크에 주로 사용된다. SpanBERT의 아키텍처를 통해서 어떠한 원리로 작동하는지 확인해보자.

4.5.1 SpanBERT의 아키텍처 이해하기

예제를 통해 알아보도록 하자. 다음과 같은 문장이 있다.

You are expected to know the laws of your country

위 문장을 토큰화하면 다음과 같은 토큰을 얻게 된다.

```
tokens = [ you, are, expected, to, know, the, laws, of, your, country]
```

SpanBERT에서는 토큰을 무작위로 마스킹하는 대신에, 다음과 같이 토큰의 연속 범위를 무작위로 마스킹한다.

```
tokens = [ you, are, expected, to, know, [MASK], [MASK], [MASK], [MASK], country]
```

즉, 토큰의 위치를 무작위로 선정해 마스킹하는 것이 아니라, 토큰의 범위^{span}를 무작위로 마스킹한다. 다음 그림에서 볼 수 있듯이, 토큰의 임의의 연속 범위를 마스킹한 다음 이를 SpanBERT 모델에 입력한다. 이 모델은 토큰 i에 대한 표현인 R을 출력한다.

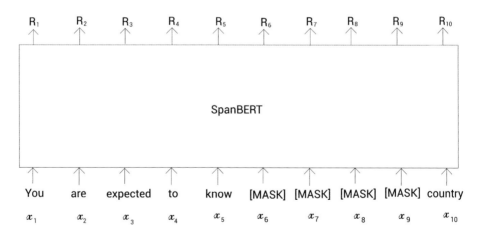

그림 4-12 SpanBERT

마스크된 토큰을 예측하기 위해 MLM과 새로운 목적 함수인 SBO$^{span\ boundry\ objective}$를 사용해 SpanBERT를 학습시킨다. 이때 학습이 어떻게 이루어지는지 살펴보자.

MLM에서 마스크된 토큰을 예측하기 위해 마스크된 토큰의 표현을 사용하는 것을 알고 있다. 마스크된 토큰 x_7을 예측한다고 하면 R_7을 사용해서 마스크된 토큰을 예측한다. 이때 R_7을 분류기에 입력하면 사전에 있는 모든 단어에 대해서 마스크된 토큰이 될 확률을 얻을 수 있다.

이제 SBO에 대해 살펴보자. SBO에서는 마스크된 토큰을 예측하기 위해서 해당하는 마스크된 토큰의 표현을 사용하는 대신에, 스팬 경계에 있는 토큰의 표현만 사용한다. 스팬 경계에서는 스팬 시작 전과 스팬 종료 후 지점의 토큰을 포함한다.

예를 들어, [그림 4-13]과 같이 x_5와 x_{10}이 스팬 경계의 토큰을 나타내고 R_5와 R_{10}이 스팬 경계에 대한 표현이 된다. 이제 마스크된 토큰을 예측하기 위해 모델에서는 두 가지 표현만 사용한다. 예를 들어 마스크된 토큰 x_7을 예측하기 위해 모델은 스팬 경계의 토큰에 대한 표현인 R_5와 R_{10}만 사용한다.

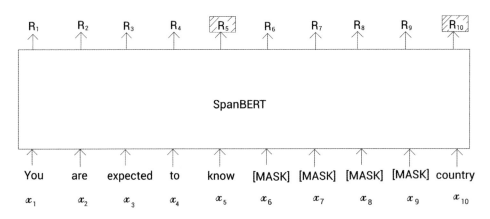

그림 4-13 SpanBERT

여기서 문제가 발생한다. 모델에서 마스크된 토큰을 예측하기 위해 범위의 경계에 있는 토큰의 표현만 사용하는데, 이때 경계 안에 있는 마스크된 토큰은 어떻게 구별할 수 있을까? 예를 들어 마스크된 토큰 x_6을 예측한다고 할 때, 모델에서는 스팬 경계에 있는 R_5와 R_{10}만 사용하는데, 마스크된 토큰 x_7을 예측할 때도 이전과 동일하게 R_5와 R_{10}을 사용한다. 하지만 이와 같은 방법을 적용할 때 모델이 다른 마스크된 토큰을 어떻게 식별할 수 있을까?

이러한 이유로 스팬 경계의 토큰 표현과는 별도로 모델은 마스크된 토큰의 위치 임베딩값을 같이 사용한다. 여기서 위치 임베딩은 마스크된 토큰의 상대적인 위치를 의미한다. 즉, 마스크된 토큰 x_7을 예측한다고 하자. 이때 모든 마스크된 토큰을 기준으로 해 마스크된 토큰 x_7의 위치를 확인한다. 다음 그림과 같이 마스크된 토큰 x_7의 경우 모든 마스크된 토큰을 기준으로 두 번째 위치에 있는 것을 알 수 있다. 따라서 마스크된 토큰 x_7을 예측하기 위해서는 스팬 경계 토큰의 표현인 R_5와 R_{10}, 그리고 마스크된 토큰의 위치 임베딩인 P_2를 사용한다.

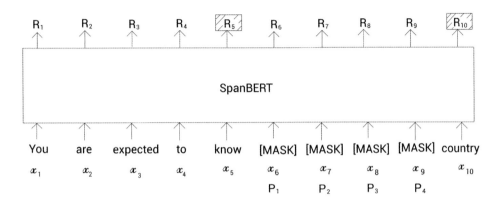

그림 4-14 SpanBERT

SpanBERT는 2개의 목표를 설정한다. 하나는 MLM이고 다른 하나는 SBO이다. MLM은 마스크된 토큰을 예측하기 위해 해당 토큰의 표현만 사용한다. 하지만 SBO의 경우에는 마스크된 토큰을 예측하기 위해 스팬 경계 토큰의 표현과 마스크된 토큰의 위치 임베딩 정보를 사용한다.

SpanBERT가 어떻게 작동하는지 기본 개념을 확인했으니, 이제 이 내용을 좀 더 자세히 다루어보자.

4.5.2 SpanBERT 탐색

앞에서 SpanBERT는 문장에서 연속적인 토큰 범위를 마스킹한다는 사실을 배웠다. x_s와 x_e를 각각 마스크된 토큰의 시작과 종료 지점이라고 하자. 위 토큰을 SpanBERT에 입력하고 모든 토큰에 대한 표현을 얻는다. 토큰 i에 대한 표현을 R_i라고 하면 스팬 경계는 R_{s-1}과 R_{e+1}이된다.

먼저 SBO를 살펴보자. 마스크된 토큰 x_i를 예측하기 위해 스팬 경계의 표현인 $(R_{s-1},\ R_{e+1})$과 마스크된 토큰의 위치 임베딩(p_{i-s+1})의 3개의 값을 사용한다. 그럼 이 3개의 값으로 마스크된 토큰을 어떻게 예측할 수 있을까? 다음과 같이 3개의 값을 사용하는 함수를 표현해보자.

$$z_i = f\left(R_{s-1},\ R_{e+1},\ P_{i-s+1}\right)$$

이때 $f(\cdot)$은 무엇인가? 위 함수는 기본적으로 2개의 피드포워드 네트워크와 GeLU 활성화 함수로 구성되어 있다.

$$h_0 = \left[R_{s-1};R_{e+1};P_{i-s+1}\right]$$
$$h_1 = LayerNorm\left(GeLU\left(W_1 h_0\right)\right)$$
$$z_i = LayerNorm\left(GeLU\left(W_2 h_1\right)\right)$$

이제 마스크된 토큰 x_i를 예측하기 위해서는 z_i 표현만 사용하면 된다. z_i를 분류기에 입력하면 사전 안의 모든 단어가 마스크된 단어일 확률을 얻는다. 즉 SBO에서 마스크된 토큰 x_i를 예측할 때는 스팬 경계 토큰의 표현과, 마스크된 토큰의 위치 임베딩 정보를 가진 z_i를 사용한다.

MLM에서는 마스크된 토큰 x_i를 예측하기 위해 해당 토큰의 표현인 R_i를 사용한다. 분류기에서는 R_i를 입력해서 사전에 있는 모든 단어를 기준으로 마스크된 토큰이 될 확률을 얻는다.

SpanBERT의 손실 함수는 MLM과 SBO 로스를 더한 값이다. 손실값을 최소화하기 위해 SpanBERT를 학습시킨다. 사전 학습이 끝나면 사전 학습된 SpanBERT를 다른 태스크에서 사용할 수 있다. 지금까지 SpanBERT가 어떻게 작동하는지 알아봤다. 이제 질문—응답 태스크에 SpanBERT를 적용해보자.

4.5.3 사전 학습된 SpanBERT를 질문—응답 태스크에 적용하기

질문—응답 태스크에 사전 학습된 SpanBERT를 적용시키는 방법을 알아보자. 이번 절에서는 transformers 라이브러리에서 제공하는 파이프라인 API를 사용한다. 파이프라인은 transformers 라이브러리에서 제공하는 것으로 텍스트 분류부터 질문—응답에 이르는 복잡한 태스크를 좀 더 수월하게 수행하기 위해 제공하는 간단한 API를 말한다. 이제 질문—응답 태스크를 다루어보자.

먼저 pipeline을 호출한다.

```
from transformers import pipeline
```

이제 질문—응답 태스크의 파이프라인을 설정해보자. 파이프 라인 API에 수행하려는 태스크, 사전 학습된 모델 및 토크나이저 정보를 입력한다. 다음 코드와 같이 **spanbert-large-fine-tuned-squadv2** 모델을 사용한다. 위 모델은 질문—응답을 태스크에 맞춰 사전 학습 및 파인 튜닝된 모델이다.

```
qa_pipeline = pipeline(
  "question-answering",
    model="mrm8488/spanbert-large-finetuned-squadv2",
  tokenizer="SpanBERT/spanbert-large-cased"
 )
```

이제 **qa_pipeline**에 질문과 콘텍스트를 제공하면 응답을 포함한 결과를 얻을 수 있다.

```
results = qa_pipeline({
'question': "What is machine learning?",
'context': "Machine learning is a subset of artificial intelligence. It
is widely for creating a variety of applications such as email filtering
and computer vision"
})
```

결과를 출력해보자.

```
print(results['answer'])
```

출력 결과는 다음과 같다.

```
a subset of artificial intelligence
```

이러한 방식으로 SpanBERT는 텍스트 범위를 예측하는 작업에 많이 사용된다.

이번 장에서는 BERT의 다양한 파생 모델에 대해 알아보았다. 다음 장에서는 지식 증류에 기반한 BERT의 또 다른 파생 모델들을 소개한다.

4.6 마치며

ALBERT의 원리를 이해하는 것으로 이번 장을 시작했다. ALBERT는 BERT의 가벼운 형태이며, 크로스 레이어 변수 공유와 팩토라이즈 임베딩 변수화라는 두 가지 변수 감소 방법을 사용한다는 사실을 확인했다. 또한 ALBERT에서 사용하는 SOP 태스크에 대해서도 다뤘다. SOP는 모델의 목표가 주어진 문장 쌍이 뒤집어졌는지 여부를 분류하는 이진 분류 태스크라는 사실을 배웠다.

ALBERT 모델 이후에 RoBERTa에 대해 알아봤다. RoBERTa는 BERT의 파생 모델이며, 학습 시 MLM 태스크만 사용했다. BERT와는 달리 동적 마스킹 방법을 사용하며, 큰 배치 크기로 학습한다. 토크나이저로 BBPE 토크나이저를 사용하며 사전 크기는 5만이다.

RoBERTa에 이어 ELECTRA 모델에 대해 알아봤다. ELECTRA에서는 MLM 태스크를 사전 학습에 사용하는 대신 교체한 토큰 판별이라는 새로운 태스크를 사전 학습에 사용했다. 교체한 토큰 판별 태스크는 [MASK]로 토큰을 마스킹하는 대신에, 토큰을 다른 토큰으로 교체하고 주어진 토큰이 실제 토큰인지 교체된 것인지를 예측하도록 모델을 학습시켰다. 또한 ELECTRA 모델의 생성자와 판별자가 어떤 원리로 작동하는지 자세히 알아봤다.

마지막으로 SpanBERT 모델에 대해 다뤘다. SpanBERT는 MLM과 SBO 태스크를 사용해 학습을 진행하는데, 이를 적용하는 방법도 자세히 살펴봤다.

4.7 연습 문제

다음 질문에 답해보자.

1. SOP 태스크는 NSP 태스크와 어떤 점이 다른가?
2. ALBERT에서 사용하는 변수 감소 방법은 무엇인가?
3. 크로스 레이어 변수 공유는 무엇인가?
4. 크로스 레이어 변수 공유에서 피드포워드 공유와 어텐션 공유 옵션은 무엇인가?
5. RoBERTa 모델과 BERT 모델의 차이점은 무엇인가?
6. ELECTRA에서 교체한 토큰 판별 태스크는 무엇인가?
7. SpanBERT에서 토큰을 마스킹하는 방법은 무엇인가?

4.8 보충 자료

더 자세한 내용을 알고 싶다면 다음 문서를 참조하길 바란다.

- ALBERT: A Lite BERT for Self-supervised Learning of Language Representations by Zhenzhong Lan, Mingda Chen, Sebastian Goodman, Kevin Gimpel, Piyush Sharma, and Radu Soricut, *https://arxiv.org/pdf/1909.11942.pdf*.

- RoBERTa: A Robustly Optimized BERT Pre-training Approach by Yinhan Liu, Myle Ott, et al., *https://arxiv.org/pdf/1907.11692.pdf*.

- ELECTRA: Pre-training Text Encoders as Discriminators Rather Than Generators by Kevin Clark, Minh-Thang Luong, Quoc V. Le, and Christopher D. Manning, *https://arxiv.org/pdf/2003.10555.pdf*.

- SpanBERT: Improving Pre-training by Representing and Predicting Spans by Mandar Joshi, Danqi Chen, Yinhan Liu, Daniel S. Weld, Luke Zettlemoyer, and Omer Levy, *https://arxiv.org/pdf/1907.10529v3.pdf*.

BERT 파생 모델 II: 지식 증류 기반

이전 장에서 BERT의 동작 방식과 BERT의 다양한 파생 모델을 살펴봤다. 그리고 BERT를 처음부터 학습할 필요가 없다는 것을 배웠다. 그 대신 다운스트림 태스크에서 사전 학습된 BERT를 파인 튜닝할 수 있다는 것을 확인했다. 그러나 사전 학습된 BERT를 사용하는 데 따른 문제는 계산 비용이 많이 들고 제한된 리소스로 모델을 실행하기가 매우 어렵다는 것이다. 사전 학습된 BERT는 매개변수가 많고 추론에 시간이 오래 걸려 휴대폰과 같은 에지 디바이스에서 사용하기가 더 어렵다.

이러한 문제를 완화하려면 사전 학습된 **대형 BERT**^{large BERT}에서 **소형 BERT**^{small BERT}로 지식을 이전하는 지식 증류를 사용할 수 있다. 이 장에서는 지식 증류를 기반으로 하는 BERT의 여러 파생 모델에 대해 알아보겠다.

지식 증류가 무엇이며 어떻게 작동하는지 자세히 이해하는 것으로 장을 시작한다. 그다음으로는 DistilBERT에 대해 알아본다. DistilBERT 기반 지식 증류를 사용해 사전 학습된 대형 BERT에서 소형 BERT로 지식을 전달하는 방법을 자세히 살펴볼 것이다.

그리고 TinyBERT에 대해 배울 것이다. TinyBERT가 무엇이며 지식 증류를 사용해 사전 학습된 대형 BERT에서 지식을 얻는 방법을 소개한 다음 TinyBERT에서 사용되는 다양한 데이터 증식^{data augmentation} 방법을 알아볼 것이다.

이 장의 끝에서는 사전 학습된 대규모 BERT에서 단순한 신경망으로 지식을 전달하는 방법을 배운다.

이 장에서 다룰 내용은 다음과 같다.

- 지식 증류 소개
- DistilBERT: BERT의 증류 버전
- TinyBERT 소개
- BERT에서 신경망으로 지식 전달

5.1 지식 증류 소개

지식 증류knowledge distillation는 사전 학습된 대형 모델large model의 동작을 재현하기 위해 소형 모델small model을 학습시키는 모델 압축 기술이다. 교사–학생 학습teacher–student learning이라고도 하는데, 사전 학습된 대형 모델은 교사이고 소형 모델은 학생이 된다. 먼저 예를 들어 지식 증류가 어떻게 작동하는지 이해해보자.

문장의 다음 단어를 예측하기 위해 대형 모델을 사전 학습했다고 가정하자. 사전 학습된 이 대규모 모델을 교사 네트워크라고 한다. 문장을 입력하고 네트워크가 문장의 다음 단어를 예측하도록 하면 [그림 5-1]과 같이 어휘의 모든 단어가 다음 단어가 될 확률 분포를 반환한다. 단순성과 더 나은 이해를 위해 어휘 사전에 단어 5개만 있다고 가정하자.

그림 5-1 교사 네트워크

[그림 5-1]에서 네트워크가 반환한 확률 분포를 관찰할 수 있다. 이 확률 분포는 본질적으로 출력 레이어에 소프트맥스 함수를 적용해 얻어지며 문장에서 다음 단어가 될 확률이 높은 단어를 선택한다. 'homework (숙제)'라는 단어의 확률이 높기 때문에 문장에서 다음 단어로 'homework '를 선택한다.

확률이 높은 단어를 선택하는 것 외에도 네트워크가 반환한 확률 분포에서 다른 유용한 정보를 추출할 수 있을까? 그렇다! [그림 5-2]에서 확률이 가장 높은 단어 외에 다른 단어에 비해 확률이 높아 눈에 띄는 단어가 있음을 알 수 있다. 그러니까, [그림 5-2]에서 볼 수 있듯이 'book'과 'assignment'라는 단어는 'cake'와 'car'와 같은 다른 단어에 비해 상대적으로 확률이 더 높다.

그림 5-2 교사 네트워크

이것은 'homework '라는 단어를 제외하고는 'book과 'assignment'라는 단어가 'cake'와 'car' 같은 단어에 비해 주어진 문장과 더 관련이 있음을 나타낸다. 이것은 암흑 지식dark knowledge으로 알려져 있다. 지식을 증류하는 동안 우리는 학생 네트워크가 교사로부터 이 암흑 지식에 대해서도 배우길 원한다.

하지만 일반적으로 좋은 모델은 정답 클래스의 경우 1에 가까운 높은 확률을 반환하고 이외의 다른 클래스의 경우 0에 매우 가까운 확률을 반환한다. 예를 들어 앞서 본 것과 동일한 예를 들어 모델이 다음과 같은 확률 분포를 반환했다고 가정해보자.

그림 5-3 교사 네트워크

[그림 5-3]에서 우리 모델은 'homework '라는 단어는 매우 높은 확률을 반환하고 다른 모든 단어는 0에 가까운 확률로 반환했음을 알 수 있다. 그런데 실측(정확한 단어)을 제외하고 확률

분포에 많은 정보가 없다는 것을 알 수 있다. 그렇다면 이러한 경우 암흑 지식을 어떻게 추출할 수 있을까?

이 경우 템퍼러처temperature와 함께 소프트맥스 함수를 사용한다. 일반적으로 소프트맥스 템퍼러처라고 한다. 출력 레이어에서 소프트맥스 템퍼러처를 사용하며, 확률 분포를 평활화하는 데 사용된다. 템퍼러처에 대한 소프트맥스 함수는 다음과 같다.

$$P_i = \frac{exp\left(\dfrac{z_i}{T}\right)}{\sum_j exp\left(\dfrac{z_j}{T}\right)}$$

앞의 수식에서 T가 템퍼러처이다. $T = 1$로 설정하면 일반적인 소프트맥스 함수이다. T의 값을 늘리면 확률 분포가 더 부드러워지고 다른 클래스들에 대한 더 많은 정보가 제공된다.

예를 들어, [그림 5-4]와 같이 $T = 1$이면 표준 소프트맥스 함수를 사용해 네트워크에서 반환된 동일한 확률 분포를 얻게 된다. $T = 2$이면 확률 분포가 평활화되고 $T = 5$이면 확률 분포가 더 평활화된다. 따라서 T의 값을 늘림으로써 다른 클래스에 대한 더 많은 정보를 제공하는 평활 확률 분포를 얻게 된다.

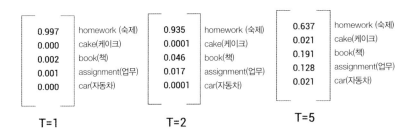

그림 5-4 교사 네트워크

결과적으로 소프트맥스 템퍼러처를 사용해 암흑 지식을 얻을 수 있다. 이를 위해 먼저, 우리는 암흑 지식을 얻기 위해 소프트맥스 템퍼러처로 교사 네트워크를 사전 학습한다. 그런 다음 지식 증류(교사로부터 학생에게 지식 전달)를 통해 이 암흑 지식을 교사로부터 학생에게 전달한다.

하지만 어떻게 하면 교사로부터 학생에게 암흑 지식을 전달할까? 학생 네트워크는 어떻게 학습되며, 교사로부터 지식을 얻는 방법은 무엇일까? 이제 이 질문들에 대한 답을 찾아보자.

5.1.1 학생 네트워크 학습

앞에서 문장의 다음 단어를 예측하는 사전 학습된 네트워크를 살펴봤다. 이렇게 사전 학습된 네트워크가 바로 교사 네트워크다. 이제 교사의 지식을 학생 네트워크로 전달하는 방법을 알아보자. 학생 네트워크는 사전 학습되지 않았으며 교사 네트워크만 소프트맥스 템퍼러처로 사전 학습되었다.

[그림 5-5]과 같이 입력 문장을 교사 및 학생 네트워크에 공급하고 확률 분포를 출력으로 얻는다. 일단 교사 네트워크가 사전 학습된 네트워크이므로 교사 네트워크가 반환하는 확률 분포가 우리의 목표가 될 것임을 알 수 있다. 이러한 교사 네트워크의 출력을 **소프트 타깃**soft target이라고 하고 학생 네트워크에서 만든 예측을 **소프트 예측**soft prediction이라고 한다.

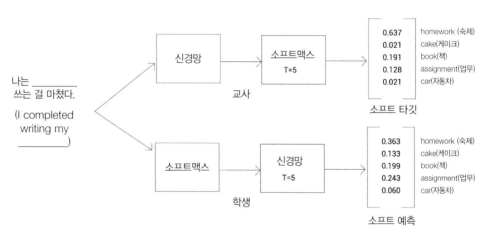

그림 5-5 교사-학생 네트워크

이제 소프트 타깃과 소프트 예측 간의 교차 엔트로피 손실을 계산하고 손실을 최소화하기 위한 역전파로 학생 네트워크를 학습시킨다. 소프트 타깃과 소프트 예측 사이의 교차 엔트로피 손실은 **증류 손실**distillation loss이라고도 한다. 또한 [그림 5-6]에서 소프트맥스 템퍼러처 T를 교사와 학생 네트워크 모두에서 동일한 값으로 유지하며, 1보다 크게 설정한 것을 볼 수 있다.

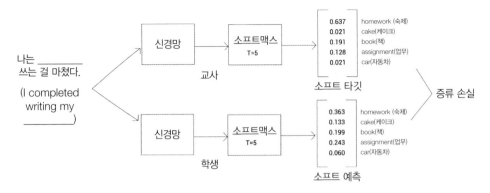

그림 5-6 교사-학생 네트워크

이렇게 역전파를 통한 증류 손실을 최소화하는 목적 함수를 기반으로 학생 네트워크를 학습시킨다. 학생 네트워크에서는 증류 손실과는 별도로 **학생 손실**이라는 손실을 하나 더 사용한다.

학생 손실을 이해하기 위해 소프트 타깃과 하드 타깃의 차이를 이해할 필요가 있다. [그림 5-7]과 같이 교사 네트워크에서 반환된 확률 분포를 직접 취하는 것을 소프트 타깃이라고 하는 반면, 하드 타깃은 확률이 가장 높은 곳에 1을 설정하고 나머지 값에 대해서는 0을 설정하는 것을 의미한다.

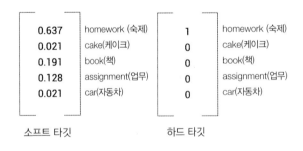

그림 5-7 소프트 타깃과 하드 타깃

이제 소프트 예측과 하드 예측의 차이점을 이해할 차례다. 소프트 예측은 소프트맥스 템퍼러처 T가 1보다 큰 학생 네트워크에서 예측한 확률 분포이고, 하드 예측은 소프트맥스 템퍼러처 T = 1을 사용해 학생 네트워크에서 예측한 확률 분포이다. 즉, T가 1로 설정되어 있으므로 하드 예측은 일반적인 소프트맥스 함수 예측이다.

학생 손실은 기본적으로 하드 타깃과 하드 예측 간의 교차 엔트로피 손실이다. [그림 5-8]은 학생 손실과 증류 손실을 정확히 계산하는 방법을 이해하는 데 도움이 될 것이다. 먼저 학생 손실을 살펴보겠다. [그림 5-8]에서 볼 수 있듯이 학생 손실을 계산하기 위해 학생에서 소프트맥스 함수($T = 1$)를 사용해 하드 예측을 얻는다. 그리고 레이블 데이터를 기반으로 하드 타깃을 얻는다. 그런 다음 하드 예측과 하드 타깃 간의 교차 엔트로피로 학생 손실을 계산한다.

손실을 계산하기 위해 T를 1보다 큰 값으로 설정해 소프트맥스 함수를 사용하고, 소프트 예측과 소프트 타깃 간의 교차 엔트로피 손실로 증류 손실을 얻을 수 있다.

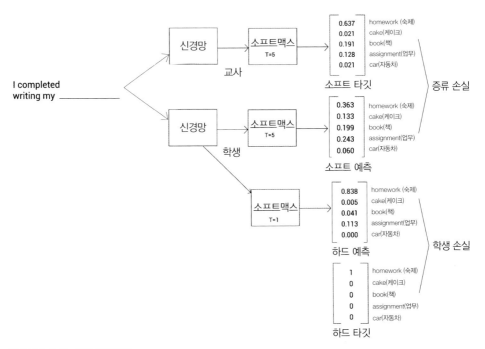

그림 5-8 교사−학생 아키텍처

최종 손실 함수는 학생 손실과 증류 손실의 가중 합계이며 다음과 같이 표현한다.

$$L = \alpha \cdot 학생\ 손실 + \beta \cdot 증류\ 손실$$

α 및 β는 학생 및 증류 손실의 가중 평균을 계산하는 데 사용되는 하이퍼파라미터다. 위의 손실 함수 값을 최소화하는 방향으로 학생 네트워크를 학습시킨다.

따라서 지식 증류에서 사전 학습된 네트워크를 교사 네트워크로 사용하고, 증류를 통해 교사 네트워크에서 지식을 얻도록 학생 네트워크를 학습시킨다. 학생 손실과 증류 손실의 가중 합계를 최소화하는 방향으로 학생 네트워크를 학습시킨다.

이제 지식 증류가 무엇이며 어떻게 작동하는지 배웠으니 다음 절에서는 BERT에 지식 증류를 적용하는 방법을 확인해보자.

5.2 DistilBERT: BERT의 지식 증류 버전

사전 학습된 BERT는 많은 수의 매개변수와 긴 추론 시간 때문에 휴대폰과 같은 에지 디바이스에서 사용하기가 어렵다. 이 문제를 해결하기 위해 허깅페이스의 연구원들이 제안한 DistilBERT를 소개한다. DistilBERT는 작고 빠르며 가벼운 BERT 버전이다.

이름에서 알 수 있듯이 DistilBERT는 지식 증류를 사용한다. DistilBERT의 궁극적인 아이디어는 사전 학습된 대규모 BERT 모델을 기반으로 지식 증류를 통해 지식을 소규모 BERT로 이전하는 것이다. 사전 학습된 대형 BERT를 교사 BERT라고 하고 소형 BERT를 학생 BERT라고 한다.

소형 BERT(학생 BERT)는 증류를 통해 사전 학습된 대형 BERT(교사 BERT)에서 지식을 습득하므로 소형 BERT, 즉 DistilBERT라고 부를 수 있다. DistilBERT는 대형 BERT 모델에 비해 60% 더 빠르며 크기는 40% 더 작다. 이제 DistilBERT에 대한 기본 아이디어를 얻었으므로 자세한 내용을 살펴보고 동작 방식을 알아보겠다.

5.2.1 교사-학습 아키텍처

그럼 교사와 학생 BERT를 좀 더 자세히 살펴보도록 하자. 교사 BERT를 먼저 살펴본 다음 학생 BERT를 확인한다.

교사 BERT는 사전 학습된 대규모 BERT 모델이다. 여기서는 사전 학습된 BERT-base 모델을 교사로 사용할 것이다. 이전 장에서 BERT-base 모델이 MLM와 NSP 태스크를 사용해 사전 학습된다는 것을 확인했다.

BERT는 MLM 태스크를 사용해 사전 학습되었으므로 사전 학습된 BERT 모델을 사용해 마스크된 단어를 예측할 수 있다. 사전 학습된 BERT-base 모델은 다음과 같다.

그림 5-9 교사 BERT

[그림 5-9]에서 마스크된 입력 문장이 주어지면 사전 학습된 BERT가 어휘 사전의 모든 단어에 대해 마스크된 단어 확률 분포를 제공한다는 것을 알 수 있다. 이 확률 분포에는 암흑 지식이 포함되어 있으며 이 지식을 학생 BERT에게 전달해야 한다. 이제 어떻게 수행하는지 알아볼 것이다.

학생 BERT

교사 BERT와 달리 학생 BERT는 사전 학습을 받지 않았다. 따라서 학생 BERT는 교사 BERT로부터 배워야 한다. 학생 BERT는 작은 BERT이며 교사 BERT에 비해 레이어가 더 적다. 교사 BERT는 1억 1,000만 개의 매개변수로 구성되지만 학생 BERT는 6,600만 개의 매개변수로만 구성된다.

학생 BERT의 레이어가 적기 때문에 교사 BERT(BERT-base)에 비해 빠르게 학습할 수 있다.

DistilBERT 연구원들은 학생 BERT의 은닉 상태 차원을 교사 BERT(BERT-base)의 것과 동일한 768로 유지했다. 그들은 은닉 상태 차원을 줄이는 것이 계산 효율성에 큰 영향을 미치지 않는다는 것을 관찰했고, 레이어의 수를 줄이는 데에만 집중했다.

그럼, 학생 BERT를 어떻게 학습시킬 수 있을까? 이제 학생 BERT의 아키텍처를 이해했으므로 교사 BERT로부터 지식을 추출해 학생 BERT를 학습시키는 방법을 알아보자.

5.2.2 학생 BERT(DistilBERT) 학습

교사 BERT(BERT-base) 사전 학습에 사용한 것과 동일한 데이터셋으로 학생 BERT를 학습시킬 수 있다. BERT-base 모델은 영문 위키피디아 및 토론토 책 말뭉치 데이터셋으로 사전 학습되었으며 이와 동일한 데이터셋을 사용해 학생 BERT(소형 BERT)를 학습시킬 수 있다.

RoBERTa 모델에서 몇 가지 학습 방법을 차용하는데, RoBERTa에서 배운 것처럼(4장 참조) 지식 증류 학습도 MLM 태스크만 사용해 학생 BERT를 학습시킨다. 동적 마스킹 방법으로 매번 같은 시퀀스에 대해서 다른 마스킹을 적용한다. 또한 큰 배치 크기를 사용한다.

[그림 5-10]과 같이 마스크된 문장을 교사 BERT(사전 학습된 BERT-base)와 학생 BERT에 입력으로 제공하고 어휘 사전에 대한 확률 분포를 출력으로 얻는다. 그리고 소프트 타깃과 소프트 예측 사이의 교차 엔트로피 손실로 증류 손실을 계산한다.

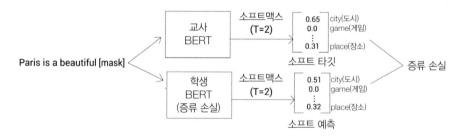

그림 5-10 DistilBERT

[그림 5-11]과 같이 증류 손실과 함께 학생 손실, 즉 MLM 손실(하드 타깃(정답) 및 하드 예측($T = 1$인 표준 소프트 맥스 예측)에 대한 교차 엔트로피 손실)도 계산한다.

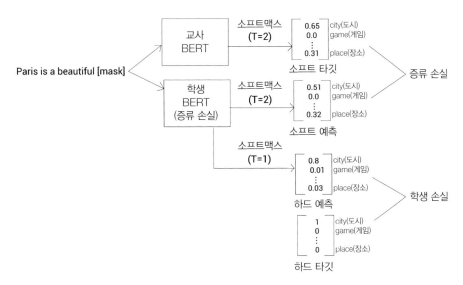

그림 5-11 DistilBERT

증류 및 학생 손실과는 별도로 코사인 임베딩 손실도 계산한다.[1] 이는 교사와 학생 BERT가 출력하는 벡터 사이의 거리 측정이다. 코사인 임베딩 손실을 최소화하면 학생 임베딩을 더 정확하면서도 교사 임베딩과 유사하게 표현할 수 있다.

따라서 손실 함수는 다음 세 가지 손실의 합계이다.

- 증류 손실
- MLM 손실(학생 손실)
- 코사인 임베딩 손실

위의 세 가지 손실의 합을 최소화하는 방향으로 학생 BERT(DistilBERT)를 학습시킬 수 있다. 학습 후에, 학생 BERT(DistilBERT)는 교사로부터 지식을 습득하게 된다.

DistilBERT는 BERT-base 모델의 97% 정도의 성능을 제공한다. DistilBERT는 더 가볍기 때문에 다양한 에지 디바이스에 쉽게 배포할 수 있으며 BERT에 비해 추론 시 60% 더 빠르다.

---

1 옮긴이_ 입력되는 두 벡터 x_1, x_2와 정답 레이블 y(−1 또는 1)를 기반으로 계산되는 손실. 정답이 1이면 x_1, x_2가 유사한 벡터로 학습되고 −1이면 서로 다르게 학습될 수 있도록 유도한다.

DistilBERT는 약 90시간 동안 8개의 16GB V100 GPU에서 학습되었다. 사전 학습된 DistilBERT는 허깅페이스에 의해 공개되었다. 사전 학습된 DistilBERT를 다운로드하고 원래 BERT에서처럼 다운스트림 태스크에 맞춰 파인 튜닝할 수 있다.

DistilBERT 연구원들은 질문–응답 태스크를 위해 사전 학습된 DistilBERT를 파인 튜닝해 아이폰 7 플러스에 배포하고 추론 시간을 BERT-base 기반의 질문–응답 모델과 비교했는데, DistilBERT의 추론 시간이 BERT보다 71% 줄었으며 모델 바이너리가 고작 207MB에 불과하다는 것을 관찰했다.[2]

이제 DistilBERT가 지식 증류를 사용해 교사로부터 지식을 얻는 방법을 배웠으므로 다음 절에서는 TinyBERT에 대해 알아볼 것이다.

5.3 TinyBERT 소개

TinyBERT는 지식 증류를 사용하는 BERT의 또 다른 흥미로운 파생 모델이다. DistilBERT를 통해 교사 BERT의 출력 레이어에서 학생 BERT로 지식을 전달하는 방법을 배웠다. 그런데, 이러한 방식과는 다르게 교사 BERT의 다른 레이어로부터 지식을 전달할 수 있을까? 그렇다! 교사의 출력 레이어에서 학생 BERT로 지식을 전달하는 것 외에도 다른 레이어의 지식을 이전할 수도 있다.

TinyBERT에서는 교사의 출력 레이어(예측 레이어)에서 학생에게 지식을 전달하는 것 외에 임베딩 및 여러 인코더 레이어에서 지식을 전달한다.

N개의 인코더 레이어가 있는 교사 BERT가 있다고 가정해보자. 간단하게 하기 위해 [그림 5-12]에서는 인코더 레이어를 하나만 표시했다. [그림 5-12]은 마스크된 문장을 공급하고 마스크된 단어 예측을 위해 어휘 사전의 모든 단어에 대한 로짓을 반환하는 사전 학습된 교사 BERT를 보여준다.

DistilBERT에서 (1)에서 보는 것과 같이 교사 BERT의 출력 레이어에서 생성된 로짓을 가져와 동일한 로짓을 생성하도록 학생 BERT를 학습시켰다. 이 밖에도 TinyBERT에서는 (2)와

---

2 옮긴이_ 참고로 허깅페이스 모델 레포지터리의 BERT-base 모델(파이토치 버전) 바이너리 크기는 약 420MB이다.

같이 교사 BERT가 생성한 은닉 상태 및 어텐션 행렬을 기반으로 동일한 은닉 상태와 어텐션 행렬을 생성하도록 학생 BERT를 학습시킨다. 그리고 (3)처럼 교사 BERT 임베딩 레이어의 출력을 가져와 교사 BERT와 동일한 임베딩을 생성하도록 학생 BERT를 학습시킨다.

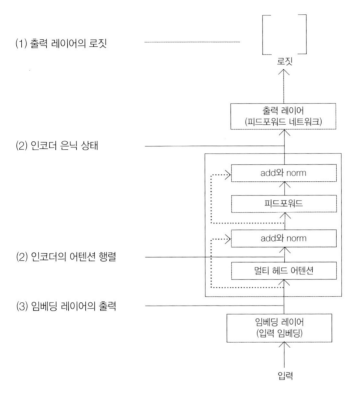

그림 5-12 교사 BERT

따라서 TinyBERT에서는 교사 BERT의 출력 레이어에서 학생 BERT로 지식을 전달하는 것 외에도 중간 레이어의 지식을 전달한다. 중간 레이어에 대한 지식을 교사에서 학생 BERT로 이전하면 학생 BERT가 교사로부터 더 많은 정보를 배울 수 있다. 예를 들어, 어텐션 행렬은 언어 정보를 캡슐화하므로 교사의 어텐션 행렬에서 학생에게 지식을 전달하면 학생 BERT가 교사로부터 언어 정보를 배우는 데 도움이 된다.

이 외에도 TinyBERT에서는 사전 학습 및 파인 튜닝 단계에서 증류를 적용하는 2단계 학습 프레임워크를 사용한다. 다음 절을 진행하면서 이 2단계 학습이 정확히 어떻게 도움이 되는지 알아보자. TinyBERT의 기본 개념을 알아봤으니 동작 방식과 구조에 대해 좀 더 자세히 다뤄보자.

5.3.1 교사-학생 아키텍처

TinyBERT가 정확히 어떻게 작동하는지 이해하기 위해 먼저 사용된 가정과 표기법에 대해서 알아볼 필요가 있다. [그림 5-13]은 교사와 학생 BERT를 보여준다.

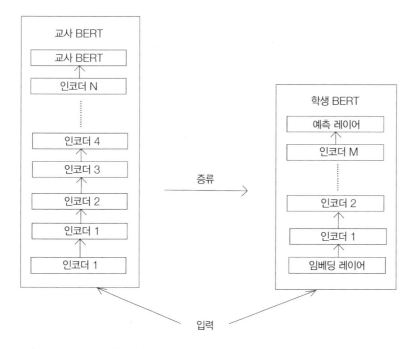

그림 5-13 TinyBERT의 교사-학생 아키텍처

먼저 교사 BERT를 살펴본 다음 학생 BERT를 알아보자.

교사 BERT 이해하기

[그림 5-13]에서 교사 BERT가 인코더 레이어로 구성되어 있음을 알 수 있다. 입력 문장을 가져와 임베딩 레이어에 공급하고 입력 임베딩을 얻는다. 다음으로 입력 임베딩을 인코더 레이어로 전달한다. 인코더 레이어는 셀프 어텐션 메커니즘을 사용해 입력 문장의 문맥 관계를 학습

하고 표현 벡터를 반환한다. 마지막으로 표현 벡터를 예측 레이어로 보낸다.

예측 레이어는 일반적으로 피드포워드 네트워크다. MLM 작업을 수행하는 경우 예측 레이어는 어휘 사전의 모든 개별 단어에 대해 마스크된 위치에 출현할 확률값을 기반으로 한 로짓을 반환한다.

사전 학습된 BERT-base 모델을 교사 BERT로 사용한다. BERT-base 모델은 12개의 인코더 레이어와 12개의 어텐션 헤드로 구성되어 있으며, 표현 벡터(은닉 상태) 크기는 768이다. 교사 BERT는 1억 1천만 개의 변수로 구성되어 있다. 교사 BERT를 이해했으니 이제 학생 BERT를 살펴보겠다.

학생 BERT 이해하기

[그림 5-13]에서 학생 BERT의 아키텍처는 교사 BERT와 학생은 동일하지만 교사 BERT와 달리 학생 BERT는 M 레이어로 구성되어 있음을 알 수 있다. 교사 BERT가 가지고 있는 N개의 레이어는 학생 BERT의 M보다 크다. 즉, 교사 BERT의 인코더 레이어 수가 학생의 인코더 레이어 수보다 크다는 것이다.

4개의 레이어가 있는 학생 BERT를 사용하고 표현 벡터 크기(은닉 상태 d')를 312로 설정했다. 학생 BERT는 1,450만 개의 매개변수만 가지고 있다.

일단 교사와 학생 BERT의 아키텍처를 이해했는데, 그렇다면 지식 증류가 어떻게 동작할까? 교사 BERT에서 학생 BERT(TinyBERT)로 지식을 어떻게 이전할까? 이런 질문의 답을 바로 확인해보자.

5.3.2 TinyBERT 지식 증류

5.3절의 시작 부분에서 배웠듯이 교사의 출력 레이어(예측 레이어)에서 학생 BERT로 지식을 전달하는 것 외에도 여기서는 다른 레이어의 지식도 전달한다. 다음 각 레이어에서 증류가 정확히 어떻게 발생하는지 자세히 살펴보고 이해해보자.

- 트랜스포머 레이어(인코더 레이어)
- 임베딩 레이어(입력 레이어)
- 예측 레이어(출력 레이어)

[그림 5-14]는 교사 BERT와 학생 BERT(TinyBERT)를 보여준다.

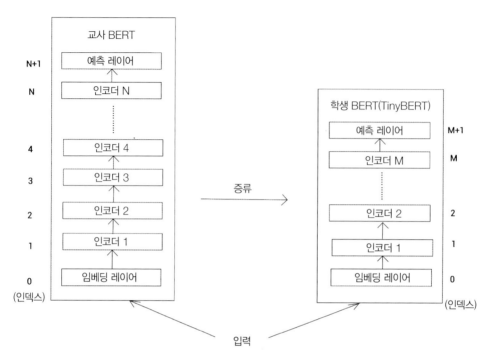

그림 5-14 TinyBERT의 교사–학생 아키텍처

교사 BERT에서 인덱스 0은 임베딩 레이어, 1은 첫 번째 인코더 레이어, 2는 두 번째 인코더 레이어, N은 N번째 인코더 레이어, $N + 1$은 예측 레이어를 나타낸다. 마찬가지로 학생 BERT에서 인덱스 0은 임베딩 레이어, 1은 첫 번째 인코더 레이어, 2는 두 번째 인코더 레이어, M은 M번째 인코더 레이어, $M + 1$은 예측 레이어를 나타낸다.

다음과 같이 교사의 지식을 학생 BERT로 이전한다.

$$n = g(m)$$

위의 수식은 매핑 함수 g를 사용해 교사 BERT의 n번째 레이어에서 학생의 m번째 레이어로 지식을 전달한다는 것을 의미한다. 즉, 학생의 m번째 레이어가 교사의 n번째 레이어에서 정보를 학습함을 의미한다.

예를 들면 다음과 같다.

- $0 = g(0)$은 교사의 0번째 레이어(임베딩 레이어)에서 학생의 0번째 레이어(포함 레이어)로 지식을 이전하는 것을 의미한다.
- $N + 1 = g(M+1)$은 교사의 $N + 1$ 레이어(예측 레이어)에서 학생의 $M + 1$ 레이어(예측 레이어)로 지식을 이전한다는 것을 의미한다.

이제 TinyBERT에서 증류가 어떻게 동작하는지 기본 아이디어를 얻었으므로 앞으로 각 레이어에서 증류가 어떻게 발생하는지 자세히 알아보겠다.

트랜스포머 레이어의 증류

트랜스포머 레이어는 기본적으로 인코더 레이어다. 인코더 레이어에서 멀티 헤드 어텐션을 사용해 어텐션 행렬을 계산하고 인코더 레이어가 은닉 상태 표현 벡터를 출력으로 반환한다는 것을 이미 알고 있을 것이다. 트랜스포머 증류에서 우리는 교사의 어텐션 행렬과 은닉 상태를 통해 학생에게 지식을 전달한다. 따라서 트랜스포머 레이어 증류에는 다음과 같이 두 가지 증류가 포함된다.

- 어텐션 기반 증류attention-based distillation
- 은닉 상태 기반 증류hidden state-based distillation

어텐션 기반 증류가 어떻게 작동하는지 살펴본 다음 은닉 상태 기반 증류를 살펴보겠다.

어텐션 기반 증류

어텐션 기반 증류attention-based distillation에서 어텐션 행렬에 대한 지식을 교사 BERT에서 학생 BERT로 이전하게 된다. 이 과정의 목표는 무엇일까? 어텐션 기반 증류를 수행해야 하는 이유는 무엇일까? 어텐션 행렬에는 언어 구문, 상호 참조 정보 등과 같은 유용한 정보가 포함되어 있어 일반적으로 언어를 이해하는 데 매우 유용하다. 따라서 어텐션 행렬에 대한 지식을 교사로부터 학생에게 전달하는 것이 필요하다. 그럼, 이 작업을 어떻게 할 수 있을까?

어텐션 기반 증류를 수행하기 위해 학생의 어텐션 행렬과 교사 BERT의 어텐션 행렬 간의 평균 제곱 오차를 최소화해 학생 네트워크를 학습시킨다. 어텐션 기반 증류 손실 $L_{어텐션}$은 다음과 같다.

$$L_{\text{어텐션}} = \frac{1}{h}\sum_{i=1}^{h} MSE\left(A_i^S, A_i^T\right)$$

이미 트랜스포머가 멀티 헤드 어텐션 방법을 사용한다는 것을 알고 있으며, 트랜스포머를 표현하기 위해 다음 표기법을 적용했다.

- h는 어텐션 헤드의 수를 나타낸다.
- A_i^S는 학생 BERT의 i번째 헤드의 어텐션 행렬을 나타낸다.
- A_i^T는 교사 BERT의 i번째 헤드의 어텐션 행렬을 나타낸다.
- MSE는 평균 제곱 오차를 나타낸다.

따라서 학생과 교사의 어텐션 행렬 사이의 평균 제곱 오차를 최소화해 어텐션 기반 증류를 수행한다. 또한 정규화되지 않은 어텐션 행렬, 즉 소프트맥스 함수가 없는 어텐션 행렬을 사용한다는 것을 아는 것도 중요한데, 이는 비정규화된 어텐션 행렬이 이 설정에서 더 나은 성능을 발휘하고 더 빠른 수렴을 달성하기 때문이다. [그림 5-15]은 어텐션 기반 증류를 보여준다.

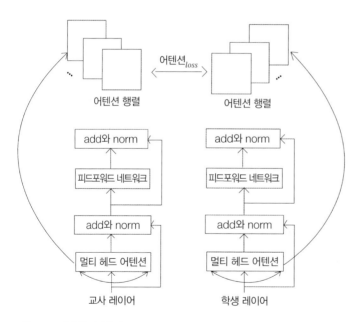

그림 5-15 어텐션 기반 증류

[그림 5-15]에서 우리는 어텐션 행렬에 대한 지식을 교사에서 학생 BERT로 전달하는 방법을 확인할 수 있다.

은닉 상태 기반 증류

이제 은닉 상태 기반 증류hidden state-based distillation를 수행하는 방법을 알아보자. 은닉 상태는 기본적으로 인코더의 출력, 즉 표현 벡터다. 따라서 은닉 상태 증류에서는 교사 인코더의 은닉 상태에서 학생 인코더의 은닉 상태로 지식을 전달하면 된다. H^S는 학생의 숨겨진 상태가 되고 H^T는 교사의 숨겨진 상태가 된다. 그런 다음 여기에 표현된 대로 H^S와 H^T 사이의 평균 제곱 오차를 최소화해 증류를 수행한다.

$$L_{은닉} = MSE(H^S, H^T)$$

그런데, 학생 H^S와 교사 H^T의 은닉 상태의 차원은 다양할 것이다. d는 교사 H^T의 은닉 상태의 차원이고 d'는 학생 H^S의 은닉 상태의 차원이라고 하자. 교사 BERT가 기본적으로 BERT-base이고 학생 BERT는 TinyBERT이며, 교사 BERT 은닉 상태 차원 d는 학생 BERT 은닉 상태 차원 d'보다 항상 크다.

따라서 학생 H^S의 은닉 상태를 교사 H^T의 은닉 상태와 같은 공간에 있도록 변환하기 위해 H^S에 행렬을 곱해 선형 변환을 수행한다. W_h, W_h의 값은 학습을 통해 튜닝이 되니, 손실 함수를 다음과 같이 다시 작성할 수 있다.

$$L_{은닉} = MSE(H^S W_h, H^T)$$

앞의 수식에서 볼 수 있듯이 H^S에 행렬 W_h를 곱해 H^S를 H^T와 같은 공간에 있도록 변환한다. 다음 그림에서 은닉 상태에 대한 지식을 교사에서 학생 BERT로 전달하는 방법을 확인할 수 있다.

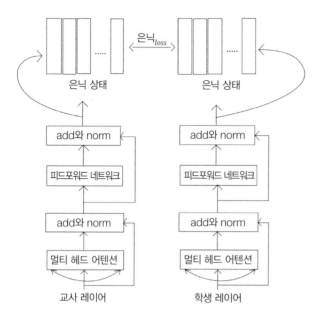

그림 5-16 은닉 상태 기반 증류

지금까지 트랜스포머 레이어에서 지식 증류를 수행하는 방법을 배웠으므로 이제 임베딩 레이어의 증류를 수행하는 방법을 알아보자.

임베딩 레이어의 증류

임베딩 레이어의 증류에서는 교사의 임베딩 레이어에서 학생의 임베딩 레이어로 지식을 전달한다. E^S는 학생의 임베딩을 나타내고 E^T는 교사의 임베딩을 나타낸다. 그런 다음 아래 수식과 같이 학생 E^S와 교사 E^T 임베딩 사이의 평균 제곱 오차를 최소화해 임베딩 레이어 증류를 수행하도록 네트워크를 학습시킨다.

$$L_{임베딩} = MSE(E^S, E^T)$$

이전 트랜스포머 레이어 상황과 유사하게 학생과 교사의 임베딩 차원은 역시 다르다. 따라서 우리는 학생의 임베딩 E^S에 W_e를 곱해 학생의 임베딩을 교사 임베딩과 동일한 공간에 있도록 변환해야 된다. 이를 기반으로 한 손실 함수는 다음과 같다.

$$L_{임베딩} = MSE(E^S W_e, E^T)$$

임베딩 레이어의 지식 증류를 수행하는 방법을 배웠으므로 이제 예측 레이어 증류를 수행하는 방법을 살펴본다.

예측 레이어의 증류

예측 레이어의 증류는 교사 BERT가 생성한 최종 출력 레이어의 로짓값을 학생 BERT로 전달해 진행된다. 이러한 과정은 DistilBERT에서 배운 증류 손실과 유사하다.

소프트 타깃과 소프트 예측 간의 교차 엔트로피 손실을 최소화해 예측 레이어 증류를 수행한다. Z^S를 학생 네트워크의 로짓이라 하고 Z^T를 교사 네트워크의 로짓이라고 하자. 손실 함수는 다음과 같이 나타낼 수 있다.

$$L_{\text{예측}} = -softmax\left(Z^T\right) \cdot \log\_softmax\left(Z^S\right)$$

이렇게 TinyBERT의 여러 레이어에서 증류를 수행하는 방법을 배웠고 다른 손실 함수도 확인했다. 이제 최종 손실 함수를 알아보자.

5.3.3 최종 손실 함수

모든 레이어의 증류 손실을 포함해 손실 함수는 다음과 같이 정리할 수 있다.

$$L_{\text{레이어}}\left(S_m, T_{g(m)}\right) = \begin{cases} L_{\text{임베딩}}\left(S_0, T_0\right), & m = 0 \\ L_{\text{은닉}}\left(S_m, T_{g(m)}\right) + L_{\text{어텐션}}\left(S_m, T_{g(m)}\right), & M \geq m > 0 \\ L_{\text{예측}}\left(S_{M+1}, T_{N+1}\right), & m = M + 1 \end{cases}$$

앞의 수식을 간략히 해석하면 다음과 같다.

- m이 0이면 레이어가 임베딩 레이어임을 의미하므로 임베딩 레이어 손실을 사용한다.
- m이 0보다 크거나 M보다 작거나 같을 때, 이는 트랜스포머 레이어(인코더레이어)를 의미하므로 은닉 상태 손실과 어텐션 레이어 손실의 합을 트랜스포머 레이어 손실로 사용한다.
- m이 $M + 1$이면 예측 레이어임을 의미하므로 예측 레이어 손실을 사용한다.

최종 손실 함수는 다음과 같이 표현된다.

$$L = \sum_{m=0}^{M+1} \lambda_m L_{\text{레이어}}\left(S_m, T_{g(m)}\right)$$

앞의 수식에서는 $L_{\text{레이어}}$는 m번째 레이어의 손실 함수를 나타내며 레이어의 중요도를 제어하는 하이퍼파라미터 역할을 한다. 우리는 선행 손실 함수를 최소화해 학생 BERT(TinyBERT)를 학습시킨다. 이제 학생 BERT를 정확히 학습시키는 방법을 배운다.

앞의 수식에서 $L_{\text{레이어}}$는 m 레이어의 손실 함수를 나타내고 λ_m는 계층의 중요도를 제어하는 하이퍼파라미터 역할을 한다. 우리는 앞에서 본 손실 함수를 최소화해 학생 BERT(TinyBERT)를 학습시킨다. 학생 BERT를 학습시키는 방법을 알아보자.

5.3.4 TinyBERT 학습

TinyBERT에서는 다음과 같이 2단계 학습을 한다.

- 일반 증류
- 태스크 특화 증류

이 2단계 학습 방법은 사전 학습 및 파인 튜닝 단계 모두에서 증류가 가능하다는 것을 의미한다. 각 단계가 어떻게 작동하는지 자세히 알아보자.

일반 증류

일반 증류general distillation는 기본적으로 사전 학습 단계를 의미한다. 여기서는 사전 학습된 대형 BERT(BERT-base)를 교사로 사용하고 증류를 수행해 지식을 작은 학생 BERT (TinyBERT)에게 전달한다. 앞서 본 것처럼 모든 레이어에 증류를 적용한다.

교사인 BERT-base 모델이 일반 데이터셋(위키피디아 및 토론토 책 말뭉치 데이터셋)에 대해 사전 학습되었음을 알고 있다. 따라서 증류를 수행하는 동안, 즉 교사(BERT-base)에서 학생(TinyBERT)에게 지식을 전달하는 과정에도 동일한 데이터셋을 사용한다.

증류 후 학생 BERT는 교사의 지식으로 구성되며 이렇게 사전 학습된 학생 BERT를 일반 TinyBERT라고 부를 수 있다.

일반 증류의 결과로 우리는 사전 학습된 학생 BERT인 일반 TinyBERT를 얻었다. 이제 다운스트림 태스크를 위해 이 일반 TinyBERT를 파인 튜닝할 수 있다. 이제 이 일반 TinyBERT를 파인 튜닝하는 방법을 알아보자.

태스크 특화 증류

태스크 특화 증류task-specific distillation는 다시 말하면 파인 튜닝이다. 여기서는 특정 태스크를 위해 일반 TinyBERT(사전 학습된 학생 BERT)를 파인 튜닝한다. DistilBERT와 달리 TinyBERT에서는 사전 학습 단계에서 증류를 적용하는 것 외에 파인 튜닝 단계에서도 증류를 적용할 수 있다.

먼저, 사전 학습된 BERT-base 모델을 사용해 특정 태스크에 맞게 파인 튜닝하고 이 파인 튜닝된 BERT-base를 교사로 사용한다. 일반 TinyBERT는 학생 BERT다. 파인 튜닝된 BERT-base의 지식을 일반 TinyBERT로 이전한다. 증류 후 일반 TinyBERT는 교사의 태스크 특화 지식(파인 튜닝된 BERT-base)으로 구성되므로 이제 특정 태스크에 대해 파인 튜닝된 일반 TinyBERT를 파인 튜닝된 TinyBERT라고 부를 수 있다.

[그림 5-17]은 일반 증류와 태스크 특화 증류 간의 혼동을 해결하는 데 도움이 될 것이다.

	일반 증류(사전 학습)	태스크 특화 증류(파인 튜닝)
교사	사전 학습된 BERT-base	파인 튜닝된 BERT-base
학생	작은 BERT	일반 TinyBERT(사전 학습된 TinyBERT)
결과	증류 후 학생 BERT는 교사로부터 지식을 전수받았다. 이는 곧 사전 학습된 학생 BERT, 즉 일반 TinyBERT라고 한다.	증류 후 일반 TinyBERT는 교사로부터 태스크 특화 지식을 전수받았다. 이는 태스크 특화 지식으로 파인 튜닝된 TinyBERT라고 한다.

그림 5-17 일반 TinyBERT와 태스크 특화 TinyBERT의 차이

파인 튜닝 단계에서 증류를 수행하려면 일반적으로 더 많은 태스크별 데이터셋이 요구된다. 따라서 데이터 증식 방법을 사용해 증가된 데이터셋을 확보할 필요가 있다. 그렇게 확보된 증가된 데이터셋으로 일반 TinyBERT를 파인 튜닝할 것이다. 데이터 증식이 어떻게 가능한지 살펴보자.

데이터 증식 방법

먼저 데이터 증식 알고리즘을 단계별로 살펴본 다음 예제를 통해 더 명확하게 이해해보자.

'Paris is a beautiful city(파리는 아름다운 도시다)'라는 문장이 있다고 가정한다. 먼저 BERT 토크나이저를 사용해 문장을 토큰화하고 다음과 같이 X라는 리스트에 토큰을 저장한다.

X = [Paris, is, a, beautiful, city]

X_masked라는 다른 리스트에 X를 복사한다. 결국 X_masked = [Paris, is, a, a, beautiful, city]가 된다.

이제 리스트 X에서 모든 토큰(단어) i에 대해 다음 과정을 진행한다.

1. X[i]가 단일 단어인지 확인한다. 단일 단어인 경우 [MASK] 토큰으로 X_masked[i]를 마스킹한다. 그리고 BERT-base를 사용해 마스크된 단어를 예측한다. 가장 가능성이 높은 첫 K개의 단어를 예측해 candidates라는 리스트에 저장한다. K = 5라고 하면, 가장 가능성이 높은 5개의 단어를 예측해 candidates 리스트에 저장한다.

2. X[i]가 단일 단어가 아닌 경우 이를 마스킹하지 않는다. 그 대신 글로브 임베딩$^{GloVe\ embedding}$[3]을 사용해 X[i]와 가장 유사한 K 단어를 확인하고 candidates 리스트에 저장한다. 다음으로, 균일 분포 $p \sim Uniform(0,1)$에서 값 p를 무작위로 추출하고, 임계값^{threshold}을 $p_t = 0.4$로 설정하고 이후 작업들을 진행한다.

3. p가 p_t보다 작거나 같으면 X_masked[i]를 후보 목록의 임의의 단어로 교체한다.

4. p가 p_t보다 크면 X_masked[i]를 실제 단어인 X[i]로 둔다.

문장의 모든 단어에 대해 앞의 단계를 수행하고 업데이트된 X_masked 리스트를 data_aug라는 리스트에 추가한다. 이 데이터 증식 방법을 데이터셋의 모든 문장에 대해 약 N번 반복한다. $N = 10$이라고 하면, 모든 문장에 대해 데이터 증가 단계를 수행하고 각각 10개의 새로운 문장을 얻게 된다.

이제 데이터 증가 방법이 어떻게 작동하는지 이해했으므로 예를 들어보자. 다음과 같은 단어 리스트가 있다고 가정한다.

```
X = [Paris, is, a, beautiful, city]
```

---

[3] 옮긴이_ GloVe는 단어에 대한 벡터 표현을 얻기 위한 비지도 학습 알고리즘이다. 학습은 말뭉치에서 집계된 글로벌 단어 대 단어의 동시 발생 확률에 기반해 수행된다. 이렇게 학습된 단어 벡터는 $https://nlp.stanford.edu/projects/glove$에 공개되어 있다.

X_masked라는 새 리스트에 X를 복사하면 다음과 같다.

```
X_masked = [Paris, is, a, beautiful, city]
```

이제 리스트의 모든 단어 i에 대해 다음을 수행한다.

$i = 0$이라고 하면, X[0] = Paris가 된다. 먼저 X[0]이 단일 단어인지 확인하며, 단일 단어이므로 다음과 같이 X_masked[0]을 [MASK] 토큰으로 교체한다.

```
X_masked = [ [MASK], is, a, beautiful, city]
```

이제 BERT-base 모델을 사용해 마스크된 토큰에 대해 가장 가능성이 높은 K개의 단어를 예측하고 candidates 리스트에 저장한다. $K = 3$으로 설정했다고 가정하면, BERT-base에서 예측한 가장 가능성 있는 단어 3개를 후보 리스트에 저장한다. 다음 리스트가 마스크된 토큰에 대해 BERT-base에서 예측 가능도가 가장 높은 3개의 단어라고 가정하자.

```
candidates = [ Paris, it, that]
```

이들에 대해 균등분포기반$(p{\sim}Uniform(0,1))$으로 확률값 p를 샘플링한다. $p = 0.3$이라고 한다면, 이제 임곗값$(p_t = 0.4)$보다 작거나 같은지 확인한다. 임곗값 미만이므로 X_masked[0]를 candidates에 존재하는 임의의 단어로 교체한다. 임의의 단어로 교체한 결과는 다음과 같은 X_masked 리스트와 같을 것이다.

```
X_masked = [it, is, a, beautiful, city]
```

마지막으로 X_masked를 data_aug 리스트에 추가한다.

위 단계를 N번 반복해 더 많은 데이터셋을 얻고, 이렇게 증식된 데이터셋을 사용해 일반 TinyBERT(사전 학습된 TinyBERT)를 파인 튜닝하게 된다. 즉, TinyBERT에서는 사전 학습 및 파인 튜닝 단계 모두 모든 레이어에서 증류를 수행한다.

TinyBERT는 BERT-base 모델보다 추론 효율 면에서 96% 더 좋고, 7.5배 더 작으며, 9.4배 더 빠르다. *https://github.com/huawei-noah/pre-trained-Language-Model/tree/master/TinyBERT*에서 사전 학습된 TinyBERT를 다운로드할 수 있다.

지금까지 사전 학습된 대형 BERT에서 소형 BERT로 지식 증류를 수행하는 방법을 배웠다. 그런데, 지식 증류를 사용해 사전 학습된 BERT에서 더 간단한 신경망으로 지식을 전달할 수 있을지 궁금할 수도 있다. 바로 다음 절에서 이에 대해 다룬다.

5.4 BERT에서 신경망으로 지식 전달

이 절에서는 워털루 대학교에서 수행한 BERT에서 태스크 특화 지식을 단순 신경망으로 추출하는 흥미로운 연구논문을 살펴보겠다. 이 논문에서 연구원들은 지식 증류를 수행해 BERT에서 간단한 신경망으로 작업 특화 지식을 전달하는 방법을 설명했다. 세부 사항을 확인하며 정확히 어떻게 작동하는지 이해해보자.

5.4.1 교사 – 학생 아키텍처

BERT에서 신경망으로 태스크 특화 지식을 정확히 전달하는 방법을 이해하기 위해 먼저 교사 BERT와 학생 네트워크를 자세히 알아보자.

교사 BERT

주로 사전 학습된 BERT를 교사 BERT로 사용한다. 여기서는 사전 학습된 BERT-large를 교사 BERT로 사용한다. 교사의 태스크 특화 지식을 학생에게 전달하기 위해 먼저 사전 학습된 BERT-large 모델을 가져와서 특정 태스크에 맞게 파인 튜닝해야 한다.

감정 분석 태스크를 위해 학생 네트워크를 학습시키고 싶다고 가정하자. 이 경우 사전 학습된 BERT-large 모델을 사용해 감정 분석 태스크를 위해 파인 튜닝한 다음 교사로 사용한다. 교사는 사전 학습된 BERT이며 우리가 관심있는 특정 태스크에 맞게 조정된다.

학생 네트워크

학생 네트워크는 단순한 양방향 LSTM이며 이를 BiLSTM으로 간단히 나타낼 수 있다. 학생 네트워크의 구조는 태스크에 따라 변경된다. 먼저 단일 문장 분류 작업에 대한 학생 네트워크의 아키텍처를 확인해보겠다.

감정 분석을 수행하고 있다고 가정하자. 'I love Paris(나는 파리를 사랑한다)'라는 문장이 주어졌다고 하면, 먼저 문장의 임베딩을 얻은 다음 입력 임베딩을 양방향 LSTM에 공급할 것이다. 양방향 LSTM은 양방향(즉, 순방향, 역방향)으로 문장을 읽게 되고, 양방향 LSTM에서 순방향 및 역방향 은닉 상태를 얻을 수 있다.

다음으로 ReLU 활성화 함수를 사용해 순방향 및 역방향 은닉 상태를 완전 연결 계층에 공급한 다음 로짓을 출력으로 반환한다. 로짓을 취해 소프트맥스 함수에 입력하고 [그림 5-18]에 설명된 대로 긍정 및 부정 클래스에 속하는 문장의 확률을 얻는다.

그림 5-18 학생 네트워크

이제 문장 매칭 태스크를 위한 학생 네트워크의 아키텍처를 알아보겠다. 만일 두 문장이 유사한지 아닌지 알고 싶다고 가정하자. 이 경우 학생 네트워크는 샴^siamese BiLSTM이다.

먼저, 문장 1과 문장 2의 임베딩을 가져와서 양방향 LSTM 1(BiLSTM 1) 및 양방향 LSTM 2 (BiLSTM 2)에 각각 입력한다. BiLSTM 1 및 BiLSTM 2에서 전방 및 후방 은닉 상태를 얻는다. h_{s1}을 BiLSTM 1에서 얻은 전방 및 후방 은닉 상태이고, h_{s2}를 BiLSTM 2에서 얻은 전방 및 후방 은닉 상태라고 하겠다. 다음 수식과 같은 연결 비교 연산을 사용해 h_{s1} 및 h_{s2}를 결합한다.

$$f\left(h_{s1},\ h_{s2}\right)=\left[h_{s1},\ h_{s2},\ h_{s1}\odot h_{s2},\ \left|h_{s1}-h_{s2}\right|\right]$$

앞의 수식에서 ⊙는 요소별 곱셈을 나타낸다. 다음으로 ReLU 활성화 함수를 사용해 활성화 결과를 완전 연결 계층에 입력해 로짓을 얻는다. 그런 다음 로짓을 소프트맥스 함수에 입력한다. 이 함수는 [그림 5-19]와 같이 주어진 문장 쌍이 유사하고 유사하지 않을 확률을 반환한다.

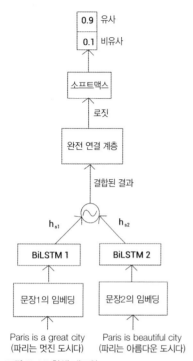

그림 5-19 학생 네트워크

이제 학생 네트워크의 아키텍처를 이해했으므로 교사로부터 지식을 습득해 학생 네트워크를 학습시키는 방법을 알아보자.

5.4.2 학생 네트워크 학습

여기서 우리는 교사로부터 학생에게 태스크 특화 지식을 전달하려고 한다. 따라서 우리가 배운 것처럼 사전 학습된 BERT 모델을 사용해 특정 작업에 맞게 파인 튜닝한 다음 파인 튜닝된 BERT 모델을 교사로 사용한다. 결과적으로 교사는 미리 학습되고 파인 튜닝된 BERT이며 학생은 BiLSTM 모델이 된다.

학생 손실 $L_{학생}$과 증류 손실 $L_{증류}$의 가중 합계 손실을 최소화하는 방향으로 학생 네트워크를 학습시킨다. 이 방식은 지식 증류 소개 부분에서 배운 것과 유사하다.

$$L = \alpha \cdot L_{학생} + \beta \cdot L_{증류}$$

β의 값을 $(1-\alpha)$로 설정하면 수식을 다음과 같이 다시 작성할 수 있다.

$$L = \alpha \cdot L_{\text{학생}} + (1-\alpha) \cdot L_{\text{증류}}$$

증류 손실은 기본적으로 소프트 타깃과 소프트 예측 간의 교차 엔트로피 손실이라는 것을 이미 알고 있다. 그러나 여기서는 평균 제곱 손실을 증류 손실로 사용한다. 이는 교차 엔트로피 손실보다 성능이 우수하기 때문이다. 증류 손실은 다음과 같이 표현할 수 있다.

$$L_{\text{증류}} = MSE\left(Z^T, Z^S\right)$$

앞의 수식에서 Z^T는 교사 네트워크의 로짓을 나타내고 Z^S는 학생 네트워크의 로짓을 나타낸다.

학생 손실은 하드 타깃과 하드 예측 사이의 교차 엔트로피 손실이다. 따라서 손실 함수는 다음과 같다.

$$L = \alpha \cdot L_{\text{학생}} + \left(1-\alpha\right) \cdot L_{\text{증류}}$$

앞선 손실 함수를 최소화해 학생 네트워크를 학습시킨다. 교사 BERT에서 학생 네트워크로 지식을 추출하려면 대규모 데이터셋이 필요하다. 그래서 데이터셋 크기를 늘리기 위해 태스크 독립적인 데이터 증식task-agnostic data augmentation 방법을 사용한다. 데이터 증식 방법이 정확히 어떻게 작동하는지 자세히 알아보자.

5.4.3 데이터 증식 방법

태스크 독립적인 데이터 증식을 수행하기 위해 다음과 같은 방법을 사용한다.

- 마스킹
- 형태소 parts of speech (POS) 기반 단어 대체
- 엔그램n-gram 샘플링

각각을 좀 더 자세히 살펴보자.

마스킹 방법

마스킹 방법은 p_{mask} 확률로 문장의 단어를 [MASK] 토큰으로 무작위로 마스킹하고 마스크된 토큰으로 새 문장을 만든다. 예를 들어 감정 분석 태스크를 수행한다고 가정해보자. 데이터셋에 'I was listening to music'라는 문장이 있다. 먼저 p_{mask} 확률로 단어를 무작위로 마스킹한다. 'music'이라는 단어를 마스킹한 다음 'I was listen to [MASK]'라는 새로운 문장을 생성했다고 생각해보자.

이 방식이 왜 유용할까? 문장에 [MASK] 토큰이 있으면 [MASK]가 알려지지 않은 토큰이므로 모델은 신뢰 로짓을 생성할 수 없다. 모델은 [MASK] 토큰을 사용한 'I was listen to [MASK]' 문장에 대해 마스킹되지 않은 토큰을 사용하는 'I was listen to music' 문장보다 신뢰도가 낮은 로짓을 생성한다. 이는 모델이 클래스 레이블에 대해 각 단어의 기여도가 어느정도인지 이해하는 한 방법이다.

형태소 기반 단어 대체 방법

형태소parts of speech (POS) 기반 단어 대체 방법은 p_{pos} 확률로 문장의 한 단어를 다른 단어로 대체하지만 같은 품사로 대체한다.

예를 들어 'Where did you go?'라는 문장이 있다고 하자. 'did'가 동사라는 것을 안다면 이 단어를 다른 동사로 바꿀 수 있다. 'did'를 'do'로 바꾸면 'Where did you go?'와 같은 새로운 문장이 만들어진다.

엔그램[4] 샘플링 방법

엔그램 샘플링 방법은 p_{ng} 확률로 문장에서 엔그램을 무작위로 샘플링하는 방법이다. n의 값은 1에서 5까지 무작위로 선택된다.

데이터 증식을 위해 세 가지 방법을 확인했다. 그럼 이들을 정확히 어떻게 적용해야 할까? 이 세 가지 방법을 모두 함께 적용해도 될까? 아니면 셋 중 한 가지만 선택해서 적용해야 될까? 적용하는 방법에 대해서는 이어지는 내용에서 살펴보자.

---

4 옮긴이_ 엔그램(n-gram)은 문자열에서 n개의 연속된 요소를 추출하는 방법이다. 자연어 처리에서 일반적으로 요소 단위는 단어, 토큰, 문자가 된다.

데이터 증식 프로세스

'Paris is a beautiful city(파리는 아름다운 도시다)'라는 문장이 있다. w_1, w_2, ..., w_i, ..., w_n을 문장의 단어라고 하자. 문장의 각 단어 w_i에 대해 X_i라는 변수를 생성한다. 여기서 X_i의 값은 균일 분포 $X_i \sim Uniform(0,1)$에서 무작위로 샘플링한다. 샘플링된 X_i의 값에 따라 다음을 수행한다.

- $X_i < p_{mask}$이면 w_1 단어를 마스킹한다.
- $p_{mask} \leq X_i \, p_{mask} + p_{pos}$이면 형태소 기반 단어 대체를 진행한다.

마스킹 및 형태소 기반 단어 대체 로직은 서로 겹치지 않는다. 즉, 하나를 적용하면 다른 하나는 적용할 수 없다.

이 단계 후, 수정된 문장(합성 문장)을 얻게 되는데. p_{ng} 확률로 엔그램 샘플링을 합성 문장에 적용하고 최종 합성 문장을 얻는다. 그런 다음 최종 합성 문장을 data_aug 리스트에 추가한다.[5]

모든 문장에 대해 앞의 단계를 N번 수행하고 N개의 새로운 합성 문장을 얻는다. 문장 대신 문장 쌍이 있다면 어떻게 합성 문장 쌍을 얻을 수 있을까? 이 경우 여러 조합으로 합성 문장 쌍을 만들 수 있으며 다음과 같다.

- 첫 번째 문장에서만 합성 문장을 만들고 두 번째 문장을 유지한다.
- 첫 번째 문장을 그대로 두고 두 번째 문장으로만 합성 문장을 만든다.
- 첫 번째 문장과 두 번째 문장 모두에서 합성 문장을 만든다.

이러한 방식으로 데이터 증가 방법을 적용하고 더 많은 데이터셋을 얻을 수 있다. 그런 다음 증식된 데이터셋으로 학생 네트워크를 학습시킨다.

이 장에서는 지식 증류를 사용한 BERT의 다양한 변형과 사전 학습된 BERT로부터 간단한 신경망으로 지식을 전달하는 방법을 배웠다.

----

5 옮긴이_ 이 과정을 직관적으로 이해하기 위해 이 과정을 통한 세 문장으로 예를 들어보자.

    1. Paris is a beautiful [MASK](5-그램)
    2. Paris is a **pretty** city(5-그램)
    3. **Paris is a beautiful**(4-그램)

이들 문장이 p_{mask}, P_{pos}, p_{ng}에 따라 확률적으로 샘플링된다.

5.5 마치며

지식 증류가 무엇이며 어떻게 작동하는지 이해하는 것으로 이번 장을 시작했다. 지식 증류는 사전 학습된 대형 모델의 성능을 재현하기 위해 소형 모델을 학습시키는 모델 압축 기법이다. 교사-학생 학습이라고도 하는데, 사전 학습된 대형 모델은 교사이고 소형 모델은 학생이다.

그다음 교사로서 사전 학습된 큰 BERT를 가지고 지식 증류를 통해 작은 BERT로 지식을 이전하는 DistilBERT에 대해 알아봤다.

DistilBERT에 이어 TinyBERT의 동작 방식을 배웠다. TinyBERT에서는 교사의 출력 레이어에서 지식을 전달하는 것 외에도 임베딩 레이어, 트랜스포머 레이어 및 예측 레이어와 같은 다른 레이어의 지식도 전달한다.

마지막으로 BERT에서 간단한 신경망으로 태스크 특화 지식을 전달하는 방법을 확인했다. 다음 장에서는 텍스트 요약 작업을 위해 사전 학습된 BERT를 파인 튜닝하는 방법을 배울 것이다.

5.6 연습 문제

다음 질문에 답해보자.

1. 지식 증류는 무엇인가?
2. 소프트 타깃과 소프트 예측은 무엇인가?
3. 증류 손실은 무엇인가?
4. DistilBERT의 용도는 무엇일까?
5. DistilBERT의 손실 함수는 어떻게 되는가?
6. 트랜스포머 레이어 증류는 어떻게 작동하는가?
7. 예측 레이어 증류는 어떻게 작동하는가?

5.7 보충 자료

더 자세한 내용을 알고 싶다면 다음 문서를 참조하길 바란다.

- Distilling the Knowledge in a Neural Network by Geoffrey Hinton, Oriol Vinyals, Jeff Dean, *https://arxiv.org/pdf/1503.02531.pdf.*

- DistilBERT, a distilled version of BERT: smaller, faster, cheaper and lighter by Victor Sanh, Lysandre Debut, Julien Chaumond, Thomas Wolf, *https://arxiv.org/pdf/1910.01108.pdf.*

- TinyBERT: Distilling BERT for Natural Language Understanding by Xiaoqi Jiao et al, *https://arxiv.org/pdf/1909.10351.pdf.*

- Distilling Task-Specific Knowledge from BERT into Simple Neural Networks by Raphael Tang, Yao Lu, Linqing Liu, Lili Mou, Olga Vechtomova, and Jimmy Lin, *https://arxiv.org/pdf/1903.12136.pdf.*

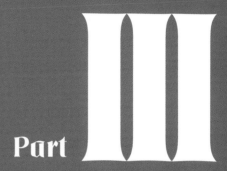

Part **III**

BERT 적용하기

3부에서는 몇 가지 흥미로운 BERT의 응용 사례를 살펴본다. BERTSUM을 사용해 텍스트 요약 작업에 맞춰 BERT를 파인 튜닝하는 방법을 확인할 것이다. 그다음으로 영어 이외의 언어에 BERT를 적용하는 방법을 알아본다. VideoBERT 및 기타 흥미로운 모델에 대해서도 다룬다.

Part III

BERT
적용하기

텍스트 요약을 위한 BERTSUM 탐색

텍스트 요약은 자연어 처리에서 가장 인기 있는 분야 중 하나다. 이번 장에서는 텍스트 요약 태스크 수행을 위해 사전 학습된 BERT 모델을 활용해 파인 튜닝을 진행하는 법을 알아본다. 텍스트 요약에 맞춰 파인 튜닝된 BERT 모델을 **BERTSUM** BERT for summarization이라고 한다. 이 장에서는 BERTSUM을 이해하고 BERTSUM이 텍스트 요약에 어떻게 사용되는지 자세히 알아볼 것이다.

시작은 추출 요약extractive summarization과 생성 요약abstractive summarization이라고 불리는 다양한 텍스트 요약 방식을 이해하는 것이다. 먼저 분류기가 있는 BERTSUM, 트랜스포머를 활용한 BERTSUM, LSTM을 활용한 BERTSUM을 사용해 추출 요약을 수행하는 방법을 배운다. 그 다음으로는 추출 요약을 수행하기 위해 BERTSUM을 어떻게 활용하는지 알아본다.

다음으로 ROUGE 메트릭이라는 텍스트 요약 평가 지표를 소개한다. ROUGE-N 및 ROUGE-L 평가 지표를 자세히 알아볼 것이다. 그다음으로는 BERTSUM 모델의 성능을 확인한다. 마지막으로 BERTSUM의 학습 방법을 배워보도록 하자.

이 장에서 다룰 내용은 다음과 같다.

- 텍스트 요약
- 텍스트 요약에 맞춘 BERT 파인 튜닝
- BERT를 활용한 추출 요약
- BERT를 활용한 생성 요약

- ROUGE 평가 지표 이해하기

- BERTSUM 모델의 성능

- BERTSUM 모델 학습

6.1 텍스트 요약

텍스트 요약은 긴 텍스트의 문서를 짧은 문장으로 요약하는 과정을 말한다. 위키피디아 기사를 읽어야 하지만 내용 전체를 다 읽고 싶지 않다고 가정하자. 즉 기사의 개요만 필요한 상황인 것이다. 이런 경우 위키피디아 기사를 요약하면 기사 내용 전체를 읽지 않아도 된다. 텍스트 요약은 긴 문서, 뉴스 기사, 블로그 게시물 등 다양한 영역에서 널리 사용된다. 텍스트 요약의 목표는 주어진 긴 텍스트를 [그림 6-1]과 같이 요약하는 것이다.

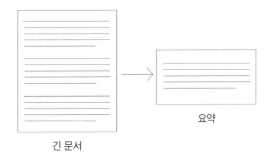

긴 문서   요약

그림 6-1 텍스트 요약

텍스트 요약에는 두 가지 유형이 있다.

- 추출 요약

- 생성 요약

이제부터 추출 요약과 생성 요약에 대해 자세히 살펴보자.

6.1.1 추출 요약

추출 요약extractive summarization은 주어진 텍스트에서 중요한 문장만 추출해 요약하는 과정을 의미한다. 즉, 많은 문장이 포함된 긴 문서에서 문서의 본질적인 의미를 담고 있는 중요한 문장만 추출해 문서의 요약을 생성하는 것이다.

간단한 예로 추출 요약을 이해해보자. 다음 문장은 위키피디아에서 가져왔다.

> 머신러닝은 경험을 통해 자동으로 성능이 향상되는 컴퓨터 알고리즘에 대한 연구다. 보통 인공지능의 하위 집합으로 간주한다. 머신러닝 알고리즘은 명시적으로 프로그래밍하지 않고, 예측이나 결정하기 위해 학습 데이터라고하는 샘플 데이터를 기반으로 수학적 모델을 구축한다. 머신러닝 알고리즘은 기존 알고리즘을 개발하기 어렵거나 실행 불가능한 이메일 필터링 및 컴퓨터 비전과 같은 다양한 애플리케이션에서 사용된다.

이제 추출 요약을 통해 주어진 텍스트에서 중요한 문장만 추려낸다. 그러면 추출 요약의 결과로 다음과 같은 요약을 생성한다.

> 머신러닝은 경험을 통해 자동으로 성능이 향상되는 컴퓨터 알고리즘에 대한 연구다. 보통 인공지능의 하위 집합으로 간주한다. 머신러닝 알고리즘은 기존 알고리즘을 개발하기 어렵거나 실행 불가능한 이메일 필터링 및 컴퓨터 비전과 같은 다양한 애플리케이션에서 사용된다.

이렇게 추출 요약은 주어진 텍스트 안에서 중요한 의미를 담고 있는 문장만 뽑아내 요약 결과를 생성한다.

6.1.2 생성 요약

생성 요약abstractive summarization은 추출 요약과 다르게 주어진 텍스트에서 중요한 문장만 추려 문장을 생성하지 않는다. 그 대신 주어진 텍스트를 의역paraphrasing해 요약을 만든다. 여기서 의역이란 텍스트의 의미를 좀 더 명확하게 나타내기 위해서 다른 단어를 사용해 주어진 텍스트를 새롭게 표현하는 것을 말한다.

따라서 생성 요약에서는 주어진 텍스트의 의미만 지닌 다른 단어를 사용해 주어진 텍스트를 새로운 문장으로 표현한다.

간단한 예로 생성 요약을 이해해보자. 앞에서 사용한 예제를 활용한다.

머신러닝은 경험을 통해 자동으로 성능이 향상되는 컴퓨터 알고리즘에 대한 연구다. 보통 인공지능의 하위 집합으로 간주된다. 머신러닝 알고리즘은 명시적으로 프로그래밍하지 않고, 예측이나 결정하기 위해 학습 데이터라고하는 샘플 데이터를 기반으로 수학적 모델을 구축한다. 머신러닝 알고리즘은 기존 알고리즘을 개발하기 어렵거나 실행 불가능한 이메일 필터링 및 컴퓨터 비전과 같은 다양한 애플리케이션에서 사용된다.

이제 주어진 텍스트를 의역해서 생성 요약을 진행해보자. 요약 결과는 다음과 같다.

머신러닝은 인공지능의 하위 집합이며, 이메일 필터링 및 컴퓨터 비전과 같은 다양한 애플리케이션을 만드는 데 널리 사용된다.

이 결과를 통해 생성 요약의 경우 기본적으로 주어진 텍스트를 의역해서 텍스트의 본질적인 의미를 담고 있는 새로운 문장을 생성하는 것을 알 수 있다.

추출 요약과 생성 요약을 간단히 살펴봤다. 다음 절에서는 BERT 모델을 파인 튜닝해서 추출 및 생성 요약을 수행하는 방법을 알아본다.

6.2 텍스트 요약에 맞춘 BERT 파인 튜닝

이번 절에서는 BERT 모델을 활용해 텍스트 요약에 맞춰 파인 튜닝을 어떻게 수행하는지 알아보자. 먼저 추출 요약을 위해 BERT를 어떻게 파인 튜닝하는지 알아보고, 그다음으로 생성 요약에서 BERT 파인 튜닝을 수행하는 방법을 알아보자.

6.2.1 BERT를 활용한 추출 요약

사전 학습된 BERT를 사용해 추출 요약 태스크를 수행하려면 우선 BERT 모델 입력 데이터 형태를 약간 수정해야 한다. 입력 데이터 형태를 수정하기 전에 먼저 BERT 모델의 입력 데이터 형태를 알아보자.

'Paris is a beautiful city'와 'I love Paris'라는 문장이 있다고 가정해보자. 먼저 입력 문장을 토큰 형태로 변경한 다음, 첫 문장의 시작 부분에만 [CLS] 토큰을 추가하고 모든 문장의 마지막 부분에 [SEP] 토큰을 추가한다. 토큰을 BERT에 입력하기 전에, 이것들을 **토큰 임베딩**token embedding, **세그먼트 임베딩**segmentation embedding, **위치 임베딩**positional embedding 이렇게 총 3개의 임베딩 레이어 형태로 변환한다. 모든 임베딩을 요소별로 함께 요약한 다음 BERT에 입력한다. [그림 6-2]는 BERT의 입력 데이터다.

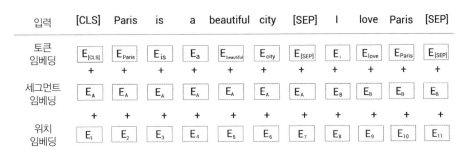

그림 6-2 BERT의 입력 데이터

이 세 가지 입력값을 받은 BERT 모델은 [그림 6-3]처럼 모든 토큰의 표현을 출력한다.

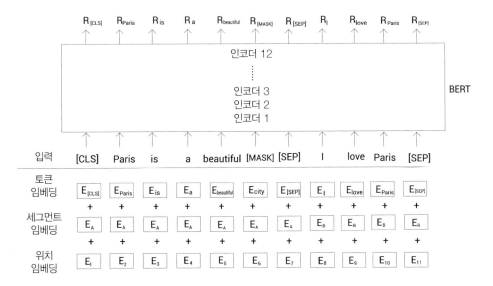

그림 6-3 BERT

이제 텍스트 요약 태스크에 BERT를 어떻게 사용할 수 있을까? BERT 모델이 모든 토큰을 표현한다는 사실은 이미 알고 있다. 그러나 요약 태스크에서는 모든 토큰의 표현이 필요하지 않다. 그 대신 모든 문장의 표현이 필요하다. 왜 그럴까?

추출 요약은 전체 텍스트에서 중요한 문장만 선택하는 태스크다. 문장의 표현^{representation}이라는 것은 문장이 갖는 의미를 표현한 형태이다. 즉, 모든 문장의 표현을 통해 문장의 중요성 여부를 결정할 수 있다. 중요한 문장이라면 요약 결과에 추가하고 그렇지 않다면 해당 문자를 삭제하면 된다. 따라서 BERT를 통해 모든 문장의 표현을 얻으면 표현을 분류기에 넣은 후 분류기를 통해 문장의 중요성 여부를 판단할 수 있다.

문장의 표현은 어떻게 얻을 수 있을까? [CLS] 토큰을 문장의 표현으로 사용할 수 있을까? 물론 사용이 가능하다. 하지만 [CLS] 토큰은 첫 번째 문장의 시작 부분에만 추가하는 걸로 알고 있다. 하지만 텍스트 요약 태스크에서는 BERT 모델에 여러 문장을 입력하고 입력한 모든 문장에 대한 표현이 필요하다.

따라서 이와 같은 경우에 입력 데이터 형식을 BERT 모델 형태로 수정한다. 즉, 모든 문장의 시작 부분에 [CLS] 토큰을 추가하면 모든 문장에 대한 표현을 얻을 수 있다.

예를 들어 'sent one', 'sent two', 'sent three'라는 문장이 있다. 먼저 문장을 토큰 형태로 변경한 다음, 모든 문장의 시작 부분에 [CLS] 토큰을 추가하고 각 문장을 [SEP] 토큰으로 분리한다. 결과는 다음과 같다.

```
Input tokens = [ [CLS], sent, one, [SEP], [CLS], sent, two, [SEP], [CLS], sent, three
[SEP] ]
```

다음으로 입력 토큰을 토큰, 세그먼트, 위치 임베딩 레이어에 입력하고 입력 토큰을 임베딩 형태로 변환한다. 토큰 임베딩 레이어는 [그림 6-4]를 참고하길 바란다.

그림 6-4 토큰 임베딩

다음 레이어는 세그먼트 임베딩 레이어다. 세그먼트 임베딩은 주어진 두 문장을 구별하는 데 사용된다. 세그먼트 임베딩 레이어는 E_A 또는 E_B 형태로 반환한다. 즉, 입력 토큰이 문장 A에 속하면 토큰이 임베딩 E_A와 매핑되고, 입력 토큰이 문장 B에 속하면 토큰이 임베딩 E_B에 매핑된다. 하지만 텍스트 요약에서는 BERT 모델에 2개 이상의 문장을 입력한다. 이제 2개 이상의 문장을 E_A와 E_B에 어떻게 매핑시켜야 할까?

이와 같은 경우에 인터벌 세그먼트 임베딩을 사용한다. 인터벌 세그먼트 임베딩은 보통 주어진 여러 문장을 구별하는 데 사용된다. 인터벌 세그먼트 임베딩을 사용하면 홀수번째 문장에서 발생한 토큰은 E_A에, 짝수번째 문장에서 발생한 토큰은 E_B에 매핑한다. 문장이 4개 있다면 다음과 같이 적용할 수 있다.

- 문장 1의 모든 토큰은 E_A에 매핑
- 문장 2의 모든 토큰은 E_B에 매핑
- 문장 3의 모든 토큰은 E_A에 매핑
- 문장 4의 모든 토큰은 E_B에 매핑

[그림 6-5]는 인터벌 세그먼트 레이어를 보여준다. [그림 6-5]에서 볼 수 있듯이 문장 1의 토큰과 E_A를, 문장 2의 토큰과 E_B,를, 문장 3의 토큰과는 다시 E_A를 매핑한다.

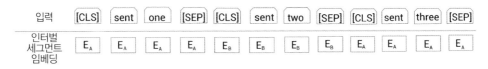

그림 6-5 인터벌 세그먼트 임베딩

이제 위치 임베딩에 대해 살펴보자. 위치 임베딩 레이어는 이전에 사용한 방식과 동일하다. 즉, 위치 임베딩은 모든 토큰의 위치 정보에 대한 임베딩값이다. [그림 6-6]은 위치 임베딩 레이어를 보여준다.

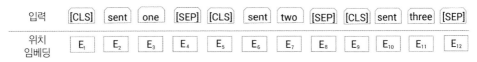

그림 6-6 위치 임베딩

[그림 6-7]은 추출 요약 태스크를 수행하는 데 필요한 입력값인 토큰 임베딩, 인터벌 세그먼트 임베딩, 위치 임베딩 레이어의 형태를 보여준다.

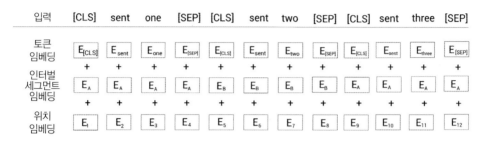

그림 6-7 입력 데이터 형태

이제 이 세 가지 형태의 입력 데이터를 BERT 모델에 제공한다. [그림 6-8]과 같이 BERT 모델은 입력 데이터를 받아 모든 토큰의 표현을 출력값으로 반환한다. 즉, 모든 문장의 시작 부분에 [CLS] 토큰을 추가했기 때문에 [CLS] 토큰에 대한 표현을 각 문장에 대한 표현으로 사용할 수 있다. 그림에서 알 수 있듯이 R_1은 문장 1, R_2는 문장 2, R_3는 문장 3에 대한 표현을 의미한다. BERT 모델을 사용해 입력 데이터 형식을 변경해서 표현한 모델을 BERTSUM이라고 부른다.

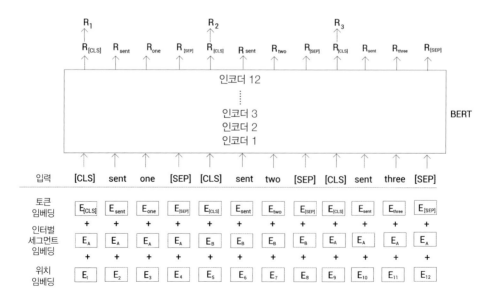

그림 6-8 BERTSUM

문장의 표현을 구하기 위해 BERT를 처음부터 학습시킬 필요는 없다. 그 대신 사전 학습된 BERT 모델을 사용하되 앞서 이야기한 입력 데이터 형태로 변경해서 학습시키면 모든 [CLS] 토큰의 표현을 해당 문장의 표현으로 사용할 수 있다.

사전 학습된 BERT 모델을 사용해 주어진 텍스트에 있는 모든 문장의 표현을 얻는 방법을 알아보았다. 그렇다면 이러한 방법을 추출 요약 태스크에 어떻게 적용할 수 있을까? 이어지는 절에서 더 자세히 알아보자.

분류기가 있는 BERTSUM

추출 요약은 주어진 텍스트에서 중요한 문장만 선택해 요약을 생성한다. 앞에서 사전 학습된 BERT 모델을 사용해 주어진 텍스트의 모든 문장을 표현하는 방법을 확인했다. 이제 문장의 표현을 간단한 이진 분류기^{binary classifier}에 공급하고, 분류기에서 문장의 중요성 여부를 판단하고자 한다. 즉, 분류기는 각 문장을 요약에 포함시킬지 여부를 확률로 반환하는 것이다. 이 분류 레이어를 요약 레이어^{summarization layer}라고 한다. [그림 6-9]에서 요약 레이어의 형태를 확인할 수 있다.

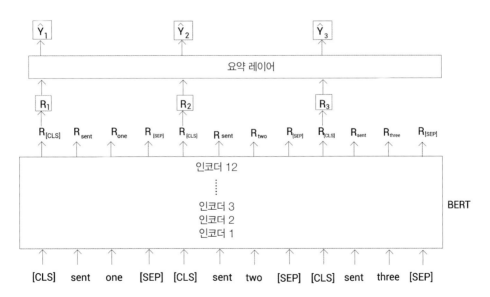

그림 6-9 분류기가 있는 BERTSUM

[그림 6-9]에서 주어진 텍스트의 모든 문장을 사전 학습된 BERT 모델에 입력하면, BERT 모델은 각 문장의 표현인 R_1, R_2, ..., R_i, ..., R_m을 출력한다. 그다음으로 표현을 분류기(요약 레이어)에 제공한다. 분류기에서는 각 문장을 요약에 포함시킬지 여부의 확률을 제공한다.

문서에 있는 각각의 문장을 i라고 하고, 이에 대한 문장 표현을 R_i, 요약 레이어를 통과해 얻은 확률을 $\hat{Y}_i$라고 한다면, $\hat{Y}_i$는 다음 식으로 표현할 수 있다.

$$\hat{Y}_i = \sigma\left(W_o R_i + b_o\right)$$

앞의 식에서 확률 $\hat{Y}_i$를 얻기 위해서 간단한 시그모이드 분류기를 사용한다. 초기에는 이 확률 값이 정확하지 않다. 따라서 예측 확률 $\hat{Y}_i$와 실제 확률 Y_i의 분류 손실을 최소화하도록 모델을 학습시킨다. 즉 사전 학습된 BERT 모델과 요약 레이어를 함께 학습시키는 것이다.

지금까지 요약 레이어에서 간단한 시그모이드 분류기를 사용하는 경우를 알아봤다. 그렇다면 분류기 대신 다른 것도 적용할 수 있지 않을까? 이에 대해 더 자세히 살펴보자.

트랜스포머와 LSTM을 활용한 BERTSUM

앞에서 BERTSUM를 알아봤다. 앞에서 사용한 시그모이드 형태의 분류기를 사용하는 대신 다른 두 가지 접근 방법을 써보자.

- 문장 간 트랜스포머inter-sentence transformer
- LSTMlong short-term memory

즉, BERT에서 얻은 문장에 대한 표현을 시그모이드 분류기에 입력하는 대신 트랜스포머와 LSTM에 입력해 더 나은 결과를 얻고자 한다. 더 자세히 알아보자.

문장 간 트랜스포머를 활용한 BERTSUM

문장 간 트랜스포머inter-sentence transformer를 사용해 BERT의 결과를 트랜스포머 레이어에 입력한다. 즉, BERT에서 얻은 문장 표현 R을 트랜스포머 인코더 레이어에 공급한다. 이 방법을 적용했을 때의 이점은 무엇일까? 트랜스포머 인코더는 BERT에서 얻은 표현을 가져와 은닉 상태로 변환한다. 은닉 상태 표현의 장점은 문장 단위가 아닌 전체 문서 관점에서 요약 태스크를 수행한다는 점이다.

트랜스포머의 인코더를 간단히 알아보자. 트랜스포머는 L개의 인코더로 구성되어 있다. 각 인코더는 서브레이어-멀티 헤드 어텐션sublayer-multi-head attention 2개와 레이어 정규화가 포함된 포워드 네트워크로 구성되어 있다. [그림 6-10]에 인코더 2개를 표현했다(인코더 1만 자세히 다룬다). 인코더에 입력을 공급하기 전에 위치 임베딩을 추가했다. 최종 인코더(최상위 인코더)는 은닉 상태 표현을 출력한다.

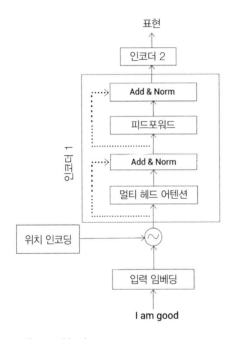

그림 6-10 인코더

이제 트랜스포머의 인코더를 어떻게 활용할 수 있을지 알아보자. 트랜스포머는 수많은 인코더로 구성된다(1, 2, ..., l, ..., L).

인코더를 l이고 인코더로부터 표현된 은닉 상태를 h라고 하자. 이때 인코더 l에서 나온 은닉 상태는 h^l이라고 표현할 수 있다.

BERT에서 얻은 문장 표현 R을 인코더의 입력값으로 넣는다. 입력값 R을 인코더에 직접 입력하기 전에 위치 임베딩값을 추가한다. 입력값 R에 위치 임베딩을 추가한 값을 h^0이라고 하면 다음과 같이 표현할 수 있다.

$$h^0 = PosEmb(R)$$

위 식에서 *PosEmb*는 위치 임베딩을 의미한다. 이제 h^0를 인코더에 입력한다. 인코더는 2개의 서브레이어-멀티 헤드 어텐션, 피드포워드 네트워크로 구성되어 있다. 인코더 l에서 서브레이어는 다음과 같이 표현한다.

$$\tilde{h}^l = LN(h^{l-1} + MHAtt\left(h^{l-1}\right)$$
$$h^l = LN(\tilde{h}^l + FNN\left(\tilde{h}^l\right))$$

$l = 1$인 경우는 다음과 같이 표현할 수 있다.

$$\tilde{h}^1 = LN(h^0 + MHAtt\left(h^0\right)$$
$$h^1 = LN(\tilde{h}^1 + FNN\left(\tilde{h}^1\right))$$

위 식에서 *LN*은 레이어 정규화$^{layer\ normalization}$, *MHAtt*은 멀티 헤드 어텐션, *FNN*은 피드포워드 네트워크를 의미한다.

최상위 인코더는 L이고 최상위 인코더에서 나온 은닉 상태를 h^L이라고 하자. h^L 값을 시그모이드 분류기에 입력해 각 문장을 요약에 포함시킬지 여부의 확률을 얻는다.

$$\hat{Y}_i = \sigma\left(W_o h_i^L + b_o\right)$$

즉, BERT에서 얻은 문장의 표현을 받아서 트랜스포머의 인코더에 공급한다. 인코더는 R_i를 입력으로 받아 최상위 인코더의 은닉 상태인 h_i^L 값을 얻는다.

그다음으로는 은닉 상태 표현 h_i^L를 시그모이드 분류기에 입력해 요약에 문장의 포함 여부를 반환한다. 따라서 BERT에서 얻은 R_i를 직접 사용하는 대신, 이 값을 인코더에 입력해 얻은 h_i^L를 사용한다. [그림 6-11]는 지금까지 설명한 내용을 자세히 보여준다.

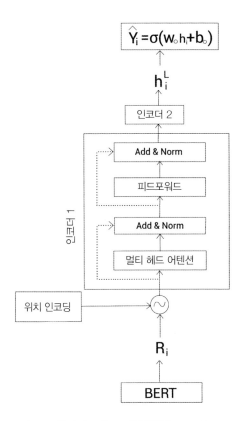

그림 6-11 문장 간 트랜스포머를 활용한 BERTSUM

지금까지 문장 간 트랜스포머를 활용한 BERTSUM을 배웠다. 이제 LSTM을 활용한 BERTSUM에 대해 알아보자.

LSTM을 활용한 BERTSUM

BERT에서 얻은 문장 i에 대한 표현 R_i를 LSTM에 입력한다. LSTM 셀은 R_i를 입력해 은닉 상태 h_i를 출력한다. 그다음으로 은닉 상태 표현 h_i를 시그모이드 분류기에 입력해 각 문장이 요약에 포함시킬지 여부의 확률을 반환한다.

$$\tilde{Y}_i = \sigma\left(W_o h_i + b_o\right)$$

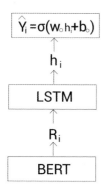

그림 6-12 LSTM을 활용한 BERTSUM

지금까지 BERTSUM을 활용하는 방법을 알아봤다. BERTSUM은 세 가지 형태로 사용할 수 있다.

- 단일 분류기를 활용한 BERTSUM
- 문장 간 트랜스포머를 활용한 BERTSUM
- LSTM을 활용한 BERTSUM

사전 학습된 BERT 모델을 활용해 요약 태스크를 파인 튜닝하는 방법을 배웠다. 요약 레이어와 사전 학습된 BERT를 동시에 파인 튜닝한다. 예를 들어, 사전 학습된 **bert-base-uncased** 모델을 요약 레이어와 함께 파인 튜닝해 추출 요약 작업을 진행할 수 있다. 다음과 같은 학습률로 아담^{Adam} 옵티마이저를 설정한다.

$$lr = 2e^{-3} .min\left(step^{-0.5} ,\ step.warmup^{-1.5} \right)$$

위 식에서 $warmup = 10,000$이다.

지금까지 추출 요약 태스크 수행에 맞춰 사전 학습된 BERT를 파인 튜닝하는 방법을 배웠다. BERT를 사용해 생성 요약 태스크도 수행할 수 있을까? 물론 가능하다. 이 내용에 대해 더 자세히 알아보자.

6.2.2 BERT를 사용한 생성 요약

이번에는 BERT를 사용해 생성 요약을 수행하는 방법을 배워보자. 생성 요약은 주어진 텍스트를 의역해서 요약 문장을 생성한다. 즉, 생성 요약에서는 주어진 텍스트의 내용을 압축해 새로운 형태의 요약 문장을 생성한다. 하지만 BERT는 입력한 토큰의 표현만 반환하므로 BERT로 새로운 텍스트를 생성할 때 BERT를 어떻게 적용할 수 있을까?

생성 요약을 수행하는 데는 트랜스포머의 인코더-디코더 아키텍처를 사용한다. 텍스트를 인코더에 입력하면 인코더는 주어진 텍스트에 대한 표현을 출력한다. 인코더의 출력값을 디코더에 입력하면, 디코더는 이 입력값을 사용해 요약을 생성한다.

앞에서 BERTSUM으로 파인 튜닝하는 방법과 BERTSUM을 사용해 문장 표현을 생성하는 방법을 배웠다. 이제 인코더-디코더 아키텍처를 사용하는 트랜스포머 모델에 사전 학습된 BERTSUM을 인코더로 활용할 수 있다. 따라서 사전 학습된 BERTSUM 모델은 의미 있는 표현을 생성하고, 디코더는 이 표현을 사용해 요약을 생성하는 방법을 학습한다.

하지만 여기에 한 가지 문제가 있다. 지금 사용하는 트랜스포머 모델은 인코더가 사전 학습된 BERTSUM 모델이지만 디코더는 무작위로 초기화되어 있다. 이로 인해 파인 튜닝 중에 불일치가 발생한다. 인코더가 이미 사전 학습되었기 때문에 과적합될 수 있고, 디코더가 사전 학습되지 않았기 때문에 과소적합이 발생할 수 있다.

이를 해결하는 데 아담 옵티마이저 2개를 사용한다. 하나는 인코더에서 사용하고, 다른 하나는 디코더에서 사용한다. 즉, 인코더와 디코더에 서로 다른 학습률을 사용한다. 인코더가 이미 사전 학습되어서 인코더에는 학습률을 줄이고 좀 더 부드럽게^{smooth} 감쇠하도록 설정한다. 인코더의 학습률은 $lr_e = \tilde{lr}_e \cdot min(step^{-0.5}, step \cdot warmup_e^{-0.5})$로 설정한다. 이때 $\tilde{lr}_e = 2e^{-3}$이고 $warmup_e = 20{,}000$이다. 디코더의 학습률은 $lr_d = \tilde{lr}_d \cdot min(step^{-0.5}, step \cdot warmup_d^{-0.5})$로 설정한다. 여기서 $\tilde{lr}_d = 0.1$이고 $warmup_e = 10{,}000$이다.

[그림 6-13]은 생성 요약 프로세스를 보여준다.

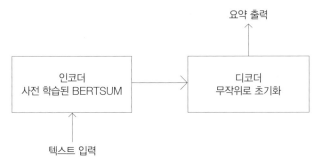

그림 6-13 생성 요약을 위한 BERT

[그림 6-13]에서 사전 학습된 BERTSUM을 인코더에 입력하고, 무작위로 초기화된 디코더를 사용해 추상 요약을 생성한다. 위 모델을 **BERTSUMABS**[BERT for abstractive summarization]라고 하자.

지금까지 추출 및 생성 요약에 맞춰 BERT를 파인 튜닝하는 방법을 알아봤다. 하지만 BERTSUM의 성능은 어떻게 측정할 수 있을까? BERTSUM 모델이 요약 태스크를 얼마나 정확하게 수행할까? 이어지는 절에서 더 자세히 알아보자.

6.3 ROUGE 평가 지표 이해하기

텍스트 요약 태스크를 평가하는 데는 **ROUGE**[Recall-Oriented Understudy for Gisting Evaluation]라는 평가 지표를 사용한다. 먼저, ROUGE 메트릭의 작동 원리를 알아보고, BERTSUM 모델을 사용해 텍스트 요약의 ROUGE 점수를 확인해보자.

ROUGE 메트릭은 논문 「ROUGE: A Package for Automatic Evaluation of Summaries」(*https://aclanthology.org/W04-1013.pdf*)에서 처음 언급했다. ROUGE의 5가지 평가 지표 형태는 다음과 같다.

- ROUGE-N
- ROUGE-L
- ROUGE-W
- ROUGE-S
- ROUGE-SU

이 책에서는 ROUGE-N과 ROUGE-L만 중점적으로 다룬다. 먼저 ROUGE-N이 어떻게 계산되는지 이해하고, ROUGE-L를 알아보자.

6.3.1 ROUGE-N 메트릭 이해하기

ROUGE-N은 후보 요약(예측한 요약)과 참조 요약(실제 요약) 간의 n-gram 재현율[recall]이다.

재현율은 예측한 요약 결과(후보)와 실제 요약(참조) 사이의 서로 겹치는 n-gram의 총 수와 실제 요약의 n-gram의 총 수의 비율로 정의된다.

$$재현율 = \frac{서로\ 겹치는\ n-gram\ 수}{참조\ 요약의\ n-gram\ 수}$$

ROUGE-1

ROUGE-1은 후보 요약(예측 요약)과 참조 요약(실제 요약) 간의 유니그램[unigram] 재현율이다. 다음 예제로 자세히 알아보자.

- 후보 요약: Machine learning is seen as a subset of artificial intelligence.
- 참조 요약: Machine Learning is a subset of artificial intelligence.

ROUGE-1은 다음과 같이 계산된다.

$$재현율 = \frac{서로\ 겹치는\ 유니그램\ 수}{참조\ 요약의\ 유니그램\ 수}$$

후보 및 참조 요약의 유니그램은 다음과 같다.

- 후보 요약 유니그램: Machine, learning, is, **seen**, **as**, a, subset, of, artificial, intelligence
- 참조 요약 유니그램: Machine, Learning, is, a, subset, of, artificial, intelligence.

후보와 참조 요약 사이에 겹치는 유니그램의 총 수가 8이고, 참조 요약의 총 유니그램 수도 8이다. 이때 재현율은 다음과 같이 계산된다.

$$\text{재현율} = \frac{8}{8} = 1$$

즉, 이때의 ROUGE-1 값은 1이다. 이제 ROUGE-2를 계산해보자.

ROUGE-2

ROUGE-2는 후보 요약(예측 요약)과 참조 요약(실제 요약) 간의 바이그램[bigram] 재현율이다. 다음 예제로 더 자세히 이해해보자.

- 후보 요약: Machine learning is seen as a subset of artificial intelligence.
- 참조 요약: Machine Learning is a subset of artificial intelligence.

이때 ROUGE-2를 계산하면 다음과 같다.

$$\text{재현율} = \frac{\text{서로 겹치는 바이그램 수}}{\text{참조 요약의 바이그램 수}}$$

후보 및 참조 요약의 바이그램은 다음과 같다.

- 후보 요약 바이그램: (machine learning), (learning is), **(is seen)**, **(seen as)**, **(as a)**, (a subset), (subset of), (of artificial), (artificial intelligence)
- 참조 요약 바이그램: (machine learning), (learning is), (is a), (a subset), (subset of), (of artificial), (artificial intelligence)

후보와 참조 요약 사이에 겹치는 총 바이그램 수는 6이고, 참조 요약의 총 바이그램 수는 7이다. 이때 재현율을 계산하면 다음과 같다.

$$\text{재현율} = \frac{6}{7} = 0.85$$

ROUGE-2는 0.85가 된다. 이러한 방식으로 n-gram에 대한 ROUGE-N 점수를 계산할 수 있다. 지금까지 ROUGE-N을 계산하는 방법을 확인했다. 이제는 ROUGE-L 메트릭의 작동 방법을 알아보자.

6.3.2 ROUGE-L 이해하기

ROUGE-L은 **가장 긴 공통 시퀀스**longest common subsequence(LCS)를 기반으로 한다. 두 시퀀스 사이의 LCS란 최대 길이를 가지는 공통 하위 시퀀스를 말한다. 따라서 후보 및 참조 요약에 LCS가 있다는 것은 후보 요약과 참조 요약이 일치하는 것이라고 볼 수 있다.

ROUGE-L은 F-measure를 사용해 측정된다. F-measure를 보기 전에 ROUGE-L에 대해서 재현율, 정밀도가 어떻게 되는지 알아보자.

재현율 R_{lcs}는 참조 요약의 총 단어수에 대한 후보 요약과 참조 요약 간의 LCS 비율로 계산된다.

$$R_{lcs} = \frac{LCS(\text{후보}, \ \text{참조})}{\text{참조 요약의 전체 단어 수}}$$

징밀도 는 후보 요약의 총 단어수에 대한 후보 요약과 참조 요약 간의 LCS 비율로 계산된다.

$$P_{lcs} = \frac{LCS(\text{후보}, \ \text{참조})}{\text{후보 요약의 전체 단어 수}}$$

이제 F-measure는 다음 식을 통해 계산된다.

$$F_{lcs} = \frac{(1 + b^2)R_{lcs}Plcs}{R_{lcs} + b^2 P_{lcs}}$$

이 식에서 b는 정밀도와 재현율의 중요도(가중치)를 조절하는 데 사용된다. 앞에서 이야기한 F-measure가 바로 ROUGE-L이다.

지금까지 ROUGE-N, ROUGE-L의 계산 방법을 알아보았다. 그렇다면 BERTSUM의 ROUGE 점수는 어떻게 될까? 다음 절에서 자세히 알아보도록 하자.

6.4 BERTSUM 모델의 성능

BERUSUM의 연구원들은 CNN/DailyMail 뉴스 데이터를 모델 학습에 사용했다. CNN/DailyMail 데이터셋은 하이라이트 기사와 원문으로 구성되어 있다. 이 데이터셋을 학습/테스트 데이터로 분류한 후, 학습 데이터로 모델을 학습했으며, 테스트 데이터로 모델의 성능을 평가했다.

다음은 분류기, 트랜스포머, LSTM을 BERT에 적용한 BERTSUM 모델이 추출 요약 태스크의 ROUGE 점수를 정리한 내용이다. 성능을 비교해보면 트랜스포머를 적용한 모델이 약간 더 나은 성능을 보이는 것을 알 수 있다.

모델	ROUGE-1	ROUGE-2	ROUGE-L
BERT+classifier	43.23	20.22	39.60
BERT+transformer	43.25	20.24	39.63
BERT+LSTM	43.22	20.17	39.59

그림 6-14 BERTSUM을 사용한 추출 요약 태스크의 ROUGE 점수

다음 표는 BERTSUMABS 모델로 생성 요약 태스크를 수행했을 때의 ROUGE 점수이다.

모델	ROUGE-1	ROUGE-2	ROUGE-L
BERTSUMABS	41.72	19.39	38.76

그림 6-15 BERTSUMABS를 사용한 생성 요약 태스크의 ROUGE 점수

지금까지 추출 및 생성 요약을 위해 BERT 모델을 파인 튜닝하는 방법을 확인했다. 다음 절에서는 BERTSUM 모델을 학습시키는 방법을 알아보자.

6.5 BERTSUM 모델 학습

BERTSUM 학습 코드는 BERTSUM 연구원들이 오픈 소스로 제공하며, `https://github.com/nlpyang/BertSum`에서 사용할 수 있다. 이번 절에는 BESTSUM 모델을 학습시키는 방법을 알아보자. 모델 학습에 CNN/DailyMail 뉴스 데이터셋을 사용한다. 이 책의 깃허브 저장

소에 접속하면 전체 코드를 확인할 수 있다. 코드를 원활하게 실행시키기 위해 책의 깃허브 저장소를 클론하고 구글 콜랩을 사용해 코드를 실행한다.

우선 필요한 라이브러리를 설치한다.

```
!pip install pytorch-pre-trained-bert
!pip install torch==1.1.0 pytorch_transformers tensorboardX multiprocess pyrouge
!pip install googleDriveFileDownloader
```

구글 콜랩으로 작업하는 경우 다음 코드를 사용해 콘텐츠 디렉토리로 전환한다.

```
cd /content/
```

BERTSUM 서장소를 복제한다.

```
!git clone https://github.com/nlpyang/BertSum.git
```

이제 bert_data 디렉토리로 전환한다.

```
cd /content/BertSum/bert_data/
```

BERTSUM에서 사용할 수 있도록 CNN/DailyMail 뉴스 데이터가 이미 전처리되어 있으니, 이를 다운로드해 활용하자. 우선 데이터셋을 다운로드하자.

```
from googleDriveFileDownloader import googleDriveFileDownloader
gdrive = googleDriveFileDownloader()
gdrive.downloadFile("https://drive.google.com/uc?id=1x0d61LP9UAN389YN00z0Pv-
7jQgirVg6&export=download")
```

다운로드한 네이터셋의 압축을 해제한다.

```
!unzip /content/BertSum/bert_data/bertsum_data.zip
```

src 디렉토리를 변경한다.

```
cd /content/BertSum/src
```

이제 BERTSUM 모델을 학습한다. 다음 코드에서 -encoder classifier 인수는 분류기를 사용해 BERTSUM을 학습한다는 것을 의미한다.

```
!python train.py -mode train -encoder classifier -dropout 0.1 -
bert_data_path ../bert_data/cnndm -model_path ../models/bert_clas
sifier -lr 2e-3 -visible_gpus 0 -gpu_ranks 0 -world_size 1 -report_every 50
-save_checkpoint_steps 1000 -batch_size 3000 -decay_method noam -
train_steps 50 -accum_count 2 -log_file ../logs/bert_classifier -
use_interval true -warmup_steps 10000
```

해당 스크립트를 실행하면 모델이 학습되는 것을 확인할 수 있다. 학습 도중에 ROUGE 점수가 에폭이 진행되는 동안 어떻게 변하는지를 확인할 수 있다. 다음 장에서는 multilingual-BERT를 사용해 다른 언어에 BERT를 적용하는 방법을 알아보자.

6.6 마치며

이번 장은 텍스트 요약이 무엇인지를 이해하는 데서부터 시작했다. 텍스트 요약 작업에는 두 가지 유형이 있다. 하나는 추출 요약이고, 다른 하나는 생성 요약이다. 추출 요약에서는 중요한 문장만 추출해 주어진 텍스트에서 요약을 만든다. 추출 요약과는 다르게 생성 요약은 주어진 텍스트에서 중요한 문장만 추출해 요약을 생성하지 않는다. 그 대신에 주어진 텍스트를 의역해 요약을 만든다.

다음으로 BERT를 파인 튜닝해 요약 태스크를 수행하는 방법을 알아보았다. BERTSUM의 작동 방식과 요약 태스크에서 BERTSUM이 어떻게 사용되는지도 살펴봤다. 또한 추출 요약 태스크에 맞춰 BERTSUM에 분류기, 트랜스포머, LSTM을 결합해 학습시키는 방법을 확인했다.

그다음으로 BERTSUM으로 생성 요약을 수행하는 방법을 배웠다. 생성 요약을 수행하는 데 트랜스포머 아키텍처를 사용했다. 인코더는 사전 학습된 BERTSUM을 사용했지만, 디코더는 무작위로 초기화했다. 이때 인코더와 디코더에 맞게 학습률을 다르게 하는 것도 알아보았다.

계속해서 ROUGE를 활용해 요약 태스크를 평가하는 방법을 확인했다. 이 중 가장 많이 쓰이는 ROUGE-N, ROUGE-L에 대해 배웠다. ROUGE-N은 후보 요약(예측 요약)과 참조 요약(실제 요약) 간의 n-gram 재현율인 반면에, ROUGE-L은 가장 긴 공통 하위 시퀀스를 기반으로 한다. 여기서 가장 긴 공통 하위 시퀀스는 최대 길이를 가지는 공통 하위 시퀀스를 의미한다.

마지막으로, BERTSUM 모델을 학습시키는 방법을 알아보았다. 다음 장에서는 multilingual-BERT 모델을 사용해 BERT를 다른 언어에 적용하는 방법을 알아보자.

6.7 연습 문제

다음 질문에 답을 고민해보면서 BERTSUM을 이해해보자.

1. 추출 요약과 생성 요약의 차이점은 무엇인가?
2. 인터벌 세그먼트 임베딩은 무엇인가?
3. BERT를 활용해 생성 요약을 어떻게 수행하는가?
4. ROUGE는 무엇인가?
5. ROUGE-N은 무엇인가?
6. ROUGE-N에서 재현율을 정의해보자.
7. ROUGE-L은 무엇인가?

6.8 보충 자료

더 자세한 내용을 알고 싶다면 다음 문서를 참조하길 바란다.

- Fine-tune BERT for Extractive Summarization by Yang Liu, *https://arxiv.org/pdf/1903.10318.pdf*.
- Text Summarization with pre-trained Encoders by Yang Liu and Mirella Lapata, *https://arxiv.org/pdf/1908.08345.pdf*.
- ROUGE: A Package for Automatic Evaluation of Summaries by Chin-Yew Lin, *https://www.aclweb.org/anthology/W04-1013.pdf*.

다른 언어에 BERT 적용하기

지금까지 BERT의 원리를 배우고 다양한 BERT의 파생 모델도 살펴봤다. 그런데 BERT를 영어가 아닌 다른 언어에도 적용할 수 있을까? 이 질문에 대한 답은 '그렇다'이다. **M-BERT**multilingual-BERT는 영어 이외의 다른 언어에서도 표현을 계산한다. M-BERT의 작동 방식과 사용 방법을 이해해보자.

M-BERT가 다국어 표현을 어떻게 수행하는지 살펴본 다음 교차 언어[1] 모델cross-lingual language model (XLM)[2]을 알아보자. XLM은 교차 언어 모델을 의미하며 다국어 표현들을 학습한다. XLM의 원리와 M-BERT와의 차이점을 자세히 이해해보자.

이어서 XLM-RXLM-RoBERTa에 대해 배운다. XLM-R은 최신SOTA 교차 언어 모델이다. 이 장 마지막에서는 프랑스어, 스페인어, 네덜란드어, 독일어, 중국어, 일본어, 핀란드어, 이탈리아어, 포르투갈어, 러시아어를 포함한 사전 학습된 단일 언어 BERTmonoligual BERT를 소개하려고 한다.

이 장에서 다룰 내용은 다음과 같다.

- multilingual-BERT 이해하기
- multilingual-BERT의 다국어 특징
- XLM

----

1 옮긴이_ 교차 언어(cross-lingual)는 언어가 여러 개이고 목적 함수(예: translation language modeling)나 병렬 데이터셋(예: 한국어-영어)이 존재한다.

2 옮긴이_ XLM은 cross-lingual language model의 약자로 X가 Cross를 의미한다.

- XLM-R 이해하기

- 언어별 BERT

7.1 M-BERT 이해하기

BERT는 영어 텍스트에 대해서만 표현을 내놓는다. 프랑스어와 같이 영어와 다른 언어로 된 입력 텍스트가 있다고 가정해보자. BERT로 프랑스어 텍스트의 표현을 얻는 방법은 무엇일까? 바로 M-BERT를 사용하는 것이다.

M-BERT로는 영어를 포함한 다른 언어들의 표현을 얻을 수 있다. BERT가 영어 위키피디아와 토론토 책 말뭉치를 가지고 마스크 언어 모델링$^{masked\ language\ modeling}$(MLM)과 다음 문장 예측$^{next\ sentence\ prediction}$(NSP)로 학습되었다는 것을 알고 있다. M-BERT는 MLM과 NSP를 사용하면서 영어 위키피디아뿐 아니라 104개 언어의 위키피디아 텍스트로 학습되었다.

여기서 한 가지 질문이 생길 수 있다. 그렇다면 위키피디아에서 일부 언어가 다른 언어들에 비해 비중이 더 클 수도 있다는 걸까? 그렇다. 스와힐리어에 비해 영어처럼 자료가 더 많은 언어들이 위키피디아에서 큰 비중을 차지한다. 이 데이터셋으로 모델을 학습시키면 과적합^{overffing} 문제가 발생한다. 이 문제를 피하려면 샘플링 방법을 이용해야 한다. 자료가 많은 언어를 언더샘플링^{undersampling}하고 자료가 적은 언어를 오버샘플링^{oversampling}하는 것이다.

M-BERT는 104개 언어의 위키피디아 텍스트를 사용해 학습했으므로 여러 언어의 일반적인 구문 구조도 학습한다. M-BERT는 104개 언어에 걸쳐 모두 11만 개의 워드피스^{WordPiece}로 구성된다.

M-BERT는 특정 언어 쌍이나 언어정렬$^{language-aligned}$이 되어 있는 학습 데이터 없이도 다른 언어들로부터 콘텍스트를 이해한다. 교차 언어를 고려한 목표 함수 없이 M-BERT를 학습시켰다는 것이 중요하다. 즉, BERT 모델을 학습시킨 것과 동일한 방식으로 학습되었다. M-BERT는 다운스트림 태스크에 맞춰 다국어로 일반화하는 표현을 생성한다.

사전 학습된 M-BERT 모델은 구글에서 오픈 소스로 공개해 *https://github.com/google-research/bert/blob/master/multilingual.md*에서 다운로드할 수 있다. 구글에서 제공하는 사전 학습된 M-BERT 모델은 다음과 같다.

- BERT-base, multilingual-cased(대소문자 구분)
- BERT-base, multilingual-uncased(소문자만)

두 모델 모두 12개의 인코더 레이어, 12개의 어텐션 헤드, 768의 은닉 크기로 구성되며, 총 1억 1천만 개의 변수로 이루어져 있다.

```
from transformers import BertTokenizer, BertModel
```

사전 학습된 M-BERT 모델을 다운로드하고 로드한다.

```
model = BertModel.from_pretrained('bert-base-multilingual-cased')
```

M-BERT 모델의 토크나이저를 다운로드하고 로드한다.

```
tokenizer = BertTokenizer.from_pretrained('bert-base-multilingual-cased')
```

입력 문장을 정의하고 프랑스어 문장을 입력한다.

```
sentence = "C'est une si belle journée"
```

문장을 토큰화한 후 토큰을 얻는다.

```
inputs = tokenizer(sentence, return_tensors="pt")
```

문장 토큰을 모델에 제공하고 표현을 얻는다.

```
hidden_rep, cls_head = model(**inputs)
```

hidden_rep은 문장 내 모든 토큰의 표현을, cls_head는 [CLS] 토큰의 표현(문장의 총체적 표현)을 담고 있다. 이처럼 M-BERT의 경우에도 다른 BERT와 동일하게 사전 학습된 M-BERT 모델을 사용할 수 있다. M-BERT의 작동 원리를 이해했으니 이를 평가해보자.

7.1.1 NLI 태스크 평가로 알아보는 M-BERT 평가하기

NLI 태스크에서 M-BERT를 파인 튜닝해 평가해보자. NLI 태스크의 목표는 가설이 주어진 전제에 따라 함의(진실), 모순(거짓) 또는 미결정(중립) 여부를 판단하는 것이다. 즉, 문장의 쌍(전제-가설 쌍)을 모델에 입력하고 모델은 함의, 모순, 미결정 세 가지 클래스 중 하나를 판별해야 한다.

자, 이 태스크에서 사용할 수 있는 데이터셋에는 어떤게 있을까? NLI 태스크는 일반적으로 **스탠포드 자연어 추론**Stanford natural language inference(SNLI) 데이터셋을 사용한다. 그러나 지금은 M-BERT를 평가하기 때문에 **교차 언어 자연어 추론**cross-linugal NLI(XNLI)을 사용한다. XNLI 데이터셋은 멀티 장르 자연어 추론 데이터셋을 기반으로 한다. 먼저 MultiNLI 데이터셋을 살펴보자.

MultiNLI는 **멀티 장르 자연어 추론**multi-Genre NLI(MultiNLI)을 의미하며 SNLI와 유사한 말뭉치로 다양한 장르의 전제-가설 쌍으로 구성되어 있다. MultiNLI 데이터셋의 샘플은 [그림 7-1]에서 확인할 수 있다. 전제-가설 쌍, 레이블, 장르가 함께 있는 걸 확인할 수 있다.

장르	전제	가설	레이블
편지	여러분의 꿈을 우리의 꿈에 추가할 것인가?	전국 최고의 학교를 세울 수 있도록 도와줄 수 있는가?	중립
911	구조 업무를 위해 뉴욕 소방국(FDNY) 앤서니 부서장의 보고서를 살펴봐라.	앤서니 부서장은 구조 업무를 위한 보고서를 작성했다.	함의
소설	브리지타운에서 그날 밤 스페인 공습이 있었다.	브리지타운에서 공습이 일어나지 않았다.	모순
여행	말레콘 뒷골목에는 세련된 독특한 클럽들이 생겨나고 있다.	수집품이 증가하고 있지만 작년만큼 빠르게 증가하지는 않는다.	중립
축어	중범죄는 줄었지만 살인사건은 증가했다.	살인사건은 증가하고 있다.	함의

그림 7-1 MLNI 데이터셋

이제 MultiNLI에 기반한 XNLI를 보자. XNLI 데이터셋은 MultiNLI 데이터셋을 확장한 것이다. XNLI 학습 데이터셋은 MultiNLI 말뭉치에서 약 43만(433K) 개의 영어 문장 쌍(전제-가설 쌍)들로 구성된다.

평가셋을 위해 7,500개의 문장 쌍을 사용한다. 7,500개의 (전제-가설 쌍) 문장 쌍을 이용해 15개의 서로 다른 언어로 번역한다. 이렇게 해서 7,500 × 15 = 112,500개의 문장 쌍을 얻게 된다. 정리하면 XNLI 데이터셋에서 학습셋은 영어로만 약 43만(433K) 문장 쌍으로 구성되고 평가 셋은 15개의 언어로 약 11만(112.5K) 문장 쌍으로 구성된다.

- **학습셋:** 43만(433K) 영어 문장 쌍
- **평가셋:** 11만(112.5k) 15개 언어 문장 쌍

[그림 7-2]는 XNLI 데이터셋의 예시이다.

언어	장르	전제	가설	레이블
영어	여행	Kuala Perlis, south of the state capital, Kangar, is the departure point for the less than an hour's ferry journey to Langkawi.	Kuala Perlis was 17 miles south.	중립
스웨덴어	대화	Sikujua nini nilichoendea au kitu chochote, hivyo ilikuwa na ni ripoti mahali paliopangwa huko Washington.	Sikuwa na hakika kabisa nilichokuwa nikienda kufanya hivyo nilikwenda Washington ambako nilipewa kazi ya kuripoti.	함의
러시아어	119	Не было намеков на внутреннюю угрозу.	У нас были веские основания подозревать, что сигналы о терроре будут подняты в ближайшее время.	모순
프랑스어	소설	Il fit appel à Lord Julian.	Il voulut demander à Lord Julian d'épargner sa femme.	중립
베트남어	편지	Đầu tư của bạn tiếp tục đạt chất lượng cao về tất cả khía cạnh của Museum và tạo ra những thành tựu mới có thể.	Đầu tư không ảnh hưởng đến Bảo tàng theo bất kỳ cách nào.	모순

그림 7-2 XNLI 데이터셋

XNLI 데이터셋을 이해했으면 이제 M-BERT를 평가하는 법을 알아보자. M-BERT를 평가하기 위해 다양한 설정에서 NLI 태스크에서 XNLI 데이터셋을 사용해 M-BERT를 파인 튜닝한다. 이를 단계별로 확인해보자.

제로샷

제로샷$^{zero-shot}$은 영어로 만들어진 학습셋으로 NLI 태스크에 맞춰 M-BERT를 파인 튜닝하고 테스트셋을 이용해 각 나라의 언어로 모델을 평가한다. 모델을 영어에만 파인 튜닝하고 다른 언어에는 파인 튜닝하지 않아서 제로샷이라고 부른다. 이 방법은 M-BERT의 교차 언어 능력을 이해하는 데 도움이 된다. 제로샷을 정리하면 다음과 같다.

- **파인 튜닝**: 영어 학습셋
- **평가**: 모든 언어 테스트셋

번역-테스트

테스트셋은 다양한 언어 문장 쌍으로 구성되지만, **번역-테스트**$^{TRANSLATE-TEST}$는 모두 영어로 번역된다. 즉, 테스트셋은 영어로 번역된 문장 쌍으로 구성된다. 영어 학습셋의 NLI 태스크에 맞춰 M-BERT를 파인 튜닝하고 영어로 번역된 테스트셋에서 평가한다. 따라서 학습셋은 그대로 유지되지만 평가셋은 영어로 번역된다.

- **파인 튜닝**: 영어 학습셋
- **평가**: 영어로 번역된 테스트셋

번역-학습

번역-학습$^{TRANSLATE-TRAIN}$은 학습셋을 영어에서 다른 언어로 번역한다. 즉, 학습셋은 번역된 문장 쌍으로 구성된다. 파인 튜닝에는 번역된 학습셋을 사용하고 평가에는 모든 언어로 구성된 테스트셋을 이용한다. 따라서 이 태스크에서는 학습셋이 다른 언어로 번역되지만 테스트셋에서는 각 언어로 동일하게 유지된다.

- **파인 튜닝**: 영어에서 다른 언어로 번역된 학습셋
- **평가**: 모든 언어 테스트셋

번역-학습-모두

번역-학습-모두$^{TRANSLATE-TRAIN-ALL}$는 학습셋을 영어에서 모든 다른 언어로 번역한다. 학습셋은 번역된 문장 쌍으로 구성된다. 학습셋으로 M-BERT를 파인 튜닝하고, 테스트셋에 포함된 모든 언어로 모형을 평가한다. 따라서 이 태스크에서는 학습셋은 모든 다른 언어로 번역되지만 테스트셋은 동일하게 유지된다.

- **파인 튜닝**: 영어에서 모든 다른 언어로 번역된 학습셋

- **평가**: 모든 언어 테스트셋

모든 주어진 설정에서 XNLI 데이터셋을 이용해 NLI 태스크를 파인 튜닝해 평가한다. [그림 7-3]은 6가지 언어로 된 모델 점수를 보여준다.

모델	설정	영어	중국어	스페인어	독일어	아랍어	우르드어
BERT-cased	TRANSLATE-TRAIN	81.9	76.6	77.8	75.9	70.7	61.6
BERT-uncased	TRANSLATE-TRAIN	81.4	74.2	77.3	75.2	70.5	61.7
BERT-uncased	TRANSLATE-TEST	81.4	70.1	74.9	74.4	70.4	62.1
BERT-uncased	zero-shot	81.4	74.3	74.3	70.3	60.1	58.3

그림 7-3 M-BERT 평가

결과를 확인해보면, M-BERT 모델은 제로샷(영어로만 학습한 후 다른 언어들에 대해 평가)을 포함해 모든 조건에서 좋은 성능을 보여준다.

다음 절에서는 "M-BERT가 어떠한 다국어 간 정보 없이 학습이 어떻게 가능한가?" "제로샷 전이^{transfer}가 어떻게 가능한가?" "M-BERT는 다국어 표현이 어떻게 가능한가?"와 같은 질문들에 대한 답을 찾아보자.

7.2 M-BERT는 다국어 표현이 어떻게 가능한가?

앞서 우리는 M-BERT가 104개 언어로 된 위키피디아 텍스트로 학습되었다고 배웠다. 또한 XNLI 데이터셋에서 M-BERT를 파인 튜닝해 평가했다. 이때 M-BERT는 다국어 표현을 얼마나 담고 있는가? 단일 모델이 어떻게 여러 언어의 지식을 담고 있는가? 이와 같은 질문에 대한 답을 찾기 위해 M-BERT의 다국어 능력을 자세히 알아보자.

7.2.1 어휘 중복 효과

앞에서 M-BERT가 104개 언어로 구성된 위키피디아 텍스트로 학습되었으며 언어 간 공유되는 11만개의 다국어 어휘로 구성된다고 배웠다. 이 장에서는 M-BERT의 다국어 지식 전이multilingual knowledge transfer가 어휘 중복overlap에 영향을 받는지 알아본다.

M-BERT가 제로샷 전이에서 뛰어난 성능을 보인다는 것을 배웠다. 즉, 하나의 언어로 M-BERT를 파인 튜닝하고 다른 언어에서는 파인 튜닝된 M-BERT 모델을 사용할 수 있다. 개체명 인식 태스크를 수행한다고 가정해보자. M-BERT를 영어로 된 NER 데이터를 이용해 파인 튜닝한다고 가정하자. 우리는 이 파인 튜닝된 M-BERT를 가져와 다른 언어(예: 독일어)에 적용할 수 있다. 이것이 어떻게 가능할까? 즉 M-BERT에서 제로샷 지식 전이는 어떻게 이루어질까? 영어(파인 튜닝 언어)와 독일어(평가 언어)의 어휘가 겹치는 부분이 있기 때문일까? 이에 대해 더 자세히 알아보자.

제로샷 지식 전이가 가능한 이유는 언어 간에 중복되는 어휘 때문일까? 그렇다면 제로샷 전이에 대한 M-BERT의 정확도는 어휘 중복이 많은 언어가 크게 영향을 받을 것이다. 제로샷 전이가 어휘 중복 때문인지를 알아볼 수 있는 작은 실험을 수행해보겠다.

개체명 인식 태스크를 한다고 가정해보자. 하나의 언어로 M-BERT를 파인 튜닝하고 다른 언어로 평가한다고 가정한다. 파인 튜닝 언어로 워드피스 토큰을 E_{train} 표시하고 평가 언어로 워드피스 토큰을 E_{eval} 표시한다. 그런 다음 파인 튜닝 및 평가 언어 간에 겹치는 워드피스 토큰을 다음과 같이 계산할 수 있다.

$$overlap = \frac{\left| E_{train} \cap E_{eval} \right|}{\left| E_{train} \cup E_{eval} \right|}$$

16개 언어로 구성된 NER 데이터셋이 있다고 가정한다. 먼저 M-BERT 모델을 사용하기 위해 한 가지 언어로 개체명 인식 태스크를 파인 튜닝한 다음 다른 언어로 평가해 F1 점수를 얻는다. 이 점수를 제로샷 F1 점수라고 하자. 우리는 16개 언어의 모든 언어 쌍에 대해 제로샷 F1 점수를 계산했다.

[그림 7-4]는 평균 어휘 중복에 대한 모든 언어 쌍 간의 제로샷 F1 점수를 보여준다. 제로샷 F1 점수는 어휘 중복과 무관하다는 것을 알 수 있다. 즉, 어휘 중복이 적을 때에도 제로샷 F1 점수가 높다는 것을 알 수 있다.

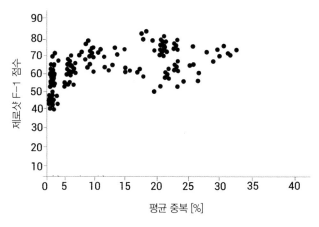

그림 7-4 평균 (어휘) 중복에 관한 제로샷 F-1 점수

우리는 M-BERT에서 제로샷 지식 전이가 어휘 중복에 영향을 받지 않는다고 결론을 내릴 수 있다. 따라서 M-BERT가 다른 언어와의 관계성을 고려해 일반화를 잘 하는 것이라고 말할 수 있다. 이는 단순히 어휘를 암기하는 것이 아니라 다국어 표현을 더 깊게 학습한다는 것을 의미한다.

7.2.2 스크립트에 대한 일반화

이제 M-BERT가 서로 다른 언어에도 일반화해 적용할 수 있는지 살펴보자. 간단한 예를 들어보자. 태소 분석^{POS tagging} 태스크를 한다고 가정한다. 먼저 우르두어를 이용해 형태소 분석을 위해 M-BERT를 파인 튜닝한다. 그 이후 다른 언어(예: 힌디어)로 파인 튜닝된 M-BERT를 평가한다. 우르두어는 아랍어 스크립트를 따르고 힌디어는 데바가라리어 스크립트를 따른다. 다음은 우르두어와 힌디어 텍스트의 간단한 예이다.

우르두어: آپ کا نام کیا ہے

힌디어: आपका नाम क्या है

우르두어와 힌디어가 서로 다른 스크립트를 따르는 것을 알 수 있다. 놀랍게도 우르두어 텍스트에서 형태소 분석을 위해 파인 튜닝된 M-BERT는 힌디어 텍스트에서 91.1%의 평가 정확도를 보인다. 이는 M-BERT가 우르두어 표식^{annotation}을 힌디어 단어에 적용^{mapping}했음을 나타낸다. 이는 M-BERT가 여러 스크립트들을 일반화할 수 있음을 보여준다.

그러나 M-BERT는 영어-일본어 언어 쌍의 스크립트에서는 일반화가 잘 되지 않는다. 이는 주로 유형학적 유사성의 영향 때문이다. 이제 유형학적 유사성의 영향을 자세히 알아보겠다. 우리는 M-BERT가 일부 언어 쌍의 스크립트에서는 일반화가 잘 되지만 모든 언어에서 적용되지는 않는 것으로 결론을 내릴 수 있다.

7.2.3 유형학적 특징에 대한 일반화

이제 M-BERT가 유형학적 특징 전반에 대해 얼마나 잘 일반화되는지 알아보겠다. M-BERT를 파인 튜닝해 영어로 형태소 분석을 수행하고 파인 튜닝된 모델을 일본어로 평가한다. 이 경우 영어와 일본어의 주어, 동사, 목적어 순서가 다르기 때문에 정확도가 낮아진다. 그러나 파인 튜닝된 M-BERT 모델을 불가리아어에서 평가하면 정확도가 높을 것이다. 영어와 불가리아어가 주어, 동사, 목적어의 순서가 같기 때문이다. 따라서 단어 순서는 다국어 지식 전이에 중요하다.

[그림 7-5]는 M-BERT를 사용한 형태소 분석 태스크의 정확도를 보여준다. 행은 파인 튜닝 언어를 나타내고 열은 평가 언어를 나타낸다. 예를 들어, 영어로 파인 튜닝되고 불가리아어로 평가된 모델의 정확도는 87.1%인 반면, 영어로 파인 튜닝되고 일본어로 평가된 모델의 정확도는 49.4%에 불과하다.

		평가 언어		
		영어	불가리아어	일본어
파인 튜닝 언어	영어	96.8	87.1	49.4
	불가리아어	82.2	98.9	51.6
	일본어	57.4	67.2	96.5

그림 7-5 형태소 분석 결과

M–BERT 제로샷 전이는 단어 순서가 동일한 언어에서 더 잘 작동한다는 것을 보았다. M–BERT의 일반화 능력은 언어 간의 유형학적 유사성에 따라 달라진다고 결론을 내릴 수 있다. 이것은 M–BERT가 체계적인 변환을 학습시키지 않음을 보여준다.

7.2.4 언어 유사성의 효과

이제 언어 유사성이 M–BERT의 제로샷 전이에 미치는 영향을 확인해보려 한다. 관찰 결과, M–BERT의 제로샷 전이는 파인 튜닝 및 평가 언어 간에 언어 구조가 유사할 때 잘 수행된다. 예를 들어 이해해보자. WALS^{World Atlas of Language Structures}는 문법, 어휘 및 음운 속성과 같은 언어의 구조적 속성을 포함하는 대규모 데이터베이스이다.

파인 튜닝 및 평가 언어 사이의 WALS 공통 특징^{feature} 수에 대한 제로샷 전이 정확도의 도표를 만들어보자. [그림 7-6]은 파인 튜닝 언어와 평가 언어 간에 WALS 공통 특징 수가 많을수록 제로샷 정확도가 높지만 WALS 공통 특징 수가 낮으면 정확도가 낮다는 것을 보여준다.[3]

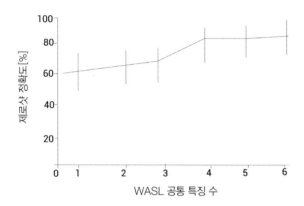

그림 7-6 WALS 공통 특징 수에 대한 제로샷 정확도

따라서 우리는 M–BERT가 유사한 언어 구조를 공유하는 언어 사이에서 더 잘 일반화할 수 있다는 결론을 내릴 수 있다.

---

3 옮긴이_ 원서 문장 '~it is low when the number of common WALS features is high'에서 'high'는 'low'의 오기로 보여진다.

7.2.5 코드 스위칭과 음차의 효과

이 장에서는 M-BERT가 코드 스위칭과 음차를 처리하는 방법을 알아보겠다. 먼저 코드 스위칭과 음차가 무엇인지 이해해보자.

코드 스위칭

대화에서 서로 다른 언어를 혼합하거나 교대로 사용하는 것을 코드 스위칭code switching이라고 한다. 예를 들어 다음 영어 문장을 보자.

Nowadays, I'm a little busy with work.

문장을 영어로만 말하는 대신 그 사이에 힌디어 단어를 다음과 같이 포함시킨다.

आजकल I'm थोड़ा busy with work.

앞 문장에서 볼 수 있듯이 Nowadays와 little이라는 단어는 힌디어로 사용되었다. 이것이 코드 스위칭 예제다.[4]

음차

음차transliteration에서는 소스 언어 스크립트로 텍스트를 작성하지 않고 타깃 언어 스크립트를 사용한다. 코드 스위칭에서 활용한 문장으로 예를 들어보자.

आजकल I'm थोड़ा busy with work.

힌디어와 영어를 혼합해서 쓴 문장에서 힌디어를 영어로 표현했다. 즉, 힌디어의 영어 발음을 작성한 문장이다.[5]

Aajkal I'm thoda busy with work.

위의 예들로 코드 스위칭과 음차를 확인해봤다. 이제 M-BERT가 코드 스위칭과 음차를 어떻게 다루는지 알아보자.

---

4 옮긴이_ 힌디어가 낯설어 영어와 힌디어를 활용한 예문이 와닿지 않을 것 같아 졸역이 한국어와 영어로된 예문을 추가했다.
　　예) Korean은 굉장히 kind하고 polite한 것 같아.

5 옮긴이_ 한국어와 영어를 혼합해서 쓴 문장에서 영어의 한국 발음을 작성한 예문이다.
　　예문) 코리안은 굉장히 카인드하고 폴라이트한 것 같아.

코드 스위칭과 음차의 **M-BERT**

M-BERT가 코드 스위칭과 음차를 어떻게 다룰 수 있는지 예제를 통해 알아보자. 여기서는 코드 스위칭된 힌디어/영어 UD(*https://universaldependencies.org*) 말뭉치를 사용한다.

데이터셋은 두 가지 형식의 텍스트로 구성된다.

- 음차: 힌디어 텍스트는 라틴 문자로 작성된다.

  Aajkal I'm thoda busy with work.

- 코드 스위칭: 라틴어의 힌디어 텍스트가 데바나가리어^{Devanagari} 스크립트로 변환되어 재작성된다.

  आजकल I'm थोड़ा busy with work.

먼저 M-BERT가 음차 텍스트를 처리하는 방법을 보자. 음차된 힌디어/영어 말뭉치와 단일 언어 힌디어+영어 말뭉치에서 형태소 분석 태스크로 M-BERT로 파인 튜닝한다. 음차된 말뭉치를 파인 튜닝한 것과 단일 언어 힌디어+영어 말뭉치에서 M-BERT를 파인 튜닝한 것의 정확도 차이를 비교한다. [그림 7-7]은 그 정확도의 차이를 보여준다. 음차된 말뭉치에서 직접 M-BERT를 파인 튜닝하면 85.64%의 정확도를 얻을 수 있지만 단일 언어 힌디어+영어 말뭉치에서 파인 튜닝하면 정확도가 50.41%로 크게 줄어든다. 정확도 수준이 크게 감소하는 것을 볼 때 M-BERT가 음차된 텍스트를 처리하기 어렵다고 추론할 수 있다.

말뭉치	정확도
음차	85.64
단일 언어	50.41

그림 7-7 형태소 분석 태스크에서 정확도

이제 M-BERT가 코드 스위칭을 처리하는 방법을 살펴본다. 코드 스위칭된 힌디어/영어 말뭉치와 단일 언어 힌디어+영어 말뭉치에서 형태소 분석 태스크로 M-BERT를 파인 튜닝한다. 코드 스위칭된 말뭉치에서 직접 파인 튜닝한 것과 단일 언어 힌디어+영어 말뭉치에서 M-BERT를 파인 튜닝했을 때의 정확도를 비교해보자. [그림 7-8]은 그 정확도를 보여준다. 코드 스위칭된 말뭉치에서 직접 M-BERT로 파인 튜닝하면 90.56%의 정확도를 달성하고 단일 언어 말뭉치에서 파인 튜닝하면 정확도가 86.59%임을 알 수 있다. 정확도가 크게 감소하지 않은 것을 볼 때 M-BERT가 코드 스위칭 텍스트를 처리할 수 있다고 추론할 수 있다.

말뭉치	정확도
코드 스위칭	90.56
단일 언어	86.59

그림 7-8 형태소 분석 태스크에서 정확도

[그림 7-7](음차 평가)과 [그림 7-8](코드 스위칭 평가)를 정리하면 다음 표와 같다. 평가셋 정확도를 볼 때 M-BERT는 코드 스위칭 텍스트(86.59)는 처리하지만 음차 텍스트(50.41)는 처리하기 어렵다.

파인 튜닝셋	평가셋	정확도
음차	음차	85.64
단일 언어(영어+힌디어)	음차	50.41
코드 스위칭	코드 스위칭	90.56
단일 언어(영어+힌디어)	코드 스위칭	86.59

M-BERT는 음차 텍스트와 비교해 코드 스위칭 텍스트에서 수행 능력이 좋다는 것을 알 수 있다.

여기서는 M-BERT 모델의 다국어 능력을 알아봤다. 확인한 내용은 다음과 같다.

- M-BERT의 일반화 가능성은 어휘 중복에 의존하지 않는다.
- M-BERT의 일반화 가능성은 유형학 및 언어 유사성에 따라 다르다.
- M-BERT는 코드 스위칭 텍스트를 처리할 수 있지만 음차 텍스트는 처리할 수 없다.

M-BERT의 작동 방식과 다국어 능력에 대해 배웠으므로 다음 절에서는 교차 언어 모델로 알려진 또 다른 흥미로운 모델에 대해 배울 차례다.

7.3 XLM

앞에서 M-BERT가 어떻게 작동하는지, M-BERT의 다국어 능력이 어떤지 알아봤다. 우리는 M-BERT가 특정한 언어 간을 고려하지 않고 일반 BERT 모델과 마찬가지로 사전 학습된다는 것을 확인했다. 여기서는 다국어 목표로 BERT를 사전 학습시키는 방법을 알아본다. 다국어 목표를 가지고 학습된 BERT를 **교차 언어 모델**^{cross-lingual language model}(XLM)이라고 한다. XLM은 M-BERT보다 다국어 표현 학습을 할 때 성능이 더 뛰어나다.

XLM은 단일 언어 및 병렬 데이터셋을 사용해 사전 학습된다. 병렬 데이터셋은 언어 쌍의 텍스트로 구성된다. 즉, 2개의 다른 언어로 된 동일한 텍스트로 구성된다. 예를 들어 영어 문장이 있다고 가정하면 프랑스어처럼 다른 언어로 된 문장이 동시에 있다. 이 병렬 데이터셋을 교차 언어 데이터셋이라고 한다.

단일 언어 데이터셋은 위키피디아에서 가져오고 병렬 데이터셋은 다국어 유엔 말뭉치^{MultiUN}, 개방형 병렬 말뭉치^{OPUS} 및 IIT 봄베이 말뭉치를 포함해 여러 소스에서 가져온다. XLM은 **바이트 쌍 인코딩**^{byte pair encoding}(BPE)을 사용하고 모든 언어에서 공유된 어휘를 사용한다.

7.3.1 사전 학습 전략

XLM은 다음을 사용해 사전 학습한다.

- 인과 언어 모델링(CLM)
- 마스크 언어 모델링(MLM)
- 번역 언어 모델링(TLM)

각 작업이 어떻게 작동하는지 살펴보자.

CLM

인과 언어 모델링^{causal language modeling}(CLM)은 가장 간단한 사전 학습 방법이다. 인과 언어 모델링의 목표는 주어진 이전 단어셋에서 현재 단어의 확률을 예측하는 것이다. $P\left(w_t \mid w_1,\, w_2,\, ...,\, w_{t-1}; \theta\right)$로 표현된다.

MLM

우리는 **마스크 언어 모델링**masked language modeling (MLM) 태스크에서 토큰의 15%를 무작위로 마스킹하고 마스크된 토큰을 예측하도록 모델을 학습한다. 80-10-10% 규칙으로 총 토큰의 15%를 마스킹한다.

- 80%는 토큰(단어)을 [MASK] 토큰으로 교체한다.
- 10%는 임의의 토큰(무작위 단어)으로 교체한다.
- 나머지 10%의 토큰은 변경하지 않는다.

BERT를 학습시킨 방법과 마찬가지로 MLM 태스크를 사용해 XLM 모델을 학습시키지만 다음과 같은 두 가지 차이가 있다.

1. 앞에서 BERT에서 문장 쌍에서 몇 개의 토큰을 무작위로 마스킹한 후 모델에 문장 쌍을 입력하는 것으로 배웠다.[6] 그러나 XLM에서는 꼭 문장 쌍을 제공할 필요는 없다. 그 대신 임의의 문장을 모델에 제공할 수 있다. 총 토큰의 길이는 256으로 유지한다.

2. 빈번한 단어와 희귀한 단어의 균형을 맞추기 위해 가중치를 sqrt(1/빈도수)로 해 다항분포에 따라 토큰을 샘플링한다.

[그림 7-9]는 MLM 목적의 XLM 모델을 보여준다. 문장 쌍만 입력하는 BERT와 달리 여기서는 특수 토큰 [/s] 로 구분된 임의의 문장을 제공한다. 토큰 임베딩 및 위치 임베딩과 함께 언어 임베딩이 있음을 볼 수 있다. 언어 임베딩은 언어를 나타내는 데 사용된다.

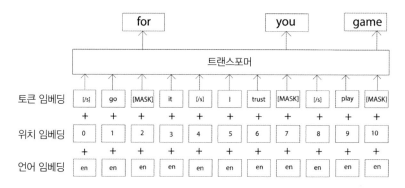

그림 7-9 마스크 언어 모델

---

6   옮긴이_ BERT에서는 NSP 태스크를 위해 문장 쌍을 제공한다.

[그림 7-9]에서 볼 수 있듯이 토큰의 15%를 마스킹하고 마스크된 토큰을 예측하도록 모델을 학습한다. 번역 언어 모델링에 대해 살펴보자.

TLM

번역 언어 모델링translation language modeling(TLM)은 또 다른 흥미로운 사전 학습 전략이다. CLM 및 MLM에서는 단일 언어 데이터에 대해 모델을 학습한다. 하지만 TLM에서는 서로 다른 두 언어로서 동일한 텍스트로 구성된 병렬 교차 언어 데이터를 이용해 모델을 학습시킨다.

TLM 방법은 앞서 본 MLM과 동일하게 작동한다. MLM과 유사하게 여기서는 마스크된 단어를 예측하도록 모델을 학습시킨다. 그러나 임의의 문장을 입력하는 것이 아니라 교차 언어 표현을 학습시키기 위해 병렬 문장을 입력한다.

[그림 7-10]은 TLM을 수행하는 XLM 모델을 보여준다. [그림 7-10]에서 볼 수 있듯이 병렬 문장을 입력한다. 즉, 2개의 다른 언어로 된 동일한 텍스트를 제공한다. 이 예에서는 영어 문장 'I am a student'와 프랑스어 문장 'Je suis étudiant'을 제공한다. [그림 7-10]과 같이 영어 및 프랑스어 문장의 몇 단어를 무작위로 마스킹하고 모델에 입력한다.

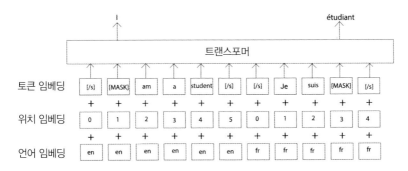

그림 7-10 번역 언어 모델링

마스크된 토큰을 예측하도록 모델을 학습시킨다. 모델은 근처 토큰의 콘텍스트를 이해해 마스크된 토큰을 예측하는 방법을 배운다. 영어 문장에서 마스크된 토큰(단어)을 예측하는 방법을 배운다고 가정하자. 그렇다면 영어 문장에서 토큰(단어)의 콘텍스트를 사용할 수 있을 뿐만 아니라 프랑스어 토큰(단어)의 콘텍스트도 사용할 수 있다. 이를 통해 교차 언어 표현을 정렬align할 수 있다.

[그림 7-10]에서 언어 임베딩이 서로 다른 언어를 나타내는 데 사용되며 두 문장 모두 별도의 위치 임베딩을 사용한다.

XLM에서는 CLM, MLM, TLM의 세 가지 사전 학습 전략을 사용한다. 그렇다면 XLM을 어떻게 사전 학습해야 할까? 이런 전략을 모두 사용해야 할까? 아니면 하나만 사용해야 할까? 다음 장에서 이 질문에 대한 답을 찾아보자.

7.3.2 XLM 사전 학습

다음과 같이 XLM을 사전 학습시킨다.

- CLM 사용
- MLM 사용
- TLM과 결합해 MLM 사용

CLM 또는 MLM을 사용해 XLM을 학습시키는 경우 단일 언어 데이터셋을 사용한다. 총 256개의 토큰으로 임의의 문장을 사용한다. TLM의 경우 병렬 데이터셋을 사용한다. 모델 학습에 MLM과 TLM을 사용하는 경우 MLM과 TLM으로 목적 함수를 변경한다.

사전 학습 이후 사전 학습된 XLM을 직접 사용하거나 BERT와 마찬가지로 다운스트림 태스크에서 파인 튜닝할 수 있다. 다음 장에서는 XLM의 성능을 알아본다.

7.3.3 XLM 평가

XLM 연구원들은 교차 언어 분류 태스크에서 모델을 평가했다. 그들은 영어 NLI 데이터셋에서 XLM을 파인 튜닝하고 서로 다른 15개의 XNLI로 평가했다. [그림 7-11]은 교차 언어 분류 태스크의 결과(테스트 정확도)를 보여준다. XLM(MLM)은 단일 언어 데이터에서 MLM만으로 학습한 모델을 의미한다. XLM(MLM+TLM)은 XLM이 MLM과 TLM 모두 수행해 학습된 것이다. Δ는 평균을 의미한다. 평균적으로 XLM(MLM+TLM)이 75.1%의 정확도를 보인다.

모델	en	fr	es	de	el	bg	ru	tr	ar	vi	th	zh	hi	sw	ur	△
XLM(MLM)	83.2	76.5	76.3	74.2	73.1	74.0	73.1	67.8	68.5	71.2	69.2	71.9	65.7	64.6	63.4	71.5
XLM (MLM+TLM)	85.0	78.7	78.9	77.8	76.6	77.4	75.3	72.5	73.1	76.1	73.2	76.5	69.6	68.4	67.3	75.1

그림 7-11 XLM 평가

또한 연구원들은 [그림 7-12]와 같이 번역-학습 및 번역-테스트 환경에서 XLM을 평가했다. XLM이 M-BERT보다 더 좋은 성능을 보여준다.

모델	en	fr	es	de	el	bg	ru	tr	ar	vi	th	zh	hi	sw	ur	△
TRANSLATE-TRAIN																
M-BERT	81.9	-	77.8	75.9	-	-	-	-	70.7	-	-	76.6	-	-	61.6	-
XLM(MLM+TLM)	85.0	80.2	80.8	80.3	78.1	79.3	78.1	74.7	76.5	76.6	75.5	78.6	72.3	70.9	63.2	76.7
TRANSLATE-TEST																
M-BERT	81.4	-	74.9	74.4	-	-	-	-	70.4	-	-	70.1	-	-	62.1	-
XLM(MLM+TLM)	85.0	79.0	79.5	78.1	77.8	77.6	75.5	73.7	73.7	70.8	70.4	73.6	69.0	64.7	65.1	74.2

그림 7-12 XLM 평가

BERT 모델을 사용하는 방식처럼 트랜스포머 라이브러리에서 사전 학습된 XLM을 사용할 수 있다. *https://huggingface.co/transformers/multilingual.html*에서 사용 가능한 사전 학습된 XLM을 볼 수 있다.

이제 XLM의 원리를 배웠으므로 다음으로는 교차 언어 모델-R(XLM-R)이라는 또 다른 다국어 모델을 알아보자.

7.4 XLM-R 이해하기

XLM-R은 성능 향상을 위해 XLM에서 몇 가지를 보완한 확장 버전이다. XLM-R은 XLM-RoBERTa로 교차 언어 표현 학습을 위한 최신[SOTA] 기술이다. XLM은 MLM 및 TLM을 이용해 학습했다. MLM은 단일 언어 데이터셋을 사용하고 TLM은 병렬 데이터를 사용한다. 그러나 병렬 데이터셋을 구하는 것은 자료가 적은 언어의 경우 특히 어렵다. 따라서 XLM-R에서는 MLM으로만 모델을 학습시키고 TLM은 사용하지 않는다. 즉, XLM-R에서는 단일 언어 데이터셋만 필요하다.

XLM-R은 2.5TB(테라바이트)의 방대한 데이터셋으로 학습되었다. 데이터셋은 커먼 크롤 데이터셋에서 별도 레이블이 없는 100개의 언어 텍스트를 필터링해 얻는다. 또한 데이터셋에서 비중이 적은 언어의 경우 샘플링을 통해 비중을 늘린다. [그림 7-13]은 커먼 크롤^{Common Crawl}과 위키피디아에서 말뭉치 크기를 비교한 것이다. 커먼 크롤이 위키피디아에 비해 특히 자료가 적은 언어에서 데이터가 더 많음을 알 수 있다.

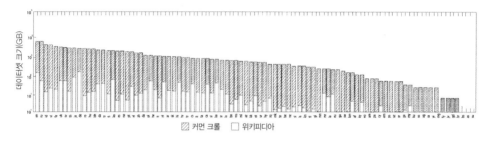

그림 7-13 언어 간 커먼 크롤과 위키피디아의 데이터 크기 비교

XLM-R은 커먼 크롤 데이터셋을 이용해 MLM으로 학습된다. XLM은 센텐스피스^{SentencePiece} 토크나이저(*https://github.com/google/sentencepiece*)가 사용되어 약 25만 개의 토큰으로 구성된다.

XLM-R은 다음 두 가지 구성으로 학습된다.

- **XLM-R**$_{base}$: 12개의 인코더 레이어, 12개의 어텐션 헤드 및 768 은닉 크기
- **XLM-R**: 24개의 인코더 레이어, 16개의 어텐션 헤드 및 1024 은닉 크기

사전 학습 후 XLM과 마찬가지로 다운스트림 태스크를 위해 XLM-R을 파인 튜닝할 수 있다. XLM-R은 M-BERT와 XLM보다 더 뛰어난 성능을 보인다. 연구원들은 XLM-R의 교차 언어 분류 태스크로 모델을 평가했다. 이들은 영어 NLI 데이터셋에서 XLM-R을 파인 튜닝하고 15개의 서로 다른 XNLI 데이터셋으로 평가했다. [그림 7-14]는 다국어 분류 작업의 결과(테스트 정확도)를 보여준다.

모델	D	#M	#lg	en	fr	es	de	el	bg	ru	tr	ar	vi	th	zh	hi	sw	ur	Avg
M-BERT	Wiki	N	102	82.1	73.8	74.3	71.1	66.4	68.9	69.0	61.6	64.9	69.5	55.8	69.3	60.0	50.4	58.0	66.3
XLM(MLM+TLM)	Wiki+MT	N	15	85.0	78.7	78.9	77.8	76.6	77.4	75.3	72.5	73.1	76.1	73.2	76.5	69.6	68.4	67.4	75.1
XLM-R	CC	1	100	89.1	84.1	85.1	83.9	82.9	84.0	81.2	79.6	79.8	80.8	78.1	80.2	76.9	73.9	73.8	80.9

그림 7-14 XLM-R 평가

[그림 7-14]에서 **D**는 사용된 데이터를, **#lg**는 모델이 사전 학습된 언어 수를 의미한다. XLM-R은 M-BERT 및 XLM보다 더 나은 성능을 발휘한다.

예를 들어, 스웨덴어(sw)에서 M-BERT의 정확도는 50.4%에 불과하지만 XLM-R은 73.9%에 도달했다. 또한 XLM-R의 평균 정확도가 80.9%로 다른 모델보다 비교적 높은 것을 확인할수 있다.

또한 연구원들은 [그림 7-15]와 같이 번역-테스트, 번역-학습 및 번역-학습-모두 조건에서 XLM-R의 성능을 평가했다. XLM-R이 XLM(MLM) 및 XLM(MLM+TLM)보다 더 좋은 성능을 보였다.

모델	D	#M	#lg	en	fr	es	de	el	bg	ru	tr	ar	vi	th	zh	hi	sw	ur	avg
TRANSLATE-TEST																			
BERT-en	Wiki	1	1	88.8	81.4	82.3	80.1	80.3	80.9	76.2	76.0	75.4	72.0	71.9	75.6	70.0	65.8	65.8	76.2
RoBERTa	Wiki+CC	1	1	91.3	82.9	84.3	81.2	81.7	83.1	78.3	76.8	76.6	74.2	74.1	77.5	70.9	66.7	66.8	77.8
TRANSLATE-TRAIN																			
XLM(MLM)	Wiki	N	100	82.9	77.6	77.9	77.9	77.1	75.7	75.5	72.6	71.2	75.8	73.1	76.2	70.4	66.5	62.4	74.2
TRANSLATE-TRAIN-ALL																			
XLM(MLM+TLM)	Wiki+MT	1	15	85.0	80.8	81.3	80.3	79.1	80.9	78.3	75.6	77.6	78.5	76.0	79.5	72.9	72.8	68.5	77.8
XLM(MLM)	Wiki	1	100	84.5	80.1	81.3	79.3	78.6	79.4	77.5	75.2	75.6	78.3	75.7	78.3	72.1	69.2	67.7	76.9
XLM-R$_{Base}$	CC	1	100	85.4	81.4	82.2	80.3	80.4	81.3	79.7	78.6	77.3	79.7	77.9	80.2	76.1	73.1	73.0	79.1
XLM-R	CC	1	100	89.1	85.1	86.6	85.7	85.3	85.9	83.5	83.2	83.1	83.7	81.5	83.7	81.6	78.0	78.1	83.6

그림 7-15 XLM-R 평가

지금까지 다국어 및 교차 언어 지식이 사용된 M-BERT, XLM, XLM-R을 포함해 몇 가지 흥미로운 모델을 확인해봤다. 다음 절에서는 언어별 BERT 모델에 대해 알아본다.

7.5 언어별 BERT

앞서 M-BERT의 원리와 M-BERT가 다양한 언어로 어떻게 사용되는지 배웠다. 그러나 M-BERT에서 여러 언어 대신 특정 단일 언어만 이용해 BERT를 학습할 수 있을까? 이 절에서 이 부분에 대해 알아본다. 다음과 같은 다양한 언어와 연관된 흥미롭고 인기 있는 단일 언어 BERT 모델을 확인할 것이다.

- 프랑스어 FlauBERT
- 스페인어 BETO
- 네덜란드어 BERTje
- 독일어 BERT
- 중국어 BERT
- 일본어 BERT
- 핀란드어 FinBERT
- 이탈리아어 UmBERTo
- 포르투갈어 BERTTimbay
- 러시아어 RuBERT

7.5.1 프랑스어 FlauBERT

프랑스어 BERT인 FlauBERT는 프랑스어를 이해하기 위한 사전 학습 모델이다. FlauBERT는 많은 다운스트림 프랑스어 자연어 처리 태스크에서 다국어 및 교차 언어 모델보다 성능이 더 좋다.

FlauBERT는 크고 다양한 프랑스어 말뭉치를 활용해 학습되었다. 프랑스어 말뭉치는 위키피디아, 도서, 내부 크롤링, WMT19, OPUS(오픈 소스 병렬 코퍼스)의 프랑스어 텍스트와 위키피디아를 비롯해 24개의 다양한 말뭉치들로 구성된다.

먼저, **Moses 토크나이저**를 사용해 데이터를 전처리하고 토큰화한다. Moses 토크나이저는 URL, 날짜 등을 포함한 특수 토큰을 보존한다. 전처리 및 토큰화 후 BPE를 사용하고 어휘를 만든다. FlauBERT는 50,000개의 토큰으로 구성된 어휘로 만들어져 있다.

FlauBERT는 MLM만 수행하며 정적 마스킹[7] 대신 동적 마스킹만 사용한다. BERT와 비슷하게 FlauBERT는 다양한 구성으로 제공된다. FlauBERT-base, FlauBERT-large가 일반적으로 사용되며, 사전 학습된 FlauBERT는 오픈 소스로 *https://github.com/getalp/FlauBERT*에서 다운로드할 수 있다.

모델 이름	레이어 수	어텐션 헤드	임베딩 차원	총 파라미터
flaubert-small-cased	6	8	512	54 M
flaubert-base-uncased	12	12	768	137 M
flaubert-base-cased	12	12	768	138 M
flaubert-large-cased	24	16	1024	373 M

그림 7-16 다양한 FlauBERT 구성

사전 학습된 FlauBERT를 다운로드해 BERT와 마찬가지로 다운스트림 태스크에서 파인 튜닝할 수 있다. FlauBERT는 허깅페이스의 트랜스포머 라이브러리에서 직접 사용할 수 있다. 이제 FlauBERT를 이용해 프랑스어 문장 표현을 얻는 방법을 확인해보자.

FlauBERT를 이용한 프랑스어 문장 표현 얻기

사전 학습된 FlauBERT를 이용해 프랑스어 문장 표현을 얻는 방법을 알아보겠다. 먼저 트랜스포머에서 FlaubertTokenizer, FlaubertModel, Torch를 임포트한다.

```
from transformers import FlaubertTokenizer, FlaubertModel import torch
```

사전 학습된 flaubert_base_cased 모델을 다운로드하고 로드해보자.

```
model = FlaubertModel.from_pretrained('flaubert/flaubert_base_cased')
```

---

7 옮긴이_ 정적 마스킹은 데이터셋을 만들면서 미리 마스킹하는 방법이다. 즉 학습시키는 동안 특정 인스턴스는 같은 곳에만 마스킹이 된다. 더 자세한 내용은 4.1절을 참조하길 바란다.

다음으로 flaubert_base_cased 모델을 위한 토크나이저를 다운로드하고 로드한다.

```
tokenizer = \ FlaubertTokenizer.from_pretrained('flaubert/flaubert_base_cased')
```

임베딩을 계산하기 위해 입력 문장을 정의한다.

```
sentence = "Paris est ma ville préférée"
```

다음으로 문장을 토큰화하고 토큰 ID를 얻는다.

```
token_ids = tokenizer.encode(sentence)
```

토큰 ID를 torch 텐서로 변환한다.

```
token_ids = torch.tensor(token_ids).unsqueeze(0)
```

사전 학습된 flaubert_base_cased 모델을 이용해 문장에 있는 토큰들의 표현을 얻을 수 있다.

```
representation = model(token_ids)[0]
```

표현 크기shape를 점검해보자.

```
representation.shape
```

결과는 다음과 같다.

```
torch.Size([1, 7, 768])
```

[CLS]와 [SEP] 토큰을 포함해 표현 공간 크기는 [1, 7, 768]와 같다. [CLS]는 문장의 총체적 표현을 담고 있고, 다음과 같은 결과를 얻을 수 있다.

```
cls_rep = representation[:, 0, :]
```

이런 방식으로 사전 학습된 FlauBERT를 사용하고 프랑스어 텍스트에 대한 표현을 얻는다. 또한 사전 학습된 FlauBERT 모델을 사용해 모든 다운스트림 태스크에 맞춰 파인 튜닝할 수 있다.

프랑스어 이해하기 평가

FlauBERT 연구원들은 프랑스어 이해 평가^{French Language Understanding Evaluation}의 약자인 FLUE로 다운스트림 태스크에 대한 새로운 통합 벤치마크를 도입했다. FLUE는 프랑스어에 대한 GLUE 벤치마크와 비슷하다.

FLUE 데이터셋은 다음을 포함한다.

- CLS-FR
- PAWS-X-FR
- XLNI-FR
- French Treebank
- FrenchSemEval

FlauBERT를 이용해 프랑스어 표현을 얻는 방법을 배웠으니 다음으로는 BETO를 알아보자.

7.5.2 스페인어 BETO

BETO는 칠레대학교^{Universidad de Chile}에서 스페인어로 사전 학습한 BERT 모델이다. 전체 단어 마스킹(WWM)과 함께 MLM을 이용해 학습했다. BETO의 구성은 표준 BERT와 동일하다. 연구원들은 각각 대소 문자가 구분된 텍스트(cased)와 대소 문자의 구분이 없는 텍스트(uncased)에 대해 BETO-cased 및 BETO-uncased 두 가지 BETO 모델을 제공했다.

사전 학습된 BETO는 오픈 소스이며, 직접 다운로드해 다운스트림 태스크에 사용할 수 있다. 연구원들은 BETO의 성능이 다운스트림 태스크에서 M-BERT보다 우수함을 보여줬다.

태스크	BETO-cased	BETO-uncased
POS	98.97	98.44
NER-C	88.43	82.67
MLDoc	95.60	96.12
PAWS-X	89.05	89.55
XNLI	82.01	80.15

그림 7-17 BETO 성능

[그림 7-17]에서 형태소 분석 태스크는 품사 태깅을 의미한다. NER-C는 개체명 인식 태스크를, PAWS-X는 의역 태스크를, XNLI는 교차 언어 NLI 태스크를 말한다.

사전 학습된 BETO 모델은 *https://github.com/dccuchile/beto*에서 다운로드할 수 있다. 다음과 같이 허깅페이스의 트랜스포머 라이브러리에서 사전 학습된 BETO 모델을 직접 사용할 수 있다.

```
tokenizer = \ BertTokenizer.from_pretrained('dccuchile/bert-base-spanish-wwm-uncased')
model = \ BertModel.from_pretrained('dccuchile/bert-base-spanish-wwm-uncased')
```

다음으로 BETO를 이용해 마스크된 단어를 예측하는 방법을 알아보자.

BETO를 이용해 마스크된 단어 예측하기

사전 학습된 BETO를 이용해 스페인어 텍스트에서 마스킹 된 단어를 예측하는 법을 배워보자.

transformers pipeline API를 사용해보자.

```
from transformers import pipeline
```

먼저 마스크된 단어를 예측하는 파이프라인을 정의한다. 파이프라인 API에 수행하려는 작업과 사전 학습된 모델, 토크나이저를 인수[argument]로 전달한다. 다음 예제 코드는 사전 학습된 BETO 모델(dccuchile/bert-base-spanish-wwm-uncased)을 사용한다.

```
predict_mask = pipeline(
    "fill-mask",
    model= "dccuchile/bert-base-spanish-wwm-uncased",
    tokenizer="dccuchile/bert-base-spanish-wwm-uncased"
)
```

'todos los caminos llevan a roma'라는 문장에서 첫 단어를 [MASK] 토큰으로 마스킹하고 마스크된 토큰이 있는 문장을 predict_mask 파이프라인에 입력해 결과를 얻는다.

```
result = predict_mask('[MASK] los caminos llevan a Roma')
```

결과를 출력해보자.

```
print(result)
```

출력 결과는 다음과 같다.

```
[{'score': 0.9719983339309692,
 'sequence': '[CLS] todos los caminos llevan a roma [SEP]',
 'token': 1399,
 'token_str': 'todos'},
{'score': 0.007171058561652899,
 'sequence': '[CLS] todas los caminos llevan a roma [SEP]',
 'token': 1825,
 'token_str': 'todas'},
{'score': 0.0053519923239946365,
 'sequence': '[CLS] - los caminos llevan a roma [SEP]',
 'token': 1139,
 'token_str': '-'},
{'score': 0.004154071677476168,
 'sequence': '[CLS] todo los caminos llevan a roma [SEP]',
 'token': 1300,
 'token_str': 'todo'},
{'score': 0.003964308183640242,
 'sequence': '[CLS] y los caminos llevan a roma [SEP]',
 'token': 1040,
 'token_str': 'y'}]
```

앞의 결과에서 점수^{score}와 채워진 문자열^{sequence}, 예측된 토큰이 있다는 것을 확인할 수 있다.

우리의 모델은 마스크된 단어를 'todos'로 0.97의 점수로 정확히 예측했다.

스페인어 모델인 BETO에 대해 배웠으니 이제 BERTje를 배워보자.

7.5.3 네덜란드어 BERTje

BERTje는 흐로닝언 대학교^{University of Groningen}에서 사전 학습한 네덜란드어(단일 언어) BERT 모델이다. BERTje는 **WWM**과 MLM 및 **문장 순서 예측**^{sentence order prediction}(SOP)를 동시에 진행해 사전 학습되었다.

BERTje는 TwNC(네덜란드 뉴스 말뭉치), SoNAR-500(다중 장르 참조 말뭉치), 네덜란드 위키피디아 텍스트, 웹 뉴스 및 서적을 비롯한 여러 네덜란드 말뭉치를 이용해 학습된다. 이 모델은 약 100만 번의 반복^{iteration}으로 학습되었다. 사전 학습된 BERTje 모델은 *https://github.com/wietsedv/bertje*에서 다운로드할 수 있다. 또한 허깅페이스의 트랜스포머 라이브러리와 호환되어 사전 학습된 모델을 트랜스포머에서 직접 사용할 수 있다.

BERTje를 활용한 NSP

사전 학습된 BERTje 모델로 NSP 태스크를 활용하는 방법을 살펴보겠다. A와 B라는 2개의 문장을 주고 A 문장 다음에 B 문장이 나올 것인지 예측한다. 먼저 필요한 모듈을 가져온다.

```
from transformers import BertForNextSentencePrediction, BertTokenizer from torch.
nn.functional import softmax
```

사전 학습된 BERTje 모델을 다운로드하고 로드한다.

```
model = BertForNextSentencePrediction.from_pretrained("wietsedv/bert-base-dutch-cased")
```

BERTje 토크나이저를 다운로드하고 로드한다.

```
tokenizer = BertTokenizer.from_pretrained("wietsedv/bert-base-dutch-cased")
```

문장 쌍을 입력으로 정의한다.

```
sentence_A = 'Ik woon in Amsterdam' sentence_B = 'Een geweldige plek'
```

문장 쌍의 임베딩을 구한다.

```
embeddings = tokenizer(sentence_A, sentence_B, return_tensors='pt')
```

로짓을 계산한다.

```
logits = model(**embeddings)[0]
```

소프트맥스 함수를 이용해 확률을 계산한다.

```
probs = softmax(logits, dim=1)
```

확률을 출력하자.

```
print(probs)
```

출력 결과는 다음과 같다.

```
tensor([[0.8463, 0.1537]])
```

앞의 결과에서 인덱스 0은 **isNext**(다음문장) 클래스의 확률을 나타낸다. 인덱스 1은 **notNext**(다음문장이 아님) 클래스의 확률을 나타낸다. 우리는 0.8463의 높은 확률을 얻었기 때문에 sentence_A(문장_A)에서 sentence_B(문장_B)가 이어진다는 것을 추론할 수 있다. 네덜란드어 BERTje 모델을 사용하는 방법을 알았으니 이번에는 독일어 BERT를 배워보자.

7.5.4 독일어 BERT

독일어 BERT는 **deepset.ai** 조직에서 개발한 것으로, 독일어 텍스트로 BERT를 학습시켰다. 사전 학습된 독일어 BERT는 무료로 사용할 수 있는 오픈 소스다. 독일어 BERT는 클라우드 TPU v2에서 9일 동안 독일어 위키피디아 텍스트, 뉴스, OpenLegalData를 이용해 학습되었다.

분류, NER, 문서 분류 등 많은 다운스트림 태스크에서 평가한 결과, 독일어 BERT는 모든 태스크에서 M-BERT를 능가한다. 사전 학습된 독일어 BERT 모델을 허깅페이스의 트랜스포머 라이브러리로 직접 사용할 수 있다.

이 절에서는 트랜스포머 라이브러리의 자동 클래스를 활용한다. 자동 클래스는 모델 이름을 바탕으로 모델의 아키텍처를 자동으로 식별해 알맞은 클래스를 자동 생성한다.

먼저 AutoTokenizer와 AutoModel 모듈을 임포트한다.

```
from transformers import AutoTokenizer, AutoModel
```

이제 사전 학습된 독일 BERT 모델을 다운로드한 다음 로드한다. AutoModel 클래스를 이용해 모델을 만든다. AutoModel은 제네릭 클래스로 from_pretrained() 메서드에 주입되는 모델 이름에 따라 관련 클래스를 자동으로 생성한다. bert-base-german-cased를 입력해 AutoModel은 BertModel 클래스의 인스턴스 모델을 알맞게 생성한다.

```
model = AutoModel.from_pretrained("bert-base-german-cased")
```

이제 독일 BERT의 사전 학습에 사용된 토크나이저를 다운로드하고 로드한다. 토크나이저를 위해 AutoTokenizer 클래스를 이용한다. AutoTokenizer는 제네릭 클래스로 from_pretrained() 메서드에 주입되는 모델 이름에 따라 관련 클래스를 자동 생성한다. bert-base-german-cased를 입력해 AutoTokenizer는 BertTokenizer 클래스의 인스턴스 토크나이저를 생성한다.

```
tokenizer = AutoTokenizer.from_pretrained("bert-base-german-cased")
```

이제 우리는 독일어 텍스트에 알맞은 BERT를 사용할 수 있다. *https://int-deepset-models-bert.s3.eu-central-1.amazonaws.com/tensorflow/bert-base-german-cased.zip*에서 사전 학습된 독일어 BERT를 다운로드할 수 있다.

다음으로는 중국어 BERT를 알아보자.

7.5.5 중국어 BERT

구글 리서치는 M-BERT와 더불어 중국어 BERT도 오픈 소스로 제공한다. 중국어 BERT는 기본 BERT와 동일하다. 12개의 인코더 레이어, 12개의 어텐션 헤드, 768개의 은닉 유닛으로 총 1억 1천만 개의 변수로 구성된다. 사전 학습된 중국어 BERT는 *https://github.com/google-research/bert/blob/master/multilingual.md*에서 다운로드할 수 있다.

다음 코드를 이용해 트랜스포머 라이브러리로 사전 학습된 중국어 BERT 모델을 사용할 수 있다.

```
from transformers import AutoTokenizer, AutoModel
tokenizer = AutoTokenizer.from_pretrained("bert-base-chinese")
model = AutoModel.from_pretrained("bert-base-chinese")
```

이제 「Pre-Training with Whole Word Masking for Chinese BERT」(*https://arxiv.org/pdf/1906.08101.pdf*)라는 논문에서 다른 중국어 BERT 모델에 대해 알아보자.

이 중국어 BERT 모델은 WWM을 사용해 사전 학습한다. 즉, WWM에서는 하위 단어가 마스킹되면 하위 단어를 포함하는 전체 단어를 마스킹한다. 다음 문장을 예로 들어보자.

sentence = "The statement was contradiction."

워드피스 토크나이저를 이용해서 문장을 토크나이징 후, [CLS]와 [SEP] 토큰을 추가해 다음을 얻을 수 있다.

```
tokens = [ [CLS], the, statement, was, contra, ##dict, ##ing, [SEP] ]
```

이제 임의로 특정한 몇 개의 토큰을 마스킹하고 다음을 얻는다.

```
tokens = [ [CLS], [MASK], statement, was, contra, ##dict, [MASK], [SEP] ]
```

the와 ##ing 토큰이 마스킹되었다. 토큰 ##ing는 하위 단어로 contradicting의 하위 단어이므로 WWM에 의해 하위 단어에 해당하는 전체 토큰을 마스킹한다. 즉, 마스크된 ##ing 토큰 외에도 contradicting에 대응되는 contra와 ##dict 모두 마스크된다.

```
tokens = [ [CLS], [MASK], statement, was, [MASK], [MASK], [MASK], [SEP] ]
```

중국어 BERT는 WWM과 MLM을 같이 사용해 사전 학습되었다. 학습에는 중국어 간체와 번체를 모두 포함하는 위키피디아 데이터셋이 사용되었다.

연구원들은 중국어 단어 분할에 LTP를 사용했다. LTP는 하얼빈 기술 연구소Harbin Institute of Technology의 **언어 기술 플랫폼**language technology platform을 상징한다. LTP는 중국어 처리에 사용되며 주로 단어 분할, 형태소 분석 및 구문 분석을 수행하는 데 사용된다. 또한 LTP는 중국어 단어 경계를 식별하는 데도 이용된다. 다음 스크린샷은 중국어 단어 분할을 위한 LTP 사용을 보여준다.

[Original Sentence]
使用语言模型来预测下一个词的probability。
[Original Sentence with CWS]
使用 语言 **模型** 来 预测 下 一个 词 的 **probability** 。

그림 7-18 중국어 단어 분할

[그림 7–18]은 *https://arxiv.org/pdf/1906.08101.pdf* 문서에서 가져온 것이다.

[그림 7–19]는 WWM을 적용하는 방법을 보여준다.

[Original BERT Input]
使 用 语 言 [MASK] 型 来 [MASK] 测 下 一 个 词 的 **pro [MASK] ##lity** 。
[Whold Word Masking Input]
使 用 语 言 [MASK] [MASK] 来 [MASK] [MASK] 下 一 个 词 的 [MASK] [MASK] [MASK] 。

그림 7-19 WWM

중국어 BERT는 다양한 구성의 사전 학습 모델이 있으며 *https://github.com/ymcui/Chinese-BERT-wwm*에서 다운로드할 수 있다. 다음과 같이 트랜스포머 라이브러리로 사전 학습된 중국어 BERT를 사용할 수 있다.

```
tokenizer = BertTokenizer.from_pretrained("hfl/chinese-bert-wwm")
model = BertModel.from_pretrained("hfl/chinese-bert-wwm")
```

중국어 BERT를 배웠으니 다음으로는 일본어 BERT를 알아보자.

7.5.6 일본어 BERT

일본어 BERT는 일본어 위키피디아 텍스트를 이용해 WWM으로 사전 학습되었다. 형태소 분석기인 MeCab을 사용해 일본어 텍스트를 토큰화할 수 있다. MeCab으로 토큰화한 후 워드피스 토크나이저로 하위 단어를 얻는다. 텍스트를 워드피스 토크나이저로 하위 단어로 분할하는 대신 문자 단위로 나눌 수도 있다. 일본어 BERT는 두 가지로 제공된다.

- mecab-ipadic-bpe-32k: MeCab 토크나이저로 토큰화한 후 하위 단어로 나눈다. 어휘 크기는 3만 2,000이다.

- mecab-ipadic-char-4k: Mecab 토크나이저로 토큰화한 후 문자로 나눈다. 어휘 크기는 4,000 이다.

사전 학습된 일본 BERT는 *https://github.com/cl-tohoku/bert-japanese*에서 다운로드 할 수 있다. 트랜스포머 라이브러리로 사전 학습된 일본어 BERT 모델을 사용할 수 있다.

```
from transformers import AutoTokenizer, AutoModel model = AutoModel.from_
pretrained("cl-tohoku/bert-base-japanese-whole-word-masking")
tokenizer = AutoTokenizer.from_pretrained("cl-tohoku/bert-base-japanese-whole-word-
masking")
```

일본어 BERT를 배웠으니 이번에는 핀란드어 BERT를 알아보자.

7.5.7 핀란드어 FinBERT

FinBERT는 핀란드어로 사전 학습된 BERT다. FinBERT는 많은 다운스트림 태스크에서 M-BERT의 성능을 능가한다. 앞에서 M-BERT가 104개 언어의 위키피디아 텍스트를 사용해 학습되었다고 언급했다. 하지만 위키피디아에서 핀란드 텍스트의 비중은 3%에 불과하다. FinBERT는 핀란드어 뉴스 기사, 온라인 토론 및 인터넷 크롤링 텍스트로 학습되었다. M-BERT와 비교해서 많은 핀란드어 단어를 포함하고 어휘의 수는 약 5만 개의 워드피스로 구성된다. 이것이 FinBERT가 M-BERT보다 성능이 더 나은 이유다.

FinBERT의 아키텍처는 BERT와 유사하며 각각 대소 문자가 지정된 텍스트(cased)와 대소 문자가 없는 텍스트(uncased)를 사용한 두 가지 버전으로 FinBERT-cased와 FinBERT-uncased가 있다. WWM을 이용해 MLM과 NSP로 사전 학습되었다.

사전 학습된 FinBERT 모델은 *https://github.com/TurkuNLP/FinBERT*에서 다운로드할 수 있다. 다음과 같이 트랜스포머 라이브러리로 사전 학습된 FinBERT를 사용할 수 있다.

```
tokenizer = BertTokenizer.from_pretrained("TurkuNLP/bert-base-finnish-uncased-v1")
model = BertModel.from_pretrained("TurkuNLP/bert-base-finnish-uncased-v1")
```

[그림 7-20]은 개체명 인식 및 형태소 분석 태스크에서 M-BERT와 비교한 FinBERT의 성능을 보여준다.

모델	태스크	정확도
M-BERT	NER	90.29
FinBERT	NER	92.40
M-BERT	POS	96.97
FinBERT	POS	98.23

그림 7-20 FinBERT의 성능

FinBERT가 M-BERT보다 더 좋은 성능을 보이는 것을 확인할 수 있다. 다음 차례는 이탈리어 UmBERTo다.

7.5.8 이탈리아어 UmBERTo

UmBERTo는 뮤직매치Musixmatch에서 이탈리아어로 사전 학습한 BERT다. UmBERTo는 RoBERTa 아키텍처를 따른다. 이미 언급한 것처럼, RoBERTa는 기본적으로 BERT이며, 사전 학습 시 다음과 같은 점에서 차이가 있다.

- MLM 작업 동안 정적 마스킹 대신 동적 마스킹을 사용한다.
- NSP는 제거되고 MLM만 사용해 학습한다.

- 학습은 큰 배치 크기로 수행된다.
- 바이트 수준 BPE는 토크나이저로 사용된다.

UmBERTo는 RoBERTa 아키텍처를 센텐스피스 토크나이저와 WWM을 사용해 확장한다. 연구원들은 사전 학습된 두 가지 UmBERTo 모델을 내놓았다.

- umberto-wikipedia-uncased-v1: 이탈리아어 위키피디아 말뭉치로 학습되었다.
- umberto-commoncrawl-cased-v1: 커먼 크롤 데이터셋으로 학습되었다.

사전 학습된 UmBERTo는 *https://github.com/musixmatchresearch/umberto*에서 다운로드할 수 있다. 또한, 다음과 같이 트랜스포머 라이브러리로 사전 학습된 UmBERTo를 사용할 수 있다.

```
tokenizer = \ AutoTokenizer.from_pretrained("Musixmatch/umberto-commoncrawl-cased-v1")
model = \ AutoModel.from_pretrained("Musixmatch/umberto-commoncrawl-cased-v1")
```

위와 같이 이탈리아어에 맞춰 UmBERTo를 사용할 수 있다. 다음으로는 BERTimbau를 알아보겠다.

7.5.9 포르투갈어 BERTimbau

BERTimbau는 포르투갈어로 사전 학습된 BERT다. 이 모델은 브라질 포르투갈어 대규모 오픈 소스 말뭉치인 **brWaC**[Brazilian Web as Corpus]를 사용해 사전 학습되었다. 연구원들은 WWM과 MLM으로 100만 번을 반복[iteration]했다. 사전 학습된 BERTimbau는 *https://github.com/neuralmind-ai/portuguese-bert*에서 다운로드할 수 있다.

다음과 같이 트랜스포머 라이브러리로 사용할 수 있다.

```
from transformers import AutoModel, AutoTokenizer
tokenizer = \
AutoTokenizer.from_pretrained('neuralmind/bert-base-portuguese-cased')
model = AutoModel.from_pretrained('neuralmind/bert-base-portuguese-cased')
```

다음으로 러시아어 RuBERT를 알아보자.

7.5.10 러시아어 RuBERT

RuBERT는 러시아어로 사전 학습된 BERT다. RuBERT는 지금까지 우리가 배운 것과 다른 방식으로 학습되었다. RuBERT는 M-BERT에서 지식 전달 방식으로 학습된다. 우리는 M-BERT가 104개 언어로 이루어진 위키피디아 텍스트로 학습되었으며 각 언어에 대한 지식이 풍부히 담긴 것을 알고 있다. 따라서 단일 언어 RuBERT를 처음부터 학습시키지 않고 M-BERT에서 지식을 얻어 학습시킨다. 학습 전에 단어 임베딩을 제외하고 RuBERT의 변수를 M-BERT 모델의 변수로 초기화한다.

RuBERT는 러시아어 위키피디아 텍스트와 뉴스 기사를 사용해 학습되었다. **하위 단어 뉴럴 머신 번역**subword neural machine translation (NMT)은 텍스트를 하위 단어로 나누는 데 사용된다. 즉, 하위 단어 NMT를 이용해 하위 단어 어휘를 생성한다. RuBERT의 하위 단어 어휘는 M-BERT의 어휘에 비해 더 길고 더 많은 러시아어로 구성된다.

M-BERT 어휘와 단일 언어 RuBERT 어휘 모두에서 나오는 몇 가지 단어가 있다. 우리는 그 단어들의 임베딩을 직접 얻을 수 있다. 예를 들어, Здравствуйте라는 단어는 M-BERT와 RuBERT 모두에서 출현한다. M-BERT와 단일 언어 RuBERT 어휘 모두에서 나타나는 일반적인 단어는 M-BERT의 임베딩을 직접 사용할 수 있다.

M-BERT vocab	RuBERT vocab
⋮	⋮
game	Какие
Здравствуйте	Здравствуйте
sun	Ладно
⋮	⋮

그림 7-21 M-BERT와 RuBERT의 어휘

기본적으로 긴 단어의 일부이며 하위 단어인 단어가 있다. 논문에 사용된 예를 생각하면서 [그림 7-22]를 보면 M-BERT 어휘에 'bi' 및 '##rd' 토큰이 있음을 알 수 있다. 2개의 '##' 기호는 기본적으로 '##rd' 토큰이 하위 단어임을 의미한다. RuBERT 어휘에는 bird라는 토큰이 있지만 M-BERT 어휘에는 bird라는 토큰이 없다. 이 경우에는 M-BERT 어휘에서 토큰 bi와 '##rd'의 임베딩 평균으로 RuBERT 어휘(bird)의 임베딩을 새롭게 초기화할 수 있다.

M-BERT vocab	RuBERT vocab
⋮	⋮
game bi ##rd	Какие bird
⋮	⋮

그림 7-22 M-BERT와 RuBERT의 어휘

사전 학습된 RuBERT는 *http://docs.deeppavlov.ai/en/master/features/models/ bert*에서 다운로드할 수 있다. 다음과 같이 트랜스포머 라이브러리로 사전 학습된 RuBERT를 사용할 수 있다.

```
from transformers import AutoTokenizer, AutoModel
tokenizer = AutoTokenizer.from_pretrained("DeepPavlov/rubert-base-cased")
model = AutoModel.from_pretrained("DeepPavlov/rubert-base-cased")
```

이런 방식으로 모든 언어에 대해 단일 언어 BERT를 학습할 수 있다. 이 장에서 영어 이외의 언어에 BERT를 적용하는 법을 배웠다. 다음 장에서는 sentence-BERT를 이용해 문장 표현을 계산하는 법을 알아보자.

7.6 마치며

M-BERT의 작동 방법에 대해 설명하며 7장을 시작했다. M-BERT가 교차 언어의 고려 없이 BERT와 동일한 방식으로 학습되었으며 다운스트림 태스크에 맞춰 여러 언어로 일반화된 표현을 생성할 수 있음을 확인했다.

그리고 M-BERT가 어떻게 다국어를 표현할 수 있는지 살펴봤다. M-BERT의 일반화 가능성이 어휘 중복에 있지 않고 유형 및 언어 유사성에 의존한다는 것을 알았다. 또한 M-BERT는 코드 스위칭 텍스트를 처리할 수 있지만 음차 텍스트는 처리할 수 없음을 확인했다.

이어서 교차 언어의 목적에 맞게 BERT를 학습시키는 XLM에 대해 배웠다. MLM과 TLM을 사용해 XLM을 학습한다. TLM은 MLM과 비슷한 방식이지만 TLM에서는 교차 언어 데이터(서로 다른 두 언어로 구성된 동일한 병렬 텍스트 데이터)를 사용한다.

다음으로 RoBERTa 아키텍처를 사용하는 교차 언어 모델-R을 살펴보았다. XLM-R은 MLM으로만 학습시키고 약 2.5TB(테라바이트) 분량의 텍스트가 포함된 커먼 크롤 데이터셋을 사용한다.

마지막 절에서는 프랑스어, 스페인어, 네덜란드어, 독일어, 중국어, 일본어, 핀란드어, 이탈리아어, 포르투갈어 및 러시아어를 포함해 다양한 언어에 맞춰 사전 학습된 여러 단일 언어 BERT를 소개했다. 다음 장에서는 sentence-BERT를 이용해 문장의 표현을 계산하는 방법을 알아볼 것이다. 또한 몇 가지 흥미로운 도메인별 BERT domain-specific BERT도 살펴볼 것이다.

7.7 연습 문제

다음 질문에 답해보자.

1. M-BERT는 무엇인가?
2. M-BERT는 어떻게 사전 학습시키는가?
3. M-BERT에서 단어 순서의 효과는 무엇인가?
4. 코드 스위칭과 음차를 정의해보자 XLM을 어떻게 사전 학습시키는가?
5. TLM은 다른 사전 학습 전략과 어떻게 다른가?
6. FLUE를 정의해보자.

7.8 보충 자료

더 자세한 내용을 알고 싶다면 다음 문서를 참조하길 바란다.

- Cross-lingual Language Model Pretraining, by Guillaume Lample and Alexis Conneau, *https://arxiv.org/pdf/1901.07291.pdf*.

- Unsupervised Cross-lingual Representation Learning at Scale, by Alexis Conneau, Kartikay Khandelwal, et al., *https://arxiv.org/pdf/1911.02116.pdf*.

- FlauBERT: Unsupervised Language Model Pre-training for French, by Hang Le, Loic Vial, et al., *https://arxiv.org/pdf/1912.05372.pdf*.

- Spanish Pre-Trained BERT Model and Evaluation Data, by Jou-Hui Ho, Hojin Kang, et al., *https://users.dcc.uchile.cl/~jperez/papers/pml4dc2020.pdf*.

- BERTje: A Dutch BERT Model, by Wietse de Vries, Andreas van Cranenburgh, Arianna Bisazza, Tommaso Caselli, Gertjan van Noord, and Malvina Nissim, *https://arxiv.org/pdf/1912.09582.pdf*.

- Pre-Training with Whole Word Masking for Chinese BERT, by Yiming Cui, Wanxiang Che, Ting Liu, Bing Qin, Ziqing Yang, Shijin Wang, and Guoping Hu, *https://arxiv.org/pdf/1906.08101.pdf*.

- Multilingual is not enough: BERT for Finnish, by Antti Virtanen, Jenna Kanerva, Rami Ilo, Jouni Luoma, Juhani Luotolahti, Tapio Salakoski, Filip Ginter, and Sampo Pyysalo, *https://arxiv.org/pdf/1912.07076.pdf*.

- Adaptation of Deep Bidirectional Multilingual Transformers for the Russian Language, by Yuri Kuratov and Mikhail Arkhipov, *https://arxiv.org/pdf/1905.07213.pdf*.

sentence-BERT 및 domain-BERT 살펴보기

sentence-BERT는 BERT의 흥미로운 파생 모델로, 주로 문장 표현을 계산하는 데 사용된다. sentence-BERT의 작동 원리를 이해하는 것으로 이 장을 시작한다. sentence-BERT가 어떻게 샴^{Siamese} 및 트리플렛^{triplet} 네트워크 아키텍처를 사용해 문장 표현을 계산하는지 살펴보겠다. 다음으로 sentence-transformers 라이브러리에 대해 배운다. 사전 학습된 sentence-BERT를 이용해 sentence-transformers 라이브러리로 문장 표현을 계산하는 법을 이해할 수 있다.

계속해서 지식 증류를 통해 단일 언어 모델을 다국어로 만드는 방법을 자세히 알아본다. 그다음 ClinicalBERT 및 BioBERT와 같은 몇 가지 흥미로운 domain-BERT 모델에 대해 알아본다. ClinicalBERT를 학습시키는 법과 재입원$^{re-admission}$ 확률을 계산하는 법을 살펴본다.

다음으로 BioBERT를 학습시키는 법을 이해하고 **개체명 인식**$^{named\ entity\ recognition}$ (NER) 및 질문-응답 태스크를 위해 사전 학습된 BioBERT를 파인 튜닝하는 법을 살펴본다.

이 장에서 다룰 내용은 다음과 같다.

- sentence-BERT로 문장 표현에 대해 배우기
- sentence-transformers 라이브러리 탐색
- 지식 증류로 다국어 임베딩 학습
- ClinicalBERT 및 BioBERT와 같은 domain-BERT 살펴보기

8.1 sentence-BERT로 문장 표현 배우기

sentence-BERT는 유비쿼터스 지식 처리 연구소 Ubiquitous Knowledge Processing Lab (UKP-Lab)에서 만들었다. sentence-BERT라는 이름에서 알 수 있듯이 sentence-BERT는 고정 길이의 문장 표현을 얻는 데 사용된다. sentence-BERT는 문장 표현을 얻기 위해 사전 학습된 BERT 또는 파생 모델을 이용한다. 문장 표현을 얻는 데서 sentence-BERT가 필요한 이유는 무엇일까? vanilla BERT 또는 파생 모델을 직접 사용해 문장 표현을 얻을 수는 없을까? 가능하다!

그러나 vanilla BERT는 추론 시간이 많이 걸린다. 문장이 많은 데이터셋이 있다고 가정해보자. 여기서 서로 유사도가 높은 문장 쌍을 찾으려면 계산 시간이 많이 필요할 것이다.

추론 시간이 많이 드는 문제를 개선하려고 할 때 sentence-BERT를 사용할 수 있다. sentence-BERT를 사용하면 추론 시간은 크게 줄어든다. sentence-BERT는 문장 쌍 분류, 두 문장과의 유사도 계산 등에 널리 사용된다. sentence-BERT의 작동 방식을 자세히 이해하기에 앞서 사전 학습된 BERT를 이용해 문장 표현을 계산하는 법을 살펴보겠다.

8.1.1 문장 표현 계산

'Paris is a beautiful city'라는 문장을 예로 들어보자. 주어진 문장의 표현을 계산한다고 가정하자. 먼저 문장을 토큰화하고 앞부분에 [CLS] 토큰을 추가하고 끝에 [SEP] 토큰을 추가해 토큰을 다음과 같이 구성한다.

```
tokens = [ [CLS], Paris, is, a, beautiful, city, [SEP] ]
```

이제 사전 학습된 BERT에 토큰을 입력하고 [그림 8-1]과 같이 각 토큰 i에 대한 표현 R_i를 반환한다.

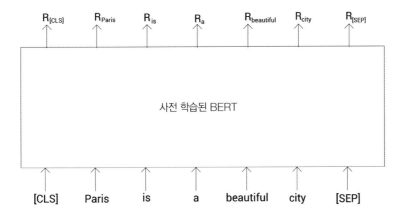

그림 8-1 사전 학습된 BERT

각 토큰에 대한 R_i 표현을 구했다. 그렇다면 전체 문장에 대한 표현은 어떻게 얻을까? 앞서 [CLS] 토큰의 표현 $R_{[CLS]}$이 문장의 총체적 표현을 가지고 있음을 배웠다. 따라서 [CLS] 토큰의 표현을 $R_{[CLS]}$ 문장 표현으로 사용할 수 있다.

$$\text{문장 표현} = R_{[CLS]}$$

그러나 [CLS] 토큰의 표현을 문장 표현으로 사용할 때의 문제점은 특히 파인 튜닝 없이 사전 학습된 BERT를 직접 사용하는 경우 [CLS] 토큰의 문장 표현이 정확하지 않다는 것이다. 따라서 문장 표현으로 [CLS] 토큰을 사용하는 대신 풀링pooling을 사용할 수 있다. 즉 모든 토큰의 표현을 풀링해 문장 표현을 계산한다. 평균 풀링mean pooling과 최대 풀링max pooling은 가장 널리 사용되는 두 가지 풀링 전략이다. 평균과 최대 풀링이 어떻게 유용할까?

- 모든 토큰의 표현에 평균 풀링으로 문장 표현을 얻으면 문장 표현은 본질적으로 모든 단어(토큰)의 의미를 갖는다.
- 모든 토큰의 표현에 최대 풀링으로 문장 표현을 얻으면 문장 표현은 본질적으로 중요한 단어(토큰)의 의미를 갖는다.

따라서 [그림 8-2]과 같이 모든 토큰의 표현을 풀링해 문장 표현을 계산할 수 있다.

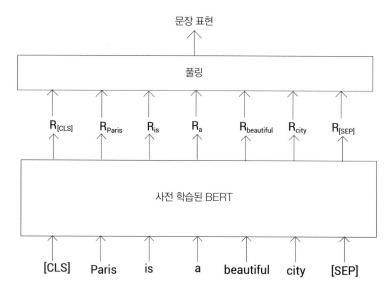

그림 8-2 사전 학습된 BERT

사전 학습된 BERT를 사용해 문장 표현을 계산하는 법을 배웠으므로 이제 sentence-BERT 가 어떻게 작동하는지 알아보자.

8.1.2 sentence-BERT 이해하기

sentence-BERT는 처음부터[from scratch] 학습시키지 않는다. sentence-BERT는 사전 학습된 BERT(또는 파생 모델)를 택해 문장 표현을 얻도록 파인 튜닝한다. 즉 sentence-BERT는 기본적으로 문장 표현을 계산하기 위해 파인 튜닝된 사전 학습 BERT 모델이다. 그렇다면 sentence-BERT의 특별한 점은 무엇인가? 사전 학습된 BERT를 파인 튜닝하기 위해 sentence-BERT는 샴 및 트리플렛 네트워크 아키텍처를 사용하므로 더 빠르게 파인 튜닝되고 또한 정확한 문장 표현을 얻을 수 있다.

sentence-BERT는 문장 쌍을 입력하는 태스크로 샴 네트워크 아키텍처를 사용한다. 또한 트리플렛 손실 목적 함수를 가진 트리플렛 네트워크 아키텍처를 사용한다. 각각을 자세히 알아보자.

샴 네트워크 sentence-BERT

sentence-BERT는 문장 쌍 태스크를 위해 사전 학습된 BERT를 파인 튜닝하기 위해 샴 네트워크 아키텍처를 사용한다. 여기서는 샴 네트워크 아키텍처의 유용성과 문장 쌍 태스크를 위해 사전 학습된 BERT를 파인 튜닝하는 법을 알아본다. 먼저 문장 쌍 분류 태스크 방법을 확인한 후 이어서 문장 쌍 회귀 태스크 방법을 배워보자.

문장 쌍 분류 태스크를 위한 sentence-BERT

[그림 8-3]은 두 문장이 유사한지(1), 유사하지 않은지(0)를 나타내는 이진 레이블을 포함하는 데이터셋을 보여준다.

문장 1	문장 2	레이블
I completed my assignment	I completed my homework	1
The game was boring	This is a great place	0
The food is delicious	The food is tasty	1
⋮	⋮	⋮

그림 8-3 샘플 데이터셋

이제 사전 학습 데이터셋으로 사전 학습된 BERT를 문장 쌍 분류 태스크에 샴 아키텍처를 사용해 파인 튜닝하는 법을 알아보겠다. 데이터셋에서 첫 번째 문장을 가져오자.

> 문장 1: I completed my assignment

> 문장 2: I completed my homework

주어진 문장 쌍이 유사한지(1), 유사하지 않은지(0)를 분류해야 한다. 먼저 다음과 같이 문장을 토큰화하고 문장의 시작과 끝에 각각 [CLS]와 [SEP] 토큰을 추가한다.

```
Tokens 1 = [ [CLS], I completed, my, assignment, [SEP]]
Tokens 2 = [ [CLS], I, completed, my, homework, [SEP]]
```

사전 학습된 BERT에 토큰을 입력하고 각 토큰의 표현을 얻는다. sentence−BERT가 샴 네트워크를 사용한다는 것을 알고 있다. 샴 네트워크는 동일한 가중치를 공유하는 2개의 동일한 네트워크로 구성되어 있다. 따라서 여기서는 2개의 동일한 사전 학습된 BERT 모델들을 사용한다. 문장 1의 토큰을 하나의 BERT로, 문장 2의 토큰을 또 다른 BERT로 입력하고 주어진 두 문장의 표현을 계산한다.

문장의 표현을 계산하기 위해 평균 또는 최대 풀링을 적용한다. 보통 sentence−BERT는 평균 풀링을 사용한다. 풀링 연산을 적용한 후 [그림 8−4]와 같이 주어진 문장 쌍에 대한 문장 표현을 얻게 된다.

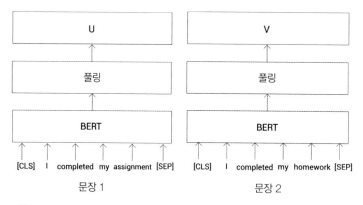

그림 8-4 sentence−BERT

[그림 8−4]에서 u는 **문장 1**의 표현을, v는 **문장 2**의 표현을 나타낸다. 이제 다음과 같이 u와 v의 문장 표현과 요소별로 차이를 구하고 가중치(W)를 곱한다.

$$\left(W_t \left(u,\ v,\ |u-v| \right) \right)$$

가중치(W)의 차원은 $n \times k$이다. 여기서 n은 문장 임베딩의 차원이고, k는 클래스의 수이다. 이 결괏값을 주어진 문장 쌍 사이의 유사도 확률을 구할 수 있도록 소프트맥스 함수에 입력한다.

$$softmax\left(W_t \left(u,\ v,\ |u-v| \right) \right)$$

[그림 8−5]에서 볼 수 있듯이 먼저 사전 학습된 BERT에 문장 쌍을 입력하고 풀링으로 문장 표현을 얻은 다음, 문장 쌍 표현을 결합하고 가중치를 곱해 소프트맥스 함수에 입력한다.

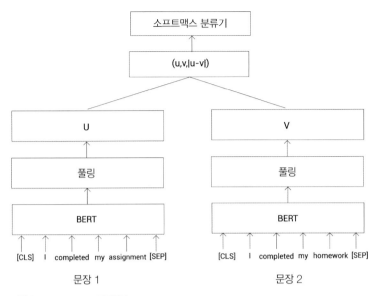

그림 8-5 sentence-BERT

교차 엔트로피 손실^{cross-entropy loss}을 최소화하도록 가중치(W)를 업데이트해 네트워크를 학습한다. 이런 식으로 문장 쌍 분류 태스크에 sentence-BERT를 이용할 수 있다.

문장 쌍 회귀 태스크를 위한 sentence-BERT

앞에서 sentence-BERT가 문장 쌍 분류 태스크에 샴 아키텍처를 사용하는 방법을 배웠다. 이제 문장 쌍 회귀 태스크에서 sentence-BERT를 어떻게 활용할 수 있을지 확인해보겠다. [그림 8-6]과 같이 문장 쌍과 유사도 점수가 포함된 데이터셋이 있다고 가정하자.

문장 1	문장 2	점수
How old are you	What is your age	0.99
The food is tasty	The food is delicious	0.98
I played the chess	He was sleeping	0.00
⋮	⋮	⋮

그림 8-6 예제 데이터

이제 문자 쌍 회귀 태스크에 샴 아키텍처를 사용해 이전 데이터셋으로 사전 학습된 BERT를 파인 튜닝하는 법을 알아보자. 문장 쌍 회귀 태스크의 목표는 주어진 두 문장 사이의 의미 유사도를 예측하는 것이다. 먼저 데이터셋에서 첫 번째 문장 쌍을 가져온다.

문장 1: How old are you

문장 2: What is your age

이제 주어진 두 문장 사이의 유사도 점수를 계산해야 한다. 앞에서 본 것처럼 먼저 주어진 두 문장을 토큰화하고 다음과 같이 문장의 시작과 끝에 각각 [CLS]와 [SEP] 토큰을 추가한다.

```
Tokens 1 = [ [CLS], How, old, are, you, [SEP]]
Tokens 2 = [ [CLS], What, is, your, age, [SEP]]
```

사전 학습된 BERT에 토큰을 입력하고 각 토큰의 표현을 얻는다. sentence-BERT는 샴 네트워크를 사용한다는 것을 알고 있다. 사전 학습된 2개의 동일한 BERT를 사용한다. 문장 1의 토큰을 하나의 BERT로, 문장 2의 토큰을 또 다른 BERT로 입력하고 풀링을 적용해 주어진 두 문장의 표현을 계산한다.

u는 문장 1의 표현이고, v는 문장 2의 표현이라고 하자. 이제 코사인 유사도와 같은 유사도 척도를 사용해 두 문장 간의 유사도를 계산한다.

유사도 = 코사인(u, v)

[그림 8-7]과 같이 사전 학습된 2개의 BERT에 2개의 문장을 입력하고 풀링을 통해 문장 표현을 얻는다. 그다음으로 코사인 유사도 함수를 이용해 문장 표현 간의 유사도를 계산한다.

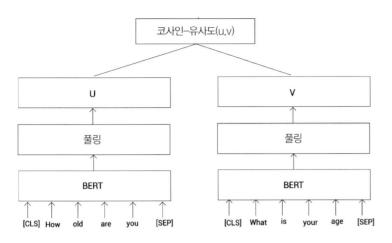

그림 8-7 sentence-BERT

평균 제곱 손실을 최소화하고 모델의 가중치를 업데이트해 주어진 네트워크를 학습한다. 이런 식으로 문장 쌍 회귀 태스크에 sentence-BERT를 사용할 수 있다.

트리플렛 네트워크 sentence-BERT

앞에서는 문장 쌍 회귀 및 분류 태스크를 위한 sentence-BERT의 아키텍처를 확인했다. sentence-BERT는 문장 쌍 입력으로 사전 학습된 BERT를 파인 튜닝하기 위해 샴 네트워크 아키텍처를 사용한다. sentence-BERT가 트리플렛 네트워크 아키텍처를 사용하는 법을 알아보겠다.

다음과 같이 기준anchor 문장, 긍정 문장(함의), 부정 문장(모순)의 세 문장이 있다고 하자.

- 기준 문장: Play the game
- 긍정 문장: He is playing the game
- 부정 문장: Don't play the game

우리의 태스크는 기준문과 긍정문 사이의 유사도가 높아야 하고 기준문과 부정문 사이의 유사도가 낮아야 하는 표현을 계산하는 것이다. 이 태스크를 위해 사전 학습된 BERT를 파인 튜닝하는 법을 살펴보겠다. 문장이 3개 있으므로 sentence-BERT는 트리플렛 네트워크 아키텍처를 사용한다.

먼저 [그림 8-8]과 같이 기준, 긍정 및 부정 문장을 토큰화해 3개의 사전 학습된 BERT에 입력한 후 풀링을 통해 각 문장의 표현을 얻는다.

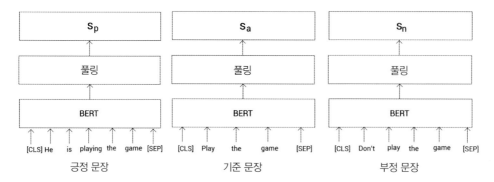

그림 8-8 sentence–BERT

[그림 8-8]에서 s_a, s_p, s_n는 각각 기준, 긍정, 부정 문장의 표현을 나타낸다. 그다음으로 네트워크를 학습해 다음과 같은 트리플렛 목적 함수를 최소화한다.

$$max(\|s_a - s_p\| - \|s_a - s_n\| + \varepsilon, 0)$$

앞의 식에서 $\|\cdot\|$는 거리 메트릭을 나타낸다. 거리 메트릭으로 유클리디안 거리를 사용한다. ε는 마진을 나타낸다. 기준 문장 표현 s_a에서 긍정 문장 표현 s_p는 기준 문장 표현 s_a에서 부정 문장 표현 s_n보다 적어도 ε만큼은 가깝다.

[그림 8-9]와 같이 기준, 긍정, 부정 문장을 BERT에 입력하고 풀링을 이용해 표현을 얻는다. 그다음으로 트리플렛 함수를 최소화하도록 네트워크를 학습시킨다. 트리플렛 손실 함수를 최소화하면 긍정 문장과 기준 문장 사이의 유사도가 부정 문장과 기준 문장 사이의 유사도보다 더 커진다.

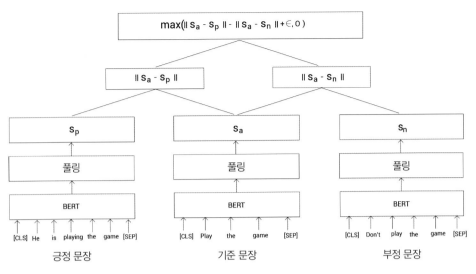

$$\max(\| s_a - s_p \| - \| s_a - s_n \| + \in, 0)$$

$$\| s_a - s_p \|$$ $$\| s_a - s_n \|$$

s_p | 풀링 | BERT | [CLS] He is playing the game [SEP]

s_a | 풀링 | BERT | [CLS] Play the game [SEP]

s_n | 풀링 | BERT | [CLS] Don't play the game [SEP]

긍정 문장   기준 문장   부정 문장

그림 8-9 sentence-BERT

따라서 이러한 방식으로 트리플렛 손실 목적 함수와 함께 sentence-BERT를 사용할 수 있다. sentence-BERT의 연구원들은 sentence-BERT를 통해 문장 표현을 계산하는 데 사용되는 sentence-transformers 라이브러리를 오픈 소스화했다. 다음 절에서는 sentence-transformers 라이브러리 사용 방법을 배운다.

8.2 sentence-transformers 라이브러리 탐색

pip을 사용해 sentence-transformers 라이브러리를 설치한다.

```
pip install -U sentence-transformers
```

또한 sentence-BERT의 연구원들은 사전 학습된 sentence-BERT 모델을 온라인으로 제공한다. 사용 가능한 모든 사전 학습된 모델은 *https://public.ukp.informatik.tu-darmstadt.de/reimers/sentence-transformers/v0.2*에서 찾을 수 있다.

사전 학습된 모델로는 bert-base-nli-cls-token, bert-base-nli-mean-token, roberta-base-nli-max-tokens, distilbert-base-nli-mean-tokens 등이 있다. 이것이 의미하

는 바는 다음과 같다.

- bert-base-nli-cls-token은 사전 학습된 sentence-BERT로 사전 학습된 BERT-base를 가져와 NLI 데이터셋으로 파인 튜닝했으며 모델은 [CLS] 토큰을 문장 표현으로 사용한다.
- bert-base-nli-mean-token은 사전 학습된 sentence-BERT로 사전 학습된 BERT-base를 가져와 NLI 데이터셋을 파인 튜닝했으며 문장 표현을 구하기 위해 평균 풀링 전략을 사용한다.
- roberta-base-nli-max-tokens은 사전 학습된 sentence-BERT로 사전 학습된 RoBERTa-베이스를 가져와 NLI 데이터셋으로 파인 튜닝했으며 문장 표현을 구하기 위해 최대 풀링 전략을 사용한다.
- distilbert-base-nli-mean-token은 사전 학습된 sentence-BERT로 사전 학습된 DistilBERT-base를 가져와 NLI 데이터셋으로 파인 튜닝했으며 문장 표현을 구하기 위해 평균 풀링 전략을 사용한다.

따라서 사전 학습된 sentence-BERT라고 하면 기본적으로 사전 학습된 BERT를 가져와 샴 또는 트리플렛 네트워크 아키텍처를 사용해 파인 튜닝했음을 의미한다. 이제 사전 학습된 sentence-BERT를 사용하는 법을 배운다.

8.2.1 sentence-BERT를 사용한 문장 표현 계산

사전 학습된 sentence-BERT를 사용해 문장 표현을 계산하는 법을 알아보겠다. 저자의 깃허브 저장소에서 전체 코드를 접근할 수 있다. 코드를 원활하게 실행하려면 책의 깃허브 저장소를 클론하고 구글 콜랩을 사용해 코드를 실행하자. 먼저 sentence-transformers 라이브러리에서 SentenceTransformer 모듈을 가져온다.

```
from sentence_transformers import SentenceTransformer
```

사전 학습된 sentence-BERT를 다운로드하고 로드한다.

```
model = SentenceTransformer('bert-base-nli-mean-tokens')
```

문장 표현을 계산하는 데 필요한 문장을 정의한다.

```
sentence = 'paris is a beautiful city'
```

encode 함수로 사전 학습된 sentence−BERT를 이용해 문장 표현을 계산한다.

```
sentence_representation = model.encode(sentence)
```

문장 표현 크기^{shape}를 예측한다.

문장 표현 크기^{shape}를 예측한다.

```
print(sentence_representation.shape)
```

앞의 코드 결과는 다음과 같다.

```
(768,)
```

위에서 볼 수 있듯이 문장 표현 크기는 768이다. 이러한 방식으로 사전 학습된 sentence−BERT를 사용해 고정 길이 문장 표현을 얻을 수 있다.

8.2.2 문장 유사도 계산하기

여기서는 사전 학습된 sentence−BERT를 사용해 두 문장 사이의 의미 유사도를 계산하는 법을 알아본다. scipy와 sentence_transformers 라이브러리를 임포트한다.

```
import scipy
from sentence_transformers import SentenceTransformer, util
```

사전 학습된 BERT 모델을 다운로드하고 로드한다.

```
model = SentenceTransformer('bert-base-nli-mean-tokens')
```

문장 쌍을 정의한다.

```
sentence1 = 'It was a great day'
sentence2 = 'Today was awesome'
```

문장 쌍에서 각각의 문장 표현을 계산한다.

```
sentence1_representation = model.encode(sentence1)
sentence2_representation = model.encode(sentence2)
```

두 문장 표현 사이에서 코사인 유사도를 구한다.

```
cosine_sim = \ util.pytorch_cos_sim(sentence1_representation,sentence2_representation)
```

출력하면 다음과 같은 결과를 얻는다.

```
[0.93]
```

앞의 결과에서 주어진 문장 쌍이 93% 유사하다는 것을 알 수 있다. 이러한 방식으로 문장 유사도 작업에 사전 학습된 sentence-BERT 모델을 활용할 수 있다.

8.2.3 커스텀 모델 로드

sentence_transformers 라이브러리에서 사용할 수 있는 사전 학습된 sentence-BERT 모델 외에도 자체(커스텀) 모델을 사용할 수 있다. 사전 학습된 ALBERT 모델이 있다고 가정하자. 사전 학습된 ALBERT를 사용해 문장 표현을 얻는 방법을 알아보겠다.

먼저 필요한 모듈을 가져온다.

```
from sentence_transformers import models,SentenceTransformer
```

이제 주어진 문장에서 모든 토큰의 표현을 반환하는 단어 임베딩 모델을 정의한다. 사전 학습된 ALBERT를 단어 임베딩 모델로 사용한다.

```
word_embedding_model = models.Transformer('albert-base-v2')
```

다음으로 토큰의 풀링된 표현을 계산하는 풀링 모델을 정의한다. sentence-BERT에서는 문장 표현을 얻기 위해 [CLS] 토큰, 평균 풀링 또는 최대 풀링과 같은 다른 전략을 사용한다는 것을 배웠다. 이제 문장 표현을 계산하는 데 사용할 풀링 전략을 설정한다. 다음 코드 스니펫처럼 예제에서는 pooling_mode_mean_tokens=True로 설정했다. 이는 고정 길이 문장 표현을 계산하기 위해 평균 풀링을 사용함을 의미한다.

```
pooling_model = \ models.Pooling(word_embedding_model.get_word_embedding_dimension(),
                            pooling_mode_mean_tokens=True,
                            pooling_mode_cls_token=False,
                            pooling_mode_max_tokens=False)
```

거의 다 왔다. 이제 다음 코드와 같이 임베딩 및 풀링 모델로 sentence-BERT를 정의하자.

```
model = SentenceTransformer(modules=[word_embedding_model, pooling_model])
```

이 모델을 사용해 다음과 같이 문장 표현을 계산할 수 있다.

```
model.encode('Transformers are awesome')
```

위의 코드는 주어진 문장의 표현을 포함하는 768 크기의 벡터를 반환한다. 기본적으로 주어진 문장의 모든 토큰을 계산하고 풀링된 값을 문장 표현으로 반환한다.

8.2.4 sentence-BERT로 유사한 문장 찾기

이번에는 sentence-BERT를 이용해 유사한 문장을 찾는 법을 확인해보겠다. 전자 상거래 웹사이트가 있고 마스터 사전에 주문을 취소하는 법, 환불 제공 여부와 같은 주문 관련 질문이 있을 때 우리의 목표는 새로운 질문과 가장 관련이 있는 질문을 찾는 것이다. sentence-BERT를 이용해 이를 수행하는 법을 알아보겠다.

먼저, 필수적인 라이브러리를 임포트한다.

```
from sentence_transformers import SentenceTransformer, util import numpy as np
```

사전 학습된 sentence-BERT를 다운로드하고 로드한다.

```
model = SentenceTransformer('bert-base-nli-mean-tokens')
```

마스터 사전을 정의한다.

```
master_dict = [
                'How to cancel my order?',
                'Please let me know about the cancellation policy?',
                'Do you provide refund?',
                'what is the estimated delivery date of the product?',
                'why my order is missing?',
                'how do i report the delivery of the incorrect items?'
                ]
```

입력 질문을 정의한다.

```
inp_question = 'When is my product getting delivered?'
```

입력 질문의 표현을 계산한다.

```
inp_question_representation = model.encode(inp_question,
                                        convert_to_tensor=True)
```

마스터 사전에 있는 모든 질문의 표현을 계산한다.

```
master_dict_representation = model.encode(master_dict,
                                        convert_to_tensor=True)
```

입력 질문 표현과 마스터 사전에 있는 모든 질문 표현의 코사인 유사도를 계산한다.

```
similarity = util.pytorch_cos_sim(inp_question_representation,
                                master_dict_representation )
```

가장 유사한 질문을 출력한다.

```
print('The most similar question in the master dictionary to given input question
is:',master_dict[np.argmax(similarity)])
```

위의 코드는 다음과 같은 내용을 출력할 것이다.

```
The most similar question in the master dictionary to given input question is: What is
the estimated delivery date of the product?
```

이러한 방식으로 사전 학습된 sentence-BERT를 많은 흥미로운 사례에 적용할 수 있다. 다운 스트림 태스크에 대해 파인 튜닝을 할 수도 있다. sentence-BERT의 작동 원리와 문장 표현을 계산하는 데 sentence-BERT를 사용하는 법을 배웠다. sentence-BERT를 영어에 적용하는 것 외에 다른 언어에도 적용할 수 있을까? 물론, 가능하다. 이어지는 절에서 이 내용을 더 자세히 다뤄보자.

8.3 지식 증류를 이용한 다국어 임베딩 학습

이 절에서는 지식 증류를 통해 단일 언어 임베딩에서 다국어 문장에 적용하는 법을 알아보자. 앞에서 M-BERT, XLM, XLM-R이 작동하는 원리와 서로 다른 언어에 대한 표현을 생성하는 법을 배웠다. 이 모든 모델은 언어 간의 벡터 공간에서 정렬되어 있지 않다. 즉, 다른 언어로 된 동일한 문장의 표현이 벡터 공간에서 다른 위치로 매핑된다. 이제 다른 언어로 된 유사한 문장을 벡터 공간의 동일한 위치에 매핑하는 법을 알아보겠다.

이전 절에서 sentence-BERT의 작동 원리를 확인했다. sentence-BERT가 문장 표현을 생성하는 법은 배웠다. 그런데 영어 외의 다른 언어에는 어떻게 sentence-BERT를 사용할까? sentence-BERT에서 생성된 단일 언어 문장 임베딩을 지식 증류를 통해 다국어로 만들어 다양한 언어에 sentence-BERT를 적용할 수 있다. 이를 위해 sentence-BERT에 대한 지식을 XLM-R과 같은 다국어 모델에 전달하고 다국어 모델이 사전 학습된 sentence-BERT와 동일한 임베딩을 형성하도록 한다. 더 자세히 알아보자.

XLM-R은 100개의 다른 언어에 대한 임베딩을 생성한다는 것을 알고 있다. 이제 사전 학습된 XLM-R을 이용해 sentence-BERT의 다양한 언어에 대한 문장 임베딩을 형성하도록 XLM-R 모델을 가르친다. sentence-BERT를 교사로 사용하고 사전 학습된 XLM-R을 학생 모델로 사용한다.

영어로 된 소스 문장과 프랑스어로 된 타깃 문장이 있다고 가정해보자.

How are you, Comment ça va

먼저 소스 문장을 교사(sentence-BERT)에게 제공하고 문장 표현을 얻는다. 다음으로 [그림 8-10]과 같이 원본 및 타깃 문장을 학생(XLM-R)에게 제공하고 문장 표현을 얻는다.

그림 8-10 교사-학생 아키텍처

교사와 학생 모델로 생성된 문장 표현이 있다. 교사와 학생이 생성한 소스 문장 표현이 다른 것을 볼 수 있다. 교사 모델과 유사한 표현을 생성하려면 학생 모델(XLM-R)을 가르쳐야 한다. 이를 위해 교사가 생성한 소스 문장 표현과 학생이 생성한 소스 문장 표현 간의 평균 제곱 차이를 계산한다. 그런 다음 **평균 제곱 오차**^{mean squared error}(MSE)를 최소화하도록 학생 네트워크를 학습시킨다.

[그림 8-11]과 같이 학생이 교사와 동일한 표현을 형성하기 위해 교사가 반환한 소스 문장 표현과 학생이 반환한 소스 문장 표현 간의 MSE를 계산한다.

그림 8-11 MSE 손실 계산하기

또한 교사가 반환한 소스 문장 표현과 학생이 반환한 타깃 문장 표현 간의 MSE를 계산한다. 그런데 왜? 그 이유는 타깃 프랑스어 문장이 원본 영어 문장과 동일하기 때문이다. 따라서 타깃 문장 표현은 교사가 반환한 소스 문장 표현과 동일해야 한다. 따라서 [그림 8-12]과 같이 교사가 반환한 소스 문장 표현과 학생이 반환한 타깃 문장 표현 사이의 MSE를 계산한다.

그림 8-12 MSE 손실 계산하기

MSE를 계산한 후 이를 최소화해 학생 네트워크를 학습시킨다. MSE를 최소화하면서 학생 네트워크는 교사 네트워크와 동일한 임베딩을 생성하도록 학습된다. 이러한 방식으로 교사 (sentence-BERT)의 단일 언어 임베딩이 생성된 방법과 동일하게 학생(XLM-R)이 다국어 임베딩을 생성하도록 할 수 있다. 이에 대해 더 자세히 살펴보자.

8.3.1 교사 – 학생 아키텍처

$\left[\left(s_1,\ t_1\right),\ \left(s_2,\ t_2\right),\ ...,\ \left(s_i,\ t_i\right),\ ...,\ \left(s_n,\ t_n\right)\right]$를 병렬 번역된 소스-타깃 문장 쌍이라고 가정해 보자. 이때 s_i는 소스 언어로 된 원 문장이고 t_i는 타깃 언어로 번역된 문장이다. 이는 다른 언어로도 가능하다. 예를 들어 $(s_i,\ t_i)$은 소스(영어)와 타깃(프랑스어)이 될 수 있고 $(s_2,\ t_2)$은 소스(영어)와 타깃(독일어)이 될 수 있다.

교사 모델을 M으로 표시하고 학생 모델을 $\hat{M}$으로 표시하자. 먼저 소스 문장(s_i)을 교사 BERT(M)에 입력하고 소스 문장 표현($M(s_i)$)을 얻는다. 다음으로 소스(s_i) 문장과 타깃(t_i) 문장 둘 다 학생 BERT $\hat{M}$에 입력하고 [그림 8-13]과 같이 소스 $\hat{M}(s_i)$와 타깃 $\hat{M}(t_i)$, 문장 표현을 얻는다.

그림 8-13 교사 – 학생 아키텍처

이제 교사(M)와 학생($\hat{M}$)으로 계산된 소스 문장(s_i)들의 평균 제곱 오차를 계산한다. 즉 $M(s_i)$와 $\hat{M}(s_i)$ 사이의 MSE다.

또한 교사(M)로 계산한 소스 문장(s_i) 표현과 학생($\hat{M}$)으로 계산한 타깃 문장(t_i) 표현, 즉 $M(s_i)$와 $\hat{M}(t_i)$ 사이의 MSE를 계산한다.

다음으로 위에 언급한 두 가지 평균 제곱 오차들을 최소화하도록 학생 네트워크를 학습시킨다.

$$\frac{1}{B}\sum_i\left[\left(M(s_i)-\hat{M}(s_i)\right)^2+\left(M(s_i)-\hat{M}(t_i)\right)^2\right]$$

이 식에서 B는 배치 크기를 의미한다. 교사-학생 아키텍처는 [그림 8-14]와 같다.

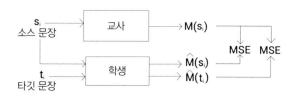

그림 8-14 교사-학생 아키텍처

이런 식으로 교사 네트워크와 동일한 임베딩을 형성하도록 학생 네트워크를 학습시킬 수 있다. 사전 학습된 어떤 모델이든 교사와 학생으로 이용할 수 있음에 주목하자.

8.3.2 다국어 모델 사용

앞에서는 지식 증류를 통해 단일 언어 모델을 다국어로 만드는 법을 배웠다. 여기서는 사전 학습된 다국어 모델을 사용하는 법을 알아보자. 연구진은 사전 학습된 모델을 sentence-transformers 라이브러리를 통해 공개적으로 사용할 수 있도록 했다. 따라서 사전 학습된 모델을 직접 다운로드해 특정 태스크에 사용할 수 있다. 사용 가능한 사전 학습된 다국어 모델은 다음과 같다.

- distiluse-base-multilingual-cased: 아랍어, 중국어, 네덜란드어, 영어, 프랑스어, 독일어, 이탈리아어, 한국어, 폴란드어, 포르투갈어, 러시아어, 스페인어 및 터키어를 지원한다.

- xlm-r-base-en-ko-nli-ststb: 한국어와 영어를 지원한다.

- xlm-r-large-en-ko-nli-ststb: 한국어와 영어를 지원한다.

이제 사전 학습된 모델을 사용하는 법을 배워보겠다. 다른 언어로 된 두 문장의 유사도를 계산하는 법을 알아보자. 먼저 SentenceTransformer 모듈을 가져온다.

```
from sentence_transformers import SentenceTransformer, util import scipy
```

사전 학습된 다국어 모델을 다운로드하고 로드한다.

```
model = SentenceTransformer('distiluse-base-multilingual-cased')
```

문장 쌍을 정의한다.

```
eng_sentence = 'thank you very much'
```

```
fr_sentence = 'merci beaucoup'
```

임베딩을 계산한다.

```
eng_sentence_embedding = model.encode(eng_sentence)
fr_sentence_embedding = model.encode(fr_sentence)
```

두 문장 임베딩에서 유사도를 계산한다.

```
similarity = \
util.pytorch_cos_sim(eng_sentence_embedding,fr_sentence_embedding)
```

결과를 출력한다.

```
print('The similarity score is:',similarity)
```

위의 코드는 다음을 출력한다.

```
The similarity score is: [0.98400884]
```

이러한 방식으로 사전 학습된 다국어 모델을 사용할 수 있다. 다운스트림 태스크에 맞춰 파인 튜닝할 수도 있다. 다음 절에서는 몇 가지 흥미로운 domain-BERT를 알아보겠다.

8.4 domain-BERT

이전 장에서 일반적인 위키피디아 말뭉치를 사용해 BERT를 사전 학습시키는 법과 이를 파인 튜닝해 다운스트림 태스크에 사용하는 법을 배웠다. 일반 위키피디아 말뭉치에서 사전 학습된 BERT를 사용하는 대신 특정 도메인 말뭉치에서 BERT를 처음부터 학습할 수도 있다. 이는 BERT가 특정 도메인 임베딩을 학습시키는 데 도움이 된다. 일반 위키피디아 말뭉치에 없을 수도 있는 도메인들의 어휘를 학습시키는 데 도움이 된다. 이 절에서는 domain-BERT의 두 가지 모델을 살펴본다.

- ClinicalBERT
- BioBERT

위의 모델들로 사전 학습시키는 법과 다운스트림 태스크에서 파인 튜닝하는 법을 알아보자.

8.4.1 ClinicalBERT

ClinicalBERT는 대규모 임상 말뭉치에서 사전 학습된 임상 domain-BERT 모델이다. 임상 노트clinical note 또는 진행 노트progress note는 환자에 대한 매우 유용한 정보(환자의 병원 방문 기록, 증상, 진단 결과, 일상 활동, 관찰, 치료 계획, 방사선 결과)를 포함한다. 임상 메모의 콘텍스트 표현을 이해하는 것은 자체 문법 구조, 약어 및 전문 용어와 관련되어 난도가 높다. 따라서 우리는 임상 텍스트의 콘텍스트 표현을 이해하기 위해 많은 임상 문서로 ClinicalBERT를 사전 학습한다.

어떻게 하면 ClinicalBERT를 유용하게 사용할 수 있을까? ClinicalBERT에서 배운 표현은 많은 임상 통찰력, 임상 기록 요약, 질병과 치료 간의 관계 등을 이해하는 데 도움이 된다. 사전 학습이 끝난 ClinicalBERT는 재입원 예측, 체류 기간, 사망 위험 추정, 진단 예측 등과 같은 다양한 다운스트림 태스크에 사용된다.

ClinicalBERT 사전 학습

ClinicalBERT는 MIMIC-III 임상 노트를 사용해 사전 학습된다. MIMIC-III는 베스 이스라엘 디코니스 메디컬센터Beth Israel Deaconess Medical Center에서 제공하는 방대한 양의 건강과 관련된 데이터다. 여기에는 ICU에 머물렀던 4만 명 이상의 환자를 관찰한 건강 관련 데이터셋을 포함한다. ClinicalBERT는 [그림 8-15]과 같이 BERT를 사전 학습한 것처럼 MLM과 NSP 태스크를 이용해 사전 학습된다.

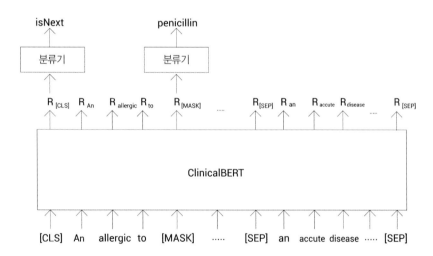

그림 8-15 ClinicalBERT 사전 학습

[그림 8-15]에서 볼 수 있듯이 마스크된 단어가 있는 두 문장을 모델에 입력하고 마스크된 단어를 예측하고 두 번째 문장이 첫 번째 문장의 다음 문장인지isNext 여부를 예측하도록 모델을 학습한다. 사전 학습이 끝난 모델은 모든 다운스트림 태스크에 적용할 수 있다. 이제 사전 학습된 ClinicalBERT를 파인 튜닝하는 법을 알아보겠다.

ClinicalBERT 파인 튜닝

사전 학습 후에는 재입원 예측, 입원 기간, 사망 위험 추정, 진단 예측 등 다양한 다운스트림 태스크에 맞춰 ClinicalBERT를 파인 튜닝할 수 있다.

재입원 예측 태스크를 위해 사전 학습된 ClinicalBERT를 파인 튜닝한다고 가정하자. 재입원 예측 태스크에서 우리의 목표는 향후 30일 이내에 환자가 병원에 재입원할 확률을 예측하는 것이다. [그림 8-16]과 같이 사전 학습된 ClinicalBERT에 임상 메모를 입력하고 임상 메모의 표현을 반환한다. 그런 다음 [CLS] 토큰의 표현을 가져와 분류기(피드포워드 + 시그모이드 활성화 함수)에 입력하고, 분류기는 30일 이내에 환자가 다시 입원할 확률을 반환한다.

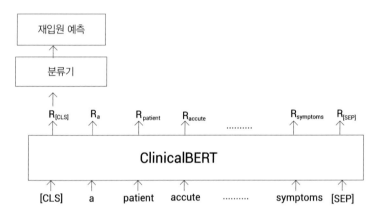

그림 8-16 ClinicalBERT 사전 학습

잠깐! BERT에서 최대 토큰의 길이가 512라는 것을 알고 있다. 환자의 임상 기록이 512보다 더 많은 토큰으로 구성된 경우는 어떻게 예측해야 할까? 이 경우 임상 노트(긴 시퀀스)를 여러 서브시퀀스로 분할할 수 있다. 이제 각 서브시퀀스를 모델에 입력한 후 모든 서브시퀀스를 개별적으로 예측한다. 그런 다음 마지막에 다음 식으로 점수를 계산할 수 있다.

$$P\left(readmit = 1 \mid h_{patient}\right) = \frac{P_{max}^n + \dfrac{P_{mean}^n n}{c}}{1 + \dfrac{n}{c}}$$

앞의 식을 간단히 설명하면 다음과 같다.

- n은 서브시퀀스의 수를 의미한다.
- P_{max}^n는 모든 서브시퀀스에서 재입원 확률의 최댓값이다.
- P_{mean}^n는 모든 서브시퀀스에서 재입원 확률의 평균값이다.
- c는 스케일링 팩터이다.

위의 식을 단계별로 이해해보자. 서브시퀀스가 있다고 가정하자. 재입원 예측과 관련된 유용한 정보가 모든 서브시퀀스에 있지는 않다. 재입원 예측과 관련된 일부 서브시퀀스가 있을 수 있으며 재입원 예측과 관련 없는 일부 서브시퀀스가 있을 수 있다. 따라서 모든 서브시퀀스가 예측에 유용하지는 않다. 따라서 모든 서브시퀀스에서 확률이 가장 높은 것만 사용하면 된다. 따라서 식은 다음과 같다.

$$P\left(readmit = 1 \mid h_{patient}\right) = P_{max}$$

서브시퀀스에 노이즈가 포함되어 있고 노이즈로 인해 최대 예측 확률을 얻는다고 가정하자. 이런 경우는 최종 예측으로 최대 확률을 선택하는 것은 잘못된 것이다. 따라서 이를 방지하기 위해 모든 서브시퀀스의 평균 확률도 포함한다. 따라서 식은 다음과 같다.

$$P\left(readmit = 1 \mid h_{patient}\right) = P_{max} + P_{mean}$$

좋다. 환자가 임상 기록이 많거나 임상 기록이 더 길수록 서브시퀀스의 수(n)가 많아진다. 이 경우 노이즈로 인해 최대 확률(P_{max}^n)을 얻을 가능성이 높아진다. 따라서 이 경우 평균 확률(P_{mean}^n)에 더 많은 중요성을 부여해야 한다. n에 의존하는 P_{mean}^n의 중요성을 더 주기 위해 스케일링 팩터 C를 이용해 $\frac{n}{c}$를 곱한다. 따라서 식은 다음과 같다.

$$P\left(readmit = 1 \mid h_{patient}\right) = P_{max}^n + \frac{P_{mean}^n \, n}{c}$$

다음으로 최종 점수를 정규화하기 위해 $1 + \frac{n}{c}$로 나누면 최종 식을 얻을 수 있다.

$$P\left(readmit = 1 \mid h_{patient}\right) = \frac{P_{max}^n + \dfrac{P_{mean}^n n}{c}}{1 + \dfrac{n}{c}}$$

앞의 식은 환자의 재입원 확률을 산출한다. 이러한 방식으로 사전 학습된 BERT를 활용하고 다운스트림 태스크에 맞게 파인 튜닝할 수 있다.

임상 단어 유사도 추출

이제 ClinicalBERT에서 배운 표현을 경험적으로^{empirically} 평가해보겠다. 평가를 위해 ClinicalBERT를 사용해 의학 용어 표현을 계산한다. 의학 용어의 표현을 계산한 후 **t-SNE** t-distributed stochastic neighbor embedding를 이용해 표현들을 도표화할 수 있다(그림 8-17).[1]

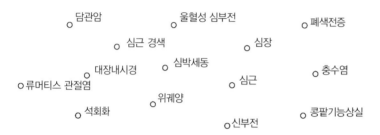

그림 8-17 ClinicalBERT 임베딩

[그림 8-17]은 신체기관이 서로 관련된 의학 용어끼리 가까이 있는 걸 보여준다. 예를 들어 심근 경색 myocardial infarction, 울혈성 심부전 congestive heart failure 등 심장과 관련된 의학 용어끼리, 신부전 renal failure, 콩팥기능상실 kidey failure 등 신장과 관련된 의학 용어끼리 가깝게 있는 걸 확인할 수 있다.

이는 ClinicalBERT의 표현이 의학 용어에 대한 콘텍스트 정보를 갖고 있음을 나타내며, 그렇기 때문에 유사한 의학 용어들이 서로 가깝게 배치되어 있는 것이다.

이제 ClinicalBERT의 작동 원리를 배웠으므로 이제 BioBERT를 알아보겠다.

8.4.2 BioBERT

이름에서 알 수 있듯이, BioBERT는 대규모 생물 의학 코퍼스에서 사전 학습된 생물 의학 domain-BERT다. BioBERT는 생물 의학 도메인 표현을 이해하기 때문에 사전 학습을 하면

---

1 *https://arxiv.org/pdf/1904.05342.pdf*

BioBERT가 생물 의학 텍스트에서 vanilla BERT보다 더 잘 수행된다. BioBERT의 아키텍처는 vanilla BERT와 동일하다. 사전 학습 후 생물 의학 질문-응답, 생물 의학 개체명 인식 등과 같은 많은 생물 의학 분야별 다운스트림 태스크에 맞춰 BioBERT를 파인 튜닝할 수 있다. 이 내용에 대해 더 자세히 살펴보자.

BioBERT 사전 학습

BioBERT는 생물 의학 도메인 텍스트를 이용해 사전 학습되었다. 다음 두 생물 의학 데이터셋을 사용했다.

- **PubMed**: 인용 데이터베이스이다. 여기에는 생명 과학 저널, 온라인 서적 및 MEDLINE[2](생명 의학 저널 인덱스index of the biomedical journal, 미국 국립 의학 도서관National Library of Medicine)의 생물 의학 문헌에 대한 인용을 약 3,000만 건 정도 포함한다.
- **PubMed Central**(PMC): 생의학 및 생명 과학 저널에 기재된 기사를 포함한 무료 온라인 저장소다.

BioBERT는 PubMed 초록 및 PMC 전체 기사를 사용해 사전 학습되었다. PubMed 말뭉치는 약 45억 단어로 구성되고 PMC 말뭉치는 약 135억 단어로 구성된다. BioBERT를 사전 학습시키기 전에 먼저, 영어 위키피디아 및 토론토 책 말뭉치 데이터셋으로 구성된 일반 도메인 말뭉치를 사용해 사전 학습된 일반 BERT로 BioBERT의 가중치를 초기화한다. 그런 다음 생체 의학 도메인 말뭉치를 사용해 BioBERT를 사전 학습한다.

토큰화를 위해 워드피스 토크나이저를 사용한다. 연구원들은 생물 의학 코퍼스의 새로운 어휘를 사용하는 대신 BERT 기반 모델에서 사용되는 원래 어휘를 사용했다. 이것은 BioBERT와 BERT 간의 호환성과 보이지 않는 단어도 원래의 BERT 기반 어휘를 사용해 표현하고 파인 튜닝되기 때문이다. 또한 연구원들은 대소문자가 없는 어휘를 사용하는 대신에 대소문자가 있는 어휘를 사용하면 다운스트림 태스크에서 좋은 성능을 얻을 수 있다는 것을 발견했다. BioBERT 모델은 8개의 NVIDIA V100 GPU에서 3일 동안 사전 학습되었다.

또한 연구원들은 사전 학습된 BioBERT를 공개했다. 따라서 사전 학습된 BioBERT를 다운로드해 태스크에 사용할 수 있다. 사전 학습된 BioBERT는 *https://github.com/naver/biobert-pre-trained*에서 다운로드할 수 있다.

....
2 옮긴이_ 생명 과학 및 생물 의학 정보의 서지 데이터베이스를 의미한다.

사전 학습된 BioBERT 모델은 다양한 조합으로 제공된다.

- **BioBERT + PubMed**: PubMed 말뭉치를 이용해 모델을 학습한다.
- **BioBERT + PMC**: PMC 말뭉치를 이용해 모델을 학습한다.
- **BioBERT + PubMed + PMC**: PubMed와 PMC 말뭉치를 함께 사용해 모델을 학습한다.

다음으로는 사전 학습된 BioBERT를 파인 튜닝하는 법을 알아보겠다.

BioBERT 모델 파인 튜닝

BioBERT 모델을 사전 학습한 후 다운스트림 태스크에 맞춰 파인 튜닝한다. BioBERT는 생의학 분야의 다운스트림 태스크에서 일반 BERT보다 성능이 좋다. 이번에는 사전 학습된 BioBERT 모델을 파인 튜닝하면서 몇 가지 다운스트림 태스크를 알아보겠다.

개체명 인식 태스크를 위한 BioBERT

개체명 인식(NER)의 목표는 인식된 개체명을 미리 정의한 각 범주로 분류하는 것이다. 질병, 약물, 화학 물질, 감염 등과 같이 정의된 범주가 있다고 가정하자. 'An allergy to penicillin can cause an anaphylactic reaction'라는 문장으로 예를 들어보자. 이 문장에서 'allergy'는 질병으로, 'penicillin'은 약물로, 'anaphylactic'은 질병으로 범주화되어야 한다.

이제 개체명 인식 태스크를 하기 위해 사전 학습된 BioBERT를 파인 튜닝하는 법을 알아보겠다. 먼저 문장을 토큰화하고 시작 부분에 [CLS] 토큰을 추가하고 문장 끝에 [SEP] 토큰을 추가한다. 그리고 사전 학습된 BioBERT에 토큰을 입력하고 모든 토큰의 표현을 얻는다.

다음으로 토큰 표현들을 분류기(피드포워드 네트워크 + 소프트맥스 함수)에 입력한다. 그러면 분류기는 인식된 개체명을 [그림 8-18]과 같이 반환한다.

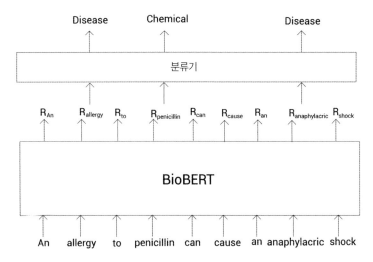

그림 8-18 개체명 인식 태스크를 위한 BioBERT 파인 튜닝

파인 튜닝을 할 때 초기 결과는 정확하지 않을 수 있지만, 여러 번 반복되면서 모델의 변수가 업데이트되면 좋은 결과를 얻을 수 있다.

그러면 파인 튜닝에 사용할 수 있는 데이터셋은 무엇일까? 질병과 관련된 개체명의 경우 다음 데이터셋을 사용한다.

- **NCBI**National Center for Biotechnology Information
- **2010 i2b2/VA**informatics for integrating biology and bedside
- **BC5CDR**BioCreative 5 Chemical Disease Relation

약물 및 화학과 관련된 개체명의 경우 다음 데이터셋을 사용한다.

- **BC5CDR**BioCreative 5 Chemical Disease Relation
- **BC4CHEMD**BioCreative IV Chemical and Drug

유전자와 관련된 개체의 경우 다음 데이터셋을 사용한다.

- **BC2GM**BioCreative II Gene Mention
- **JNLPBA**

종^{specie}과 관련된 개체명의 경우 다음 데이터셋을 사용한다.

- **LINNAEUS**<small>LINeage tracing by Nuclease-Activated Editing of Ubiquitous Sequences</small>

- Species-800

또한 이러한 모든 데이터셋을 병합하고 BioBERT 모델을 파인 튜닝해 주어진 텍스트의 생물 의학 용어를 4개의 체명(질병, 약물 및 화학, 유전자, 종)으로 분류할 수 있다.

질문-응답을 위한 BioBERT

생물 의학 질문-응답 태스크를 위해 사전 학습된 BioBERT를 파인 튜닝할 수 있다. BioASQ (*http://bioasq.org*)는 생물 의학 질문-응답 데이터셋에 널리 사용된다. BioASQ의 형식은 SQuAD와 동일하다. 질문-응답을 위해 BioBERT를 파인 튜닝하는 방법은 BERT를 파인 튜닝하는 법과 다르지 않다. BioBERT를 BioASQ 데이터셋으로 파인 튜닝한 후 생체 의학 질문에 답할 수 있다.

앞서 언급한 태스크 외에도 또 다른 생물 의학 다운스트림 태스크에 맞춰 BioBERT를 파인 튜닝할 수 있다.

이 장에서는 sentence-BERT와 domain-BERT의 두 가지 모델을 배웠다. 다음 장에서는 VideoBERT와 BART를 다룰 예정이다.

8.5 마치며

sentence-BERT의 작동 원리를 이해하는 것으로 이 장을 시작했다. sentence-BERT가 문장 표현을 계산하기 위해 평균 또는 최대 풀링을 사용한다는 것을 확인했다. 또한 sentence-BERT는 기본적으로 문장 표현을 계산하기 위해 파인 튜닝된 사전 학습된 BERT라는 것을 다뤘다. sentence-BERT는 사전 학습된 BERT를 파인 튜닝하기 위해 샴 및 트리플렛 네트워크 아키텍처를 사용해 파인 튜닝을 더 빠르게 하고 정확한 문장 임베딩을 얻는다.

그다음으로 `sentence-transformers` 라이브러리를 사용해 문장 표현을 계산하는 방법과 문장 쌍 사이의 유사도를 계산하는 방법을 배웠다. 그리고 지식 증류를 사용해 단일 언어 임베딩을 다국어로 만드는 법을 알아봤다. 학생(XLM-R)이 교사(sentence-BERT)가 단일 언어 임베딩을 생성하는 법과 동일하게 다국어 임베딩을 생성하도록 하는 법을 확인했다.

그다음으로 domain-BERT 모델을 살펴봤다. MIMIC-III 임상 노트를 사용해 Clinical BERT를 사전 학습시키는 방법과 재입원을 예측하는 태스크를 위해 ClincalBERT를 파인 튜닝하는 법을 다뤘다. 마지막으로는 BioBERT에 대해 알아보고 다운스트림 태스크에 맞춰 BioBERT를 파인 튜닝하는 법을 배웠다. 다음 장에서는 VideoBERT와 BART의 원리를 이해해보자.

8.6 연습 문제

다음 질문에 답해보자.

1. sentence-BERT는 무엇인가?
2. 최대 풀링과 평균 풀링의 차이점은 무엇인가?
3. ClinicalBERT는 무엇인가?
4. ClinicalBERT의 용도는 무엇인가?
5. ClinicalBERT 학습에 사용되는 데이터셋은 무엇인가?
6. ClinicalBERT 이용해 재입원 확률을 어떻게 계산하는가?
7. BioBERT 학습에 사용되는 데이터셋은 무엇인가?

8.7 보충 자료

더 자세한 내용을 알고 싶다면 다음 문서를 참조하길 바란다.

- sentence-BERT: Sentence Embeddings using Siamese BERT-Networks by Nils Reimers and Iryna Gurevych, *https://arxiv.org/pdf/1908.10084.pdf*
- Making Monolingual Sentence Embeddings Multilingual using Knowledge Distillation by Nils Reimers and Iryna Gurevych, *https://arxiv.org/pdf/2004.09813.pdf*

- ClinicalBERT: Modeling Clinical Notes and Predicting Hospital Readmission by Kexin Huang, Jaan Altosaar, and Rajesh Ranganath, *https://arxiv.org/pdf/1904.05342.pdf*

- BioBERT: a pre-trained biomedical language representation model for biomedical text mining by Jinhyuk Lee, Wonjin Yoon, Sungdong Kim, Donghyeon Kim, Sunkyu Kim, Chan Ho So, and Jaewoo Kang, *https://arxiv.org/pdf/1901.08746.pdf*

VideoBERT, BART

이제 끝이 보인다. 긴 여정이었다. 트랜스포머를 이해하는 것을 시작으로 BERT와 ALBERT를 거쳐 sentence-BERT까지, BERT의 여러 파생 모델에 대해 자세히 배웠다. 이 장에서는 VideoBERT와 BART 모델을 살펴볼 것이다. 또한 ktrain과 bert-as-service라는 꽤 인기 있는 BERT 라이브러리를 소개한다. 처음은 VideoBERT의 원리를 배우는 것이다. 먼저 VideoBERT가 어떻게 언어와 비디오의 표현을 동시에 학습시키는지 확인하고 VideoBERT의 일부 응용 프로그램을 알아보겠다.

계속해서 BART가 무엇이고 BERT와 또 어떻게 다른지 알아본다. BART에서 사용되는 다양한 노이즈 기법을 자세히 다룬다. 그런 다음 사전 학습된 BART를 사용해 텍스트 요약을 수행하는 법을 살펴본다.

이어서 ktrain 라이브러리를 알아본다. ktrain 라이브러리의 작동 원리를 이해한 후, 감정 분석, 문서 응답 및 문서 요약에 ktrain 라이브러리를 사용하는 방법을 배운다.

문장 표현을 얻는 데 사용되는 또 다른 인기 있는 BERT 라이브러리인 bert-as-service 라이브러리를 살펴본다. bert-as-service 라이브러리를 사용해 문장 및 문맥 단어 표현을 계산하는 법을 확인한다.

이 장에서 다룰 내용은 다음과 같다.

- VideoBERT로 언어 및 비디오 표현 학습
- BART 이해하기

- ktrain 라이브러리
- bert-as-service 라이브러리

9.1 VideoBERT로 언어 및 비디오 표현 학습

이 절에서는 BERT의 또 다른 흥미로운 파생 모델인 VideoBERT를 알아본다. VideoBERT라는 이름처럼 언어 표현 학습과 동시에 비디오 표현도 학습한다. VideoBERT는 영상과 언어의 표현을 동시에 배우는 최초의 BERT 모델이다.

사전 학습된 BERT를 사용해 다운스트림 태스크에 맞춰 파인 튜닝한 것처럼 사전 학습된 VideoBERT 모델을 사용해 많은 흥미로운 다운스트림 태스크에 맞춰 파인 튜닝할 수 있다. VideoBERT는 이미지 캡션 생성, 비디오 캡션, 비디오의 다음 프레임 예측 등과 같은 태스크에 사용된다.

VideoBERT는 비디오 및 언어 표현을 배우기 위해 어떻게 사전 학습이 되었을까? 이어지는 절에서 자세히 알아보자.

9.1.1 VideoBERT 사전 학습

BERT는 MLM(cloze 태스크)과 NSP를 사용해 사전 학습된다고 알고 있다. VideoBERT도 MLM과 NSP을 사용해 사전 학습할 수 있을까? 전자는 맞고 후자는 틀렸다. cloze 태스크를 이용해 VideoBERT를 사전 학습할 수는 있지만 NSP에는 사용할 수는 없다. 그 대신 언어-시각linguistic-visual 정렬이라는 새로운 태스크를 사용한다. 이제 cloze 태스크와 언어-시각 정렬을 이용해 어떻게 VideoBERT가 정확히 사전 학습되는지 알아보겠다.

cloze 태스크

먼저 cloze 태스크를 이용해 VideoBERT가 어떻게 사전 학습되는지 확인해보겠다. VideoBERT를 사전 학습시키기 위해 요리 비디오와 같은 교육용 비디오를 사용한다. 왜 교육용 비디오를 사용하는 것일까? 교육용 비디오가 아닌 다른 비디오는 왜 사용할 수 없을까? 요리 방법을 알려주는 비디오가 있다고 예를 들어보자. [그림 9-1]과 같이 교육자가 "레몬을 얇게 써세요"라고 말하면서 동시에 시각적으로 자르는 모습을 보여줄 것이다.

오디오: 레몬을 얇게 써세요.

비디오:

그림 9-1 샘플 비디오

교육자의 말과 해당 시각 자료가 서로 일치하는 이러한 종류의 교육용 비디오는 VideoBERT를 사전 학습시키는 데 매우 유용하다. 교육용 비디오에서는 교육자의 말과 해당 영상이 서로 일치해 언어와 비디오의 표현을 동시에 배우는 데 도움이 된다.

교육용 비디오가 VideoBERT 사전 학습에 유용하다는 것을 배웠다. 그렇다면, 어떻게 해야 비디오를 학습에 사용할 수 있을까? 먼저 비디오에서 언어 토큰과 시각 토큰을 추출해야 한다. 토큰 추출 방법을 살펴보자.

비디오에 사용된 오디오(교육자의 말)에서 언어 토큰을 추출할 수 있다. 비디오에서 오디오를 추출하고 오디오를 텍스트로 변환해야 한다. 이를 위해 **자동 음성 인식**automatic speech recognition(ASR) 툴킷을 활용한다. ASR을 사용해 비디오에 사용된 오디오를 추출해 텍스트로 변환한다. 오디오를 텍스트로 변환한 후 텍스트를 토큰화하면 언어 토큰이 만들어진다.

시각 토큰은 어떻게 얻을까? 시각 토큰을 얻기 위해 비디오의 이미지 프레임을 20fps(초당 프레임)로 샘플링한다. 그런 다음 이미지 프레임을 1.5초의 구간으로 시각 토큰들로 변환한다.

이제 우리는 언어와 시각 토큰을 가지고 있다. 그렇다면 어떻게 해야 이것들로 VideoBERT 모델을 사전 학습시킬 수 있을까? 첫째, 언어와 시각 토큰을 결합한다. 이들을 결합하면 [그림 9-2]처럼 언어와 시각 토큰을 갖게 된다. 언어와 시각 토큰 사이에 [>] 토큰이 있다는 것을 알 수 있다. 이는 언어 및 시각적 토큰을 결합하는 데 사용되는 특수 토큰이다.

Tokens = [Cut , lemon , into , slices , [>] , , ,]

그림 9-2 입력 토큰들

첫 번째 문장의 시작 부분에 [CLS] 토큰을 추가하고 모든 문장의 끝에 [SEP] 토큰을 추가한다는 것은 이미 알고 있을 것이다. 이제 언어 토큰의 시작 부분에 [CLS] 토큰을 추가하고 시각 토큰 끝에만 [SEP]를 추가한다. 이는 언어 및 시각 토큰의 전체 컬렉션을 [그림 9-3]과 같이 단일 문장으로 취급함을 나타낸다.

Tokens = [[CLS] , Cut , lemon , into , slices , [>] , 🖼 , 🖼 , 🖼 , [SEP]]

그림 9-3 CLS와 SEP 토큰이 추가된 입력 토큰들

이제 [그림 9-4]처럼 언어 및 시각 토큰 중 몇 가지 토큰들을 무작위로 마스킹한다.

Tokens = [[CLS] , Cut , [MASK] , into , slices , [>] , 🖼 , [MASK] , 🖼 , [SEP]]

그림 9-4 마스크된 입력 토큰들

그다음 모든 토큰의 표현을 얻을 수 있는 VideoBERT에 모든 토큰들을 입력한다. 예를 들어 [그림 9-5]처럼 $R_{[CLS]}$는 [CLS] 토큰의 표현을 나타내고 $R_{[cut]}$는 cut 토큰의 표현을 나타낸다.

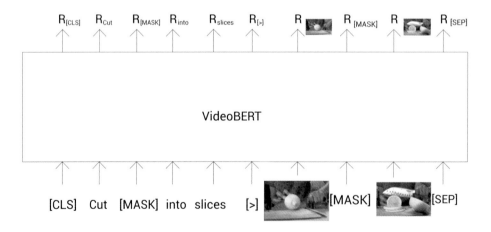

그림 9-5 모든 토큰의 표현을 반환하는 VideoBERT

VideoBERT에서 반환된 마스크된 토큰의 표현을 분류기(피드포워드 + 소프트맥스)에 입력하면, 분류기는 [그림 9-6]처럼 마스크된 토큰을 예측한다.

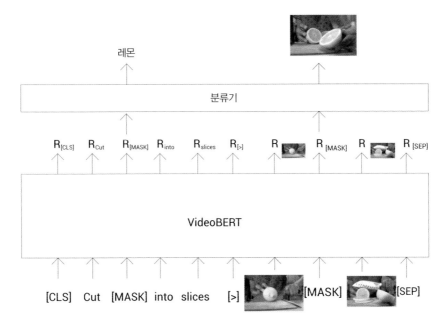

그림 9-6 마스크된 토큰을 예측하면서 VideoBERT 사전 학습시키기

이러한 방식으로 우리는 마스크 언어 및 시각 토큰을 예측해 cloze 태스크로 VideoBERT를 사전 학습한다.

cloze 태스크를 이용해 VideoBERT를 사전 학습시키는 법을 배웠으므로 이제 언어-시각 정렬을 사용해 VideoBERT가 사전 학습되는 법을 알아보겠다.

언어-시각 정렬

BERT를 이용한 NSP 태스크와 유사하게 언어-시각 정렬 역시 분류 태스크다. 그러나 여기서는 특정 문장이 다음 문장인지를 예측하지는 않는다. 그 대신 언어와 시각 토큰이 시간적으로 서로 정렬되어 있는지를 예측한다. 즉 텍스트(언어 토큰)가 비디오(시각적 토큰)와 일치하는지 여부를 예측하는 것이다.

따라서 이 태스크의 목표는 언어 토큰(언어적 문장)이 시각 토큰(시각적 문장)과 정렬되는지 여부를 예측하는 것이다. 어떻게 할 수 있을까? 이를 달성하기 위해 [그림 9-7]처럼 [CLS] 토큰의 표현을 가져온 다음 주어진 언어 및 시각 토큰이 일시적으로 정렬되는지 여부를 분류하는 분류기에 입력한다.

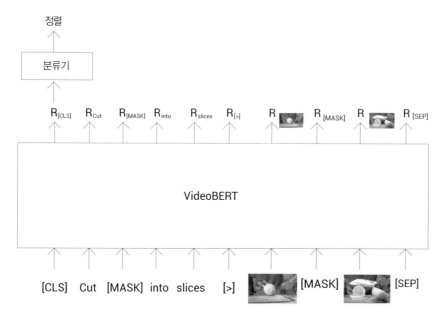

그림 9-7 언어-시각 정렬이 적용된 사전 학습

언어-시각 정렬은 NSP와 유사한 분류 태스크이지만 여기서는 [CLS] 토큰의 표현을 사용해 언어와 시각 토큰이 서로 정렬되는지 예측한다. 반면 NSP에는 [CLS] 표현을 이용해 주어진 문장 다음에 출현하는 문장이 다음 문장인지를 예측한다.

cloze 태스크와 언어-시각 정렬을 사용해 VideoBERT가 어떻게 사전 학습되는지 자세히 배웠다. 이제 VideoBERT 사전 학습의 최종 목표를 확인해보겠다.

최종 사전 학습 목표

VideoBERT는 **텍스트, 비디오, 텍스트-비디오**라는 세 가지 목표를 사용해 사전 학습된다.

- **텍스트** 방법은 언어 토큰을 마스킹하고 마스크 언어 토큰을 예측하도록 모델을 학습시킨다. 이 과정은 모델이 언어 표현을 더 잘 이해하도록 만든다.

- **비디오** 방법은 시각 토큰을 마스킹하고 마스크된 시각 토큰을 예측하도록 모델을 학습시킨다. 이 방법은 모델이 비디오 표현을 더 잘 이해하도록 한다.

- **텍스트-비디오** 방법은 언어 및 시각적 토큰을 마스킹하고 모델을 학습시켜 마스크 언어 및 시각 토큰을 예측한다. 또한 모델이 언어-시각 정렬을 학습하게 한다. 이 과정은 모델이 언어와 시각 토큰 간의 관계를 이해하는 데 도움이 된다.

VideoBERT의 최종 사전 학습 목표는 앞서 언급한 세 가지 방법을 모두 활용한 가중치 조합이다. VideoBERT는 4개의 TPU를 사용해 2일 동안 50만 번 반복해 앞의 목표들을 수행하면서 학습한다. 사전 학습된 VideoBERT 모델을 사용하고 다운스트림 태스크에 맞춰 파인 튜닝할 수 있다.

VideoBERT 사전 학습에 사용되는 데이터셋이 궁금한가? 그렇다면 이제 연구원들이 Video BERT를 사전 학습시키는 데 사용한 데이터셋을 확인해보자.

9.1.2 데이터 소스 및 전처리

VideoBERT가 언어 및 비디오 표현을 더 잘 학습하려면 비디오가 많이 필요하다. 우리는 사전 학습에 비디오를 무작위로 선택해 사용하지 않는다. 그 대신 교육용 비디오를 사용한다. 교육용 비디오는 어떻게 얻을까? 연구원들은 유튜브^{YouTube}의 교육용 비디오를 사용해 데이터셋을 구성했다. 유튜브 동영상 주석^{annotation} 시스템을 이용해 요리와 관련된 유튜브 동영상을 추출했으며 영상의 길이는 15분 미만이다. 동영상의 수는 총 31만 2,000개로 시간으로 환산하면 약 2만 3,186시간(날짜로 환산하면 966일)이다.

다음으로, 연구원은 비디오에 사용된 오디오를 텍스트로 변환하는 데 유튜브 API에서 제공하는 자동 음성 인식 도구를 사용했다. 유튜브 API는 오디오를 텍스트로 변환하고 타임스탬프와 함께 텍스트를 반환한다. 이 API에서 비디오에 사용된 언어에 대한 정보도 얻을 수 있다.

API를 사용해 31만 2,000개의 모든 비디오의 오디오를 텍스트로 변환한 것은 아니다. 동영상 18만 개만 변환했다. 이 18만 개의 동영상 중 영어로 된 동영상은 12만 개로 추정된다. 즉, 연구원들은 텍스트 및 비디오 텍스트 목표^{objective}를 위해 영어로 된 12만 개의 비디오만 사용했다. 비디오 목표의 경우 31만 2,000개의 비디오를 사용했다.

시각 토큰은 어떻게 얻을까? 앞서 시각 토큰을 얻기 위해 비디오에서 20fps로 이미지 프레임을 샘플링한다는 것을 배웠다. 연구원들은 이러한 이미지 프레임에서 사전 학습된 비디오 컨볼루셔널 뉴럴넷pre-trained video convolutional neural network과 계층적 k-평균 알고리즘hierarchical k-means algorithm을 사용해 시각 특징을 토큰화했다.

VideoBERT를 사전 학습시키는 방법과 VideoBERT의 사전 학습에 사용되는 데이터셋을 배웠다. VideoBERT를 정확히 어디에 적용할 수 있을까? 무엇을 응용할 수 있을까? 이에 대해 더 자세히 알아보자.

9.1.3 VideoBERT의 응용

여기서는 VideoBERT의 몇 가지 흥미로운 응용에 대해 간단히 살펴보자.

다음 시각 토큰 예측

VideoBERT에 시각 토큰을 입력해 상위 3개의 다음next 시각 토큰을 예측할 수 있다. 예를 들어 [그림 9-8]처럼 VideoBERT에 시각 토큰을 입력할 수 있으며 주어진 시각 토큰을 기반으로 모델은 "케이크를 굽고 있다"를 이해하고 상위 3개의 다음 토큰을 예측한다.

그림 9-8 VideoBERT를 이용한 다음 시각 토큰 예측하기[1]

텍스트-비디오 생성

텍스트가 주어지면 VideoBERT는 해당하는 시각 토큰을 생성할 수 있다. 예를 들어 [그림 9-9]처럼 주어진 요리 지침에 따라 모델이 해당 비디오를 생성한다.

---

1 *https://arxiv.org/pdf/1904.01766.pdf*

그림 9-9 VideoBERT를 이용한 텍스트-to-비디오 생성[2]

비디오 자막

비디오가 있으면 VideoBERT를 이용해 자막을 지정할 수 있다. VideoBERT 모델에 비디오를 입력하고 자막을 얻는다. 생성된 자막은 다음과 같다.

비디오:

자막: 바질을 잘라 그릇에 넣는다.

그림 9-10 VideoBERT를 이용한 비디오 자막 생성

VideoBERT의 원리를 배웠으므로 다음 절에서는 또 다른 흥미로운 모델인 BART를 알아보겠다.

9.2 BART 이해하기

BART는 페이스북 AI에서 도입한 흥미로운 모델이다. 트랜스포머 아키텍처를 기반으로 한다. BART는 본질적으로 노이즈 제거 오토 인코더denoising autoencoder다. 손상된 텍스트를 재구성해 학습한다.

---

2 _https://arxiv.org/pdf/1904.01766.pdf_

BERT와 마찬가지로 사전 학습된 BART를 사용하고 여러 다운스트림 태스크에 맞춰 파인 튜닝할 수 있다. BART는 텍스트 생성에 가장 적합하다. 또한 언어 번역 및 이해와 같은 다른 태스크에도 사용된다. 연구원들은 BART의 성능이 RoBERTa의 성능과 비슷함을 보였다. 그렇다면 BART는 정확히 어떻게 작동할까? BART의 특별한 점은 무엇일까? BERT와는 또 어떻게 다를까? 이제 이러한 질문들에 대한 답을 찾아보자.

9.2.1 BART의 아키텍처

BART는 본질적으로 인코더와 디코더가 있는 트랜스포머 모델이다. 손상된 텍스트를 인코더에 입력하고 인코더는 주어진 텍스트의 표현을 학습시키고 그 표현을 디코더로 보낸다. 디코더는 인코더가 생성한 표현을 가져와 손상되지 않은 원본 텍스트를 재구성한다.

BART의 인코더는 양방향이므로 양방향(왼쪽에서 오른쪽, 오른쪽에서 왼쪽)으로 문장을 읽을 수 있지만 BART 모델의 디코더는 단방향이며 왼쪽에서 오른쪽으로만 문장을 읽는다. 따라서 BART에는 양방향 인코더(양방향)와 자동 회귀autogressive 디코더(단방향)가 있다.

[그림 9-11]은 BART를 나타낸다. (몇 개의 토큰을 마스킹함으로써) 원본 텍스트를 손상시키고 인코더에 입력한다. 인코더는 주어진 텍스트의 표현을 학습시키고 그 표현을 디코더로 보낸 이후 원래의 손상되지 않은 텍스트를 재구성한다.

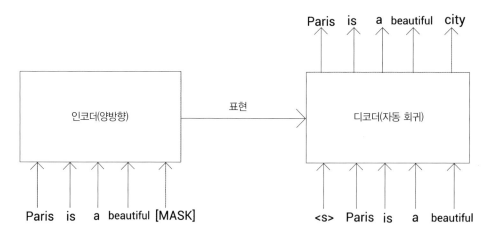

그림 9-11 BART 모델

BART는 복원 손실, 즉 원본 텍스트와 디코더가 생성한 텍스트 사이의 교차 엔트로피 손실cross-entropy loss을 최소화하도록 학습된다. BART는 BERT와 다르다. BERT에서는 마스크된 토큰을 인코더에 입력한 다음 인코더의 결과를 마스크된 토큰을 예측하는 피드포워드 네트워크에 입력한다. 그러나 BART에서는 인코더의 결과를 디코더에 입력해 원래 문장을 생성 및 재구성한다.

연구원들은 BART의 두 가지 다른 구성을 실험했다.

- **BART-base**: 6개의 인코더 및 디코더 레이어
- **BART-large**: 12개의 인코더 및 디코더 레이어

우리는 BART의 인코더에 텍스트를 손상시켜 입력한다는 것을 배웠다. 정확히 어떻게 손상시키는가? 손상에는 적은 수의 토큰 마스킹만 포함될까? 반드시 그런 것은 아니다. 연구원들은 텍스트를 손상시키기 위해 몇 가지 흥미로운 노이징 기술을 제안했다. 이제 이러한 기술을 알아보겠다.

노이징 기술

연구원들은 텍스트를 손상시키기 위해 다음과 같은 다양한 노이징 기법을 도입했다.

- 토큰 마스킹
- 토큰 삭제
- 토큰 채우기
- 문장 셔플
- 문서 회전

각 방법을 자세히 확인해보자.

토큰 마스킹

토큰 마스킹이라는 이름에서 알 수 있듯이 몇 개의 토큰을 무작위로 마스킹한다. 즉, BERT에서 했던 것처럼 무작위로 몇 개의 토큰을 [MASK]로 대체한다. [그림 9-12]는 간단한 예를 보여준다.

수정 전	수정 후
Chelsea is my favorite football club	Chelsea is my favorite [MASK] club

그림 9-12 토큰 마스킹[3]

토큰 삭제

토큰 삭제는 일부 토큰을 무작위로 삭제한다. 토큰 마스킹과 비슷하지만 토큰을 마스킹하는 대신 직접 삭제한다. [그림 9-13]은 간단한 예를 보여준다.

수정 전	수정 후
Chelsea is my favorite football club	Chelsea is my favorite club

그림 9-13 토큰 삭제

여기서는 [MASK] 토큰이 사용되지 않고 해당 토큰이 직접 삭제되기 때문에 모델은 토큰이 무작위로 삭제된 위치를 찾아 그 위치에서 새로운 토큰을 예측한다.

토큰 채우기

토큰 채우기는 단일 [MASK] 토큰으로 연속된 토큰셋을 마스킹한다. 잠깐, SpanBERT와 비슷하다고 생각하는가? 아니다. SpanBERT에서는 연속된 4개의 토큰셋을 마스킹하는 경우 이를 4개의 [MASK] 토큰으로 대체한다. 하지만 BART는 하나의 [MASK] 토큰으로 대체한다. [그림 9-14]는 간단한 예를 보여준다.

수정 전	수정 후
I loved the book so much and I have read it so many times	I loved [MASK] and I have read it so many times

그림 9-14 토큰 채우기

....

3 옮긴이_ 수정 전의 football 토큰이 수정 후 [MASK]로 마스크된다.

위의 예제처럼 연속된 토큰셋(the, book, so, much)이 하나의 [MASK] 토큰으로 마스크되었다.

문장 셔플

문장 셔플이라는 이름처럼 문장의 순서를 무작위로 섞어 인코더에 입력한다. [그림 9-15]는 간단한 예를 보여준다.

수정 전	수정 후
I completed my assignment by evening. Then I started playing a game. I played the game until 10 PM. Then I went to sleep.	I played the game until 10 PM.Then I started playing a game.I completed my assignment by evening. Then I went to sleep.

그림 9-15 문장 셔플

앞의 표처럼 문장 순서를 섞었다.

문서 회전

문서 회전에서는 주어진 문서에서 문서의 시작이 될 수 있는 특정 단어(토큰)를 무작위로 선택한다. 선택한 단어 앞의 모든 단어가 문서 끝에 추가된다. 예를 들어, 다음 그림과 같이 'playing'이라는 단어를 문서의 시작 단어로 선택하면 그 이전의 모든 단어가 문서 끝에 추가된다.

수정 전	수정 후
I completed my assignment by evening. Then I started playing a game. I played the game until 10 PM. Then I went to sleep	Playing a game. I played the game until 10 PM. Then I went to sleep. I completed my assignment by evening Then I started

그림 9-16 문서 회전

앞서 언급한 노이즈 기술을 사용해 일부 텍스트를 손상시키고 BART를 사전 학습시켜 손상된 텍스트를 예측할 수 있다. 사전 학습 후에는 다른 다운스트림 태스크에 맞춰 BART를 파인 튜닝할 수 있다. 문장 분류 태스크에 사전 학습된 BART를 사용한다고 가정하자. 이 경우에는 인코더에 손상되지 않은 문장을 입력하고 분류 태스크에 최종 디코더에서 출력된 표현을 이용한다.

9.2.2 다양한 사전 학습 목표 비교

앞에서는 BART를 사전 학습할 때 사용되는 다양한 노이즈 기법을 배웠다. 어떤 방법이 가장 좋을까? 연구원들은 여러 데이터셋에서 다양한 노이징 기법과 파인 튜닝으로 BART를 실험했다. [그림 9-17]은 그 결과를 보여준다.

노이징 기술	SQuAD 1.1 F1	MNLI Acc	ELI5 Acc	XSum PPL	ConvAI2 PPL	CNN/DM PPL
토큰 마스킹	90.4	84.1	25.05	7.08	11.73	6.10
토큰 삭제	90.4	84.1	24.61	6.90	11.46	5.87
텍스트 채우기	90.8	84.0	24.26	6.61	11.05	5.83
문장 회전	77.2	75.3	53.69	17.14	19.87	10.59
문장 셔플	58.4	81.5	41.87	10.93	16.67	7.89
텍스트 채우기 + 문장 셔플	90.8	83.8	24.17	6.62	11.12	5.41

그림 9-17 다양한 노이즈 기법 비교[4]

BART 사전 학습을 배웠으므로 이제 사전 학습된 BART를 이용해 텍스트 요약을 어떻게 할 수 있는지 알아보자.

9.2.3 BART로 텍스트 요약하기

저자의 깃허브 저장소에서 전체 코드에 접근할 수 있다. 코드를 원활하게 실행하려면 책의 깃허브 저장소를 클론하고 구글 콜랩을 사용해 코드를 실행하자. 먼저 `trasnformers` 라이브러리를 이용해 토큰화를 위한 `BartTokenizer`와 텍스트 요약을 위한 `BartForConditional Generation`를 임포트한다.

---

[4] https://arxiv.org/pdf/1910.13461.pdf

```
from transformers import BartTokenizer, BartForConditionalGeneration
```

사전 학습된 BART-large 모델을 사용한다. bart-large-cnn은 텍스트 요약에 맞춰 사전 학습된 BART-large 모델이다.

```
model = \ BartForConditionalGeneration.from_pretrained('facebook/bart-large-cnn')
tokenizer = BartTokenizer.from_pretrained('facebook/bart-large-cnn')
```

이제 요약할 텍스트를 정의한다.

```
text = """Machine learning (ML) is the study of computer algorithms that improve
automatically through experience.It is seen as a subset of artificial intelligence.
Machine learning algorithms build a mathematical model based on sample data, known
as training data, in order to make predictions or decisions without being explicitly
programmed to do so.Machine learning algorithms are used in a wide variety of
applications, such as email filtering and computer vision, where it is difficult or
infeasible to develop conventional algorithms to perform the needed tasks."""
```

다음 코드로 텍스트를 토큰화한다.

```
inputs = tokenizer([text], max_length=1024, return_tensors='pt')
```

모델로 생성한 요약 토큰의 ID들을 얻는다.

```
summary_ids = model.generate(inputs['input_ids'], num_beams=4,
                             max_length=100, early_stopping=True)
```

토큰 ID들을 토크나이저로 디코드해 해당 토큰(단어)들을 얻는다.

```
summary = ([tokenizer.decode(i, skip_special_tokens=True,
                             clean_up_tokenization_spaces=False) \
           for i in summary_ids])
```

이제 주어진 텍스트의 요약을 출력한다.

```
print(summary)
```

출력 결과는 다음과 같다.

Machine learning is the study of computer algorithms that improve automatically through experience. It is a subset of artificial intelligence. Machine learning algorithms are used in a wide variety of applications, such as email filtering and computer vision, where it is difficult or infeasible to develop conventional algorithm.

요약된 텍스트가 출력된다. 이러한 방식으로 텍스트 요약에 BART를 사용할 수 있다. 이번에는 BERT 라이브러리를 살펴보자.

9.3 BERT 라이브러리 탐색

이전 장에서 **허깅페이스**Hugging Face의 transformers 라이브러리를 사용하는 법을 알아봤다. 이 절에서는 BERT의 가장 인기 있는 라이브러리를 다룬다.

- ktrain 라이브러리
- bert-as-service 라이브러리

9.3.1 ktrain 이해하기

ktrain은 아룬 S. 마이야Arun S. Maiya가 개발한 증강 머신러닝을 위한 로우코드[5] 라이브러리다. 케라스 경량 래퍼lightweight wrapper를 이용해 딥러닝 모델을 더 쉽게 구축, 학습하고 배포할 수 있다. 또한 텍스트 분류, 요약, 질문, 응답, 번역, 회귀 등과 같은 태스크를 더 쉽게 수행할 수 있도록 몇 가지 사전 학습된 모델을 포함한다. tf.keras를 사용해 구현한다. 학습률 파인더, 학습률 스케줄러 등과 같은 몇 가지 흥미로운 기능도 포함한다.

ktrain을 이용하면 작성자가 로우코드 머신러닝이라 부르는 3~5줄의 코드로 모델을 빌드할 수 있다. ktrain을 사용하는 법을 알아보자.

---

5 옮긴이_ 로우코드는 데이터, 모델 등의 각 단계들을 3~4줄의 짧은 코드로 실행하는 것을 의미한다(*https://arxiv.org/pdf/2004.10703.pdf*).

먼저 pip를 활용해 ktrain 라이브러리를 설치한다.

```
pip install ktrain
```

이제 ktrain을 설치했으므로 다음으로는 감정 분석, 질문—응답 및 요약을 위해 ktrain 라이브러리를 사용하는 방법에 대해 배워보자.

ktrain을 이용한 감정 분석

여기서는 ktrain을 사용해 감정 분석을 수행하는 법을 알아보겠다. 아마존Amazon 제품 리뷰 데이터셋을 사용한다. 데이터셋은 *http://jmcauley.ucsd.edu/data/amazon*에서 다운로드할 수 있다.

앞의 URL에서 전체 리뷰 데이터와 일부 데이터 서브셋을 찾을 수 있다. 이번 예제는 디지털 음악 리뷰가 포함된 데이터 서브셋을 사용한다. 다음 링크에서 디지털 음악 리뷰를 다운로드할 수 있다(*http://snap.stanford.edu/data/amazon/productGraph/categoryFiles/reviews_Digital_Music_5.json.gz*). 다운로드할 수 있는 디지털 음악 리뷰는 압축 형식 gzip으로 제공한다. 따라서 다운로드한 다음 압축을 풀고 JSON 형식으로 리뷰를 가져온다.

저자의 깃허브 저장소에서 전체 코드에 접근할 수 있다. 원활한 코드 실행을 위해 책의 깃허브 저장소를 클론하고 구글 콜랩을 사용해 코드를 실행하자.

먼저 필요한 라이브러리를 로드한다.

```
import ktrain
from ktrain import text
import pandas as pd
```

디지털 음악 리뷰를 다운로드하고 로드하자.

```
!gdown https://drive.google.com/uc?id=1-8urBLVtFuuvAVHi0s000e7r0KPUgt9f df = pd.read_
json(r'reviews_Digital_Music_5.json',lines=True)
```

데이터셋의 몇 행을 살펴보자.

```
df.head()
```

코드를 실행하면 다음과 같은 결과를 출력한다.

	reviewerID	asin	reviewerName	helpful	reviewText	overall	summary	unixReviewTime	reviewTime
0	A3EBHHCZO6V2A4	5555991584	Amaranth "music fan"	[3, 3]	It's hard to believe "Memory of Trees" came ou...	5	Enya's last great album	1158019200	09 12, 2006
1	AZPWAXJG9OJXV	5555991584	bethtexas	[0, 0]	A clasically-styled and introverted album, Mem...	5	Enya at her most elegant	991526400	06 3, 2001
2	A38IRL0X2T4DPF	5555991584	bob turnley	[2, 2]	I never thought Enya would reach the sublime h...	5	The best so far	1058140800	07 14, 2003
3	A22IK3I6U76GX0	5555991584	Calle	[1, 1]	This is the third review of an irish album I w...	5	Ireland produces good music.	957312000	05 3, 2000
4	A1AISPOIIHTHXX	5555991584	Cloud "..."	[1, 1]	Enya, despite being a successful recording art...	4	4.5; music to dream to	1200528000	01 17, 2008

그림 9-18 데이터셋의 처음 몇 행들

리뷰 텍스트와 전체 평점만 필요하기 때문에 다음 코드로 reviewText와 overall 열만 가져오도록 데이터셋의 서브셋을 지정한다.[6]

```
df = df[['reviewText','overall']]
df.head()
```

코드를 실행하면 다음과 같은 결과를 출력한다.

	reviewText	overall
0	It's hard to believe "Memory of Trees" came ou...	5
1	A clasically-styled and introverted album, Mem...	5
2	I never thought Enya would reach the sublime h...	5
3	This is the third review of an irish album I w...	5
4	Enya, despite being a successful recording art...	4

그림 9-19 데이터셋에서 reviewText와 overall 열을 포함한 서브셋

1~5까지의 등급이 있다는 것을 알 수 있다. 등급 1~3을 negative 등급에 할당하고, 4~5를 positive 등급에 할당해보겠다.

```
sentiment = {1: 'negative', 2: 'negative', 3: 'negative', 4: 'positive', 5: 'positive'}
df['sentiment'] = df['overall'].map(sentiment)
```

----

6 옮긴이_ pandas 문법을 이용해 df에서 'reviewText', 'overall'의 열만 선택해 df로 재할당한다.

이제 다음 코드와 같이 데이터셋을 reviewText와 sentiment 열에 대해서만 서브셋으로 설정하자.

```
df = df[['reviewText','sentiment']]
df.head()
```

출력 결과는 다음과 같다.

	reviewText	sentiment
0	It's hard to believe "Memory of Trees" came ou...	positive
1	A clasically-styled and introverted album, Mem...	positive
2	I never thought Enya would reach the sublime h...	positive
3	This is the third review of an irish album I w...	positive
4	Enya, despite being a successful recording art...	positive

그림 9-20 데이터셋의 처음 몇 행들

앞의 결과에서 해당 감정과 일치하는 리뷰 텍스트가 있음을 알 수 있다.

다음 단계는 학습 및 테스트셋을 만드는 것이다. 데이터가 pandas DataFrame에 있으면 texts_from_df 함수를 이용해 학습 및 테스트셋을 만들 수 있다. 데이터가 폴더에 있으면 texts_from_folder 함수를 사용할 수 있다.

데이터셋이 pandas DataFrame에 있으므로 texts_from_df 함수를 이용한다. 함수의 인수는 다음을 포함한다.

- train_df: 리뷰와 감정이 포함된 DataFrame이다.
- text_column: 리뷰가 포함된 열의 이름이다.
- label_column: 레이블이 포함된 열의 이름이다.
- max_len: 리뷰의 최대 길이다.
- max_features: 어휘에서 사용하는 최대 단어 수
- preprocess_mode: 텍스트를 토큰 형태로 만드는 일반적인 하려면 preprocess_mode를 standard로 설정한다. BERT에서 사용한 것과 같은 식으로 토큰화를 하려면 preprocess_mode를 bert로 설정한다.

이 연습에서는 maxlen을 100으로, max_features를 100000으로 설정한다. 분류를 하는 데 BERT를 사용할 것이므로 preprocess_mode를 bert로 사용한다.

```
(x_train, y_train), (x_test, y_test), preproc = \
text.texts_from_df(train_df = df,
                   text_column = 'reviewText',
                   label_columns=['sentiment'],
                   maxlen=100,
                   max_features=100000,
                   preprocess_mode='bert',
                   val_pct=0.1)
```

출력 결과는 다음과 같다.

```
downloading pre-trained BERT model (uncased_L-12_H-768_A-12.zip)…
[████████████████████████████████████████████]
extracting pre-trained BERT model…
done.
cleanup downloaded zip…
done.
preprocessing train…
language: en
done.
Is Multi-Label? False
preprocessing test…
language: en
done.
```

출력 내용을 보면, 사전 학습된 BERT를 다운로드하고 있다는 것을 확인할 수 있다. 또한 ktrain은 태스크가 이진 또는 다중 클래스 분류 태스크인지 결정할 수 있다는 것도 알 수 있다.

다음 단계는 분류기를 정의하는 것이다. 그 전에 ktrain에서 제공하는 분류기를 살펴보자.

```
text.print_text_classifiers()
```

출력 결과는 다음과 같다.

```
fasttext: a fastText-like model [http://arxiv.org/pdf/1607.01759.pdf]
logreg: logistic regression using a trainable Embedding layer
```

```
nbsvm: NBSVM model [http://www.aclweb.org/anthology/P12-2018]
bigru: Bidirectional GRU with pre-trained fasttext word vectors
[https://fasttext.cc/docs/en/crawl-vectors.html]
standard_gru: simple 2-layer GRU with randomly initialized embeddings
bert: Bidirectional Encoder Representations from Transformers (BERT)
[https://arxiv.org/abs/1810.04805]
distilbert: distilled, smaller, and faster BERT from Hugging Face
[https://arxiv.org/abs/1910.01108]
```

앞의 결과에서 **ktrain**은 로지스틱 회귀 및 양방향 GRU부터 BERT까지 다양한 분류기셋을 제공하는 것을 알 수 있다. 이 튜토리얼에서는 BERT를 사용한다.

이제 분류기를 빌드하고 반환하는 **text_classifier** 함수를 이용해 모델을 정의해보자. 다음은 함수에 대한 중요한 인수다.

- name: 사용할 모델의 이름. 지금은 bert를 사용
- train_data: 학습 데이터를 포함하는 튜플, 즉 (x_train, y_train)
- preproc: 전처리 인스턴스
- metrics: 모델의 성능을 평가하는 메트릭. 지금은 accuracy 사용

```
model = text.text_classifier(name='bert', train_data = (x_train,
                                                          y_train),
                             preproc=preproc, metrics=['accuracy']
```

다음으로 모델 학습에 사용되는 **learner**라는 인스턴스를 만든다. 우리는 **get_learner** 함수를 이용해 **learner** 인스턴스를 만들 것이다. 다음은 함수에서 사용하는 중요한 인수다.

- model: 이전 단계에서 정의한 모델
- train_data: 학습 데이터를 포함하는 튜플
- val_data: 테스트 데이터를 포함하는 튜플
- batch_size: 사용할 배치 크기
- use_multiprocessing: 멀티프로세스를 사용할지 여부를 나타내는 불리언

```
learner = ktrain.get_learner(model = model,
                             train_data=(x_train, y_train),
```

```
                              val_data=(x_test, y_test),
                              batch_size=32,
                              use_multiprocessing = True
```

이제 마침내 `fit_onecycle` 함수를 이용해 모델을 학습시킬 수 있다. 다음은 함수에 대한 중요한 인수다.

- lr: 학습률
- epoch: 학습하려는 반복 수
- checkpoint_folder: 모델 변수를 저장하는 폴더

```
learner.fit_onecycle(lr=2e-5, epochs=1,checkpoint_folder='output')
```

이번 예제는 문제를 간단하게 하기 위해 오직 한 에폭만 학습한다. 코드를 실행하면 다음과 같은 결과를 출력한다.

```
begin training using onecycle policy with max lr of 2e-05...
1820/1820 [==============================] - 1004s 551ms/step - loss:
0.3573 - accuracy: 0.8482 - val_loss: 0.2991 - val_accuracy: 0.8778
```

결과에서 알 수 있듯이 테스트셋에서 87%의 정확도를 얻었다. `ktrain`을 사용해 모델을 학습시키는 것은 이처럼 간단하다.

이제 학습된 모델과 `get_predictor` 함수를 이용해 예측 인스턴스를 만들 수 있다. 다음과 같이 학습된 모델과 `preproc`(전처리 인스턴스)를 입력해야 한다.

```
predictor = ktrain.get_predictor(learner.model, preproc)
```

이제 텍스트를 입력해 `predict` 함수로 감정을 예측할 수 있다.

```
predictor.predict('I loved the song')
```

코드를 실행하면 다음과 같은 결과를 출력한다.

'positive'

모델은 주어진 문장이 긍정적인positive 문장임을 판별했다.

문서 답변 모델 구축

이번에는 ktrain을 사용해 문서 답변 모델document answering model을 구축하는 법을 알아보자. 문서 응답에서, 일련의 문서셋들이 존재하며 문서들을 이용해 질문에 답할 수 있다. ktrain을 이용해 이것을 가능하게 하는 방법을 알아보자.

먼저 필요한 라이브러리를 가져온다.

```
from ktrain import text
import os
import shutil
```

이 예제에서는 BBC 뉴스 데이터셋을 사용한다. BBC 뉴스 데이터셋은 2004년부터 2005년까지의 2,225개 뉴스 문서다. 뉴스 카테고리는 비즈니스, 엔터테인먼트, 정치, 스포츠, 기술로 총 5개를 포함한다.

먼저 데이터셋을 다운로드한다.

```
!wget http://mlg.ucd.ie/files/datasets/bbc-fulltext.zip
```

그다음으로는 데이터셋의 압축을 푼다.

```
!unzip bbc-fulltext.zip
```

이제 필요한 라이브러리를 임포트한다.

```
from ktrain import text import os
```

현재 작업 폴더를 BBC 뉴스 폴더로 변경하자.

```
os.chdir(os.getcwd() + '/bbc')
```

첫 번째 단계는 인덱스 폴더를 초기화하는 것이다. 모든 문서를 인덱스화해 사용한다. 수동으로 새 폴더를 만들 필요는 없다. 인덱스 폴더의 이름을 `intialize_index` 함수에 입력하면 자동으로 인덱스 폴더가 생성된다.

```
text.SimpleQA.initialize_index('index')
```

인덱스를 초기화한 후 문서를 인덱스화해야 한다. 폴더에 모든 문서가 있으므로 `index_from_folder` 함수를 이용한다. `index_from_folder` 함수는 매개변수로 모든 문서가 존재하는 `folder_path`와 `index_dir`의 값을 받는다.

```
text.SimpleQA.index_from_folder(folder_path='entertainment',
                                index_dir='index')
```

다음 단계는 다음과 같이 SimpleQA 클래스의 인스턴스를 만드는 것이다. 인덱스 폴더를 인수로 전달해야 한다.

```
qa = text.SimpleQA('index')
```

이제 `ask` 함수를 사용해 모든 질문에 대한 응답을 문서에서 검색할 수 있다.

```
answers = qa.ask('who had a global hit with where is the love?')
```

상위 5개의 응답을 출력해보자.

```
qa.display_answers(answers[:5])
```

코드를 실행한 결과는 다음과 같다.

	후보 응답		콘텍스트	신뢰도	문서 참조
0	the black eyed peas	the black eyed peas -who had a global hit with where is the love ?-picked up the prize for best pop act, beating anastacia, avril lavigne, robbie williams and britney spears.		0.994715	153.txt
1	but angels	some people will adopt their slightly snobby stances, but angels has hit home with a far larger audience than any other song.		0.002225	253.txt
2	huge robbie	i am a huge robbie fan and love that song.		0.001946	253.txt
3	out kast	out kast will add their awards to the four they won at the us mtv awards in august and three grammys in february.		0.000182	153.txt
4	u2	u2 stars enter rock hall of fame		0.000132	291.txt

그림 9-21 모델이 반환한 응답

후보 응답[7]과 함께 콘텍스트, 신뢰도, 문서 참조와 같은 정보들도 함께 얻는다.

이번에는 다른 질문을 던져보자.

```
answers = qa.ask('who win at mtv europe awards?')
qa.display_answers(answers[:5])
```

코드를 실행한 결과는 다음과 같다.

	후보 응답		콘텍스트	신뢰도	문서 참조
0	out kast	out kast win at mtv europe awards		0.552339	153.txt
1	duo out kast	us hip hop duo out kast have capped a year of award glory with three prizes at the mtv europe music awards in rome.		0.274871	153.txt
2	was justin timberlake	last year ' s big winner at the mtv europe awards, held in edinburgh, scotland, was justin timberlake , who walked away with three trophies.		0.112146	153.txt
3	duo out kast	us rap duo out kast ' s trio of trophies at the mtv europe awards crowns a year of huge success for the band.		0.054767	132.txt
4	band franz ferdinand	scottish rock band franz ferdinand , who shot to prominence in 2004, have won two brit awards.		0.002645	236.txt

그림 9-22 모델이 반환한 응답

이런 방식으로 문서 답변에 **ktrain**을 사용할 수 있다.

---

7 옮긴이_ 응답을 1개만 산출하는 것이 아닌, 응답을 10개 정도 산출하고 점수가 높은 것을 선택하는 방식이다. 즉 응답을 10개 산출할 때 candidate answer, 후보 응답이라고 부른다.

문서 요약

ktrain 라이브러리를 이용해 문서 요약을 수행하는 법을 살펴보겠다. 관심 있는 주제를 위키 피디아에서 콘텐츠를 추출한 다음 ktrain을 이용해 요약 태스크를 수행해본다.

먼저 pip을 이용해 wikipedia 라이브러리를 설치한다.

```
!pip install wikipedia
```

설치 후 wikipedia 라이브러리를 임포트한다.

```
import wikipedia
```

추출하려는 위키피디아 페이지의 제목을 지정한다.

```
wiki = wikipedia.page('Pablo Picasso')
```

페이지 내 일반 텍스트 콘텐츠를 추출한다.

```
doc = wiki.content
```

처음 1,000개의 단어를 출력해 무엇을 추출했는지 살펴보자.

```
print(doc[:1000])
```

출력된 내용을 보자.

Pablo Diego José Francisco de Paula Juan Nepomuceno María de los Remedios Cipriano de la Santísima Trinidad Ruiz y Picasso (UK: , US: , Spanish: [ˈpaβlo piˈkaso]; 25 October 1881 – 8 April 1973) was a Spanish painter, sculptor, printmaker, ceramicist and theatre designer who spent most of his adult life in France. Regarded as one of the most influential artists of the 20th century, he is known for co-founding the Cubist movement, the invention of constructed sculpture, the co-invention of collage, and for the wide variety of styles that he helped develop and explore. Among his most famous works are the proto-Cubist Les Demoiselles d'Avignon (1907), and Guernica (1937), a dramatic portrayal of the bombing of Guernica by German and Italian airforces during the Spanish Civil War.\nPicasso demonstrated extraordinary artistic talent in his early years, painting in a naturalistic manner through his childhood and adolescence. During the first decade of the 20th century, his style changed as

이제 ktrain을 이용해 위의 내용을 요약해보자. ktrain 라이브러리에서 텍스트 요약 모델을 다운로드하고 인스턴스를 만든다.

```
from ktrain import text ts = text.TransformerSummarizer()
```

이제 summarize 함수를 호출하고 요약하려는 문서를 입력한다.

```
ts.summarize(doc)
The preceding code will print the following:
```

다음 내용을 출력한다.

Pablo Diego José Francisco de Paula Juan Nepomuceno María de los Remedios Cipriano de la Santísima Trinidad Ruiz y Picasso (25 October 1881 – 8 April 1973) was a Spanish painter, sculptor, printmaker, ceramicist and theatre designer. He is known for co-founding the Cubist movement, the invention of constructed sculpture, the co-invention of collage, and for the wide variety of styles that he helped develop and explore. Among his most famous works are the proto-Cubist Les Demoiselles d'Avignon (1907), and Guernica (1937), a dramatic portrayal. As we can see, we have the summarized text. Now that we have learned how to use ktrain, let's explore another library called bert-as-service.

1,000개의 단어를 성공적으로 요약했다. ktrain 사용법을 배웠으므로 이제 bert-as-service 라이브러리를 살펴보자.

9.3.2 bert-as-service

bert-as-service는 BERT에 널리 사용되는 또 다른 라이브러리다. 간단하고 확장가능^{scalable}하며 사용하기 쉽다. 그 외에도 bert-as-service는 라이브러리 작동 원리와 세부 정보가 포함된 훌륭한 문서가 있다(*https://bert-as-service.readthedocs.io/en/latest/index.html*).

여기서는 bert-as-service를 이용해 문장 표현을 얻는 방법에 대한 기본 개요를 확인해 보자.

라이브러리 설치

pip을 이용해 bert-as-service를 직접 설치할 수 있다. 다음 코드처럼 bert-serving-client와 bert-serving-server를 설치한다.

```
!pip install bert-serving-client
!pip install -U bert-serving-server[http]
```

다음으로 bert-as-service를 사용해 문장 표현을 얻는 방법을 알아보겠다.

문장 표현 계산

bert-as-service를 사용해 두 문장의 표현을 계산하고 유사도를 알아본다. 먼저 사용하려는 사전 학습된 BERT를 다운로드하고 압축을 푼다. 이 예제에서는 사전 학습된 BERT-base uncased 모델을 사용한다. 물론 사전 학습된 다른 BERT도 시도해볼 수 있다.

```
!wget
https://storage.googleapis.com/bert_models/2018_10_18/uncased_L-12_H-768_A-12.zip
!unzip uncased_L-12_H-768_A-12.zip
```

다음으로 BERT 서버를 시작한다. BERT 서버를 시작하는 동안 원하는 풀링 전략도 입력한다. 즉, BERT는 문장의 각 단어에 대한 표현을 반환하기 때문에 전체 문장의 표현을 얻기 위해서는 풀링 방법을 사용한다. 따라서 사용하려는 풀링 전략을 입력해야 한다. 이 예제에서는 평균 풀링 전략을 사용한다.

```
!nohup bert-serving-start -pooling_strategy REDUCE_MEAN \
-model_dir=./uncased_L-12_H-768_A-12 > out.file 2>&1 &
```

다음으로 BERT 클라이언트를 임포트한다.

```
from bert_serving.client import BertClient
```

BERT 클라이언트를 시작하자.

```
bc = BertClient()
```

표현을 계산하기 위한 두 문장을 정의한다.

```
sentence1 = 'the weather is great today'
sentence2 = 'it looks like today the weather is pretty nice'
```

BERT 클라이언트를 사용해 문장의 표현을 계산한다.

```
sent_rep1 = bc.encode([sentence1])
sent_rep2 = bc.encode([sentence2])
```

이제 주어진 두 문장의 표현 크기를 확인한다.

```
print(sent_rep1.shape, sent_rep2.shape)
```

출력 내용은 다음과 같다.

```
(1, 768) (1, 768)
```

두 문장 크기는 $(1, 768)$[8]이다. 아래 코드로 주어진 문장의 벡터 표현 사이의 유사도를 계산할 수 있다.

```
from sklearn.metrics.pairwise import cosine_similarity
cosine_similarity(sent_rep1,sent_rep2)
```

코드를 실행하면 다음 결과를 출력한다.

```
array([[0.8532591]], dtype=float32)
```

따라서 주어진 두 문장의 유사도는 85%라는 것을 알 수 있다.

----

8 옮긴이_ 여기서 (1, 768)은 (배치 크기, 은닉 크기)를 의미한다.

문맥 단어 표현 계산

앞에서 bert-as-service를 사용해 문장 표현을 얻는 법을 배웠다. 여기서는 bert-as-service를 사용해 상황에 맞는 단어 표현을 얻는 법을 알아보겠다.

BERT는 각 단어의 표현을 반환하고 단어의 표현은 문장에 사용된 단어의 콘텍스트를 기반으로 한다는 것을 알고 있다. 단어 표현을 얻기 위해 BERT 서버를 시작하는 동안 풀링 전략을 NONE으로 설정했다. 또한 최대 시퀀스의 길이를 인수로 전달한다. 모든 문장의 길이가 다르기 때문에 다음 코드처럼 최대 시퀀스의 길이를 20으로 설정한다.

```
!nohup bert-serving-start -pooling_strategy NONE -max_seq_len=20 \
-model_dir=./uncased_L-12_H-768_A-12 > out.file 2>&1 &
```

BERT 클라이언트를 임포트한다.

```
from bert_serving.client import BertClient
```

'The weather is great today'를 sentence(문장)로 선언한다.

```
sentence = 'The weather is great today'
```

그리고 문장의 벡터 표현을 계산한다.

```
vec = bc.encode([sentence])
```

벡터 크기를 확인해보자.

```
print(vec.shape)
```

출력 결과는 다음과 같다.

```
(1, 20, 768)
```

앞에서 본 것과 달리 여기에서 주어진 문장 크기는 (1, 20, 768)이다. 기본적으로 주어진 문장의 각 단어에 대한 표현이 있다는 것을 의미한다. BERT는 문장의 시작 부분에 [CLS] 토큰을 사용하고 문장 끝부분에 [SEP] 토큰을 사용한다는 것을 알고 있다.

- **vec[0][0]**: [CLS] 토큰의 표현을 보유한다.
- **vec[0][1]**: 문장의 첫 번째 단어 'the'의 표현을 보유한다.
- **vec[0][2]**: 문장의 두 번째 단어 'weather'의 표현을 보유한다.
- **vec[0][3]**: 문장의 세 번째 단어 'is'의 표현을 보유한다.
- **vec[0][4]**: 문장의 네 번째 단어 'great'의 표현을 보유한다.
- **vec[0][5]**: 문장의 다섯 번째 단어 'today'의 표현을 보유한다.
- **vec[0][6]**: [SEP] 토큰의 표현을 보유한다.
- **vec[0][7] to vec[0][20]**: 패딩 토큰의 표현을 보유한다.

이러한 방식으로 다양한 사례에 bert-as-service를 활용할 수 있다.

BERT는 최신 결과를 달성해 자연어 처리의 세계를 혁신했다. 이제 BERT 및 여러 인기 있는 BERT의 파생 모델들의 작동 방식을 이해했으므로 여러분의 프로젝트에 BERT를 적용하는 일이 남았다. 지금까지 배운 내용을 모두 익혀서 실전에 적용해보길 바란다.

9.4 마치며

VideoBERT의 작동 원리를 배우는 것으로 이 장을 시작했다. 마스크 언어와 시각 토큰을 예측해 VideoBERT가 어떻게 사전 학습되는지 배웠다. 또한 VideoBERT의 최종 사전 학습 목적 함수는 텍스트, 비디오, 텍스트-비디오 방법의 가중치 조합이라는 것을 배웠다. 그리고 VideoBERT의 다양한 응용 프로그램을 알아보았다.

그 이후 BART는 본질적으로 인코더와 디코더가 있는 트랜스포머 모델이라는 것을 배웠다. 손상된 텍스트를 인코더에 입력하고 인코더는 주어진 텍스트의 표현을 학습시키고 그 표현을 디코더로 보낸다. 디코더는 인코더가 생성한 표현을 가져와서 손상되지 않은 원본 텍스트를 재구성한다. 또한 BART가 양방향 인코더와 단방향 디코더를 사용함을 확인했다. 또한 토큰 마스킹, 토큰 삭제, 토큰 채우기, 문장 셔플 및 문서 회전과 같은 다양한 노이징 기술을 자세히 살펴봤다. 그 이후 허깅페이스의 transfomers 라이브러리와 함께 BART를 사용해 텍스트 요약을 수행하는 법을 배웠다.

계속해서 **ktrain** 라이브러리에 대해 배웠다. 아마존 디지털 음악 리뷰 데이터셋을 사용해 감정 분석을 수행하는 법과 BBC 데이터셋을 이용한 문서를 요약하는 법도 살펴봤다. 이 장의 마지막에서는 bert-as-service 라이브러리를 이용해 문장 및 콘텍스트 단어 표현을 얻는 법을 배웠다. BERT는 큰 혁신이며 최근 자연어 처리에서 많은 발전을 이루었다. 이제 이 책을 모두 읽었으니 BERT를 사용해 흥미로운 응용 사례들을 직접 만들 수 있을 것이다.

9.5 연습 문제

다음 질문에 답해보자.

1. VideoBERT의 용도는 무엇인가?
2. VideoBERT를 사전 학습시키는 방법은 무엇인가?
3. 언어–시각 정렬은 NSP과 어떻게 다른가?
4. 텍스트 학습 목표를 정의해보자.
5. 비디오 학습 목표를 정의해보자.
6. BART를 설명해보라.
7. 토큰 마스킹 및 토큰 삭제를 설명해보라.

9.6 보충 자료

더 자세한 내용을 알고 싶다면 다음 문서를 참조하길 바란다.

- VideoBERT: A Joint Model for Video and Language Representation Learning by Chen Sun, Austin Myers, carl Vondrick, Kevin Murphy, Cordelia Schmid, *https://arxiv.org/pdf/1904.01766.pdf*
- BART: Denoising Sequence-to-Sequence Pre-training for Natural Language Generation, Translation, and Comprehension by Mike Lewis, Yinhan Liu, Naman Goyal, Marjan Ghazvininejad, Abdelrahman Mohamed, Omer Levy, Ves Stoyanov, Luke

Zettlemoyer, *https://arxiv.org/pdf/1910.13461.pdf*

- ktrain: A Low-Code Library for Augmented Machine Learning by Arun S. Maiya, *https://arxiv.org/pdf/2004.10703.pdf*

- BERT-as-a-service documentation, *https://bert-as-service.readthedocs.io/en/latest*

CHAPTER 10

한국어 언어 모델: KoBERT, KoGPT2, KoBART

역서에서 설명하는 여러 모델들은 한국어에서 좋은 성능을 보이지 못한다. 이는 한국어 학습 데이터의 양이 충분하지 않았기 때문이다. 따라서 한국어에 잘 동작하는 언어 모델인 KoBERT, KoGPT2, KoBART에 대한 내용을 추가하고자 한다. 이 세 가지 모델은 SK텔레콤에서 공개한 오픈 소스 언어 모델이다. 구글 콜랩에서도 충분히 테스트해볼 수 있을 정도로 작고 가볍지만, 실제 서비스에서 널리 활용될 정도로 강력한 성능을 자랑한다. 이 장에서는 각 모델을 간단히 소개하면서 어떻게 활용할 수 있는지 살펴볼 것이다.

10.1 KoBERT

KoBERT는 한국어에 특화된 BERT다. 구글 BERT의 경우 한국어를 포함한 다국어 모델이 있지만 학습 데이터에서 한국어 비중이 상대적으로 낮아 한국어와 관련된 여러 가지 다운스트림 태스크에서 성능이 낮은 편이다. KoBERT는 한국어 데이터의 정확도를 높이기 위해 한국어 위키피디아에서 약 500만 개의 문장과 5,400만 개의 단어를 학습시켰고, 많은 한국어 다운스트림 태스크에서 좋은 성과를 보였다.[1] 또한 이 기술은 SK텔레콤 사내 업무의 효율을 높이고자 상담 챗봇, 법무 및 특허 등록 지원용 AI 검색 서비스, 내부 마케팅 자료에서 정확한 답변을 추

---

[1] 옮긴이_ 더 자세한 내용은 역자의 블로그를 참고하길 바란다. *http://freesearch.pe.kr/archives/4963*

출하는 기계독해 기술에 사용됐다.[2] KoBERT는 오픈 소스 프로젝트에 참여한 수많은 기여자들 덕분에 파이토치, 허깅페이스 트랜스포머, MXNet-Gluon, ONNX 등 다양한 딥러닝 플랫폼에서 사용할 수 있다. 사전 학습에 앞서 한국어 위키피디아를 대상으로 SentencePiece를 이용해 토크나이저를 학습했다. 토크나이저에는 총 8,002개의 어휘가 있다.

10.1.1 KoBERT 사용 방법

사전 학습된 KoBERT를 허깅페이스의 트랜스포머 라이브러리에서 직접 사용할 수 있다. 커맨드라인에서 다음 명령어를 이용해 허깅페이스가 지원되는 KoBERT를 설치한다.

```
pip install 'git+https://github.com/SKTBrain/KoBERT.git#egg=kobert_
tokenizer&subdirectory=kobert_hf'
pip install torch==1.9.0 sentencepiece==0.1.96 transformers==4.8.1
```

10.1.2 KoBERT Tokenizer 다루기

한글 문장을 KoBERT에 입력하기 위해 **KoBERTTokenizer**를 활용해 토큰 ID로 변경한다.

```
from kobert_tokenizer import KoBERTTokenizer
tokenizer = KoBERTTokenizer.from_pretrained('skt/kobert-base-v1')
tokenizer.encode("한국어 모델을 공유합니다.")
```

실행 결과는 다음과 같다.

```
[2, 4958, 6855, 2046, 7088, 1050, 7843, 54, 3]
```

encode가 실행되면서 "한국어 모델을 공유합니다."라는 문장의 시작과 마지막 부분에 각각 [CLS]와 [SEP]가 추가되어 "[CLS]한국어 모델을 공유합니다.[SEP]"로 변경된다. 그리고 각각의 토큰들은 숫자로 변환되고 위의 결괏값을 보여준다.

---

2 옮긴이_ *https://www.skt.ai/kr/press/detail.do?seq=27*

10.1.3 KoBERT를 활용해 한국어 문장 표현 얻기

다음으로 사전 학습된 KoBERT를 이용해 한국어 문장 표현을 얻는 방법을 알아보자. 먼저 트랜스포머에서 KoBertTokenizer, BertModel, Torch를 임포트한다.

```
import torch
from transformers import BertModel
from kobert_tokenizer import KoBERTTokenizer
```

사전 학습된 kobert-base-v1 모델과 토크나이저를 다운로드하고 로드한다.

```
model = BertModel.from_pretrained('skt/kobert-base-v1')
tokenizer = KoBERTTokenizer.from_pretrained('skt/kobert-base-v1')
```

임베딩을 계산하기 위해 입력 문장을 정의한다.

```
sentence = "한국어 모델을 공유합니다."
```

그다음 입력 문장을 토큰화하고 토큰 ID를 얻는다.

```
token_ids = tokenizer.encode(sentence)
```

토큰 ID를 torch 텐서로 변환한다.

```
token_ids = torch.tensor(token_ids).unsqueeze(0)
```

사전 학습된 kobert-base-v1 모델을 이용해 문장에 있는 토큰들의 표현을 얻을 수 있다.

```
representation = model(token_ids)[0]
```

문장 표현 크기shape를 확인한다.

```
representation.shape
```

실행 결과는 다음과 같다.

```
torch.Size([1, 7, 768])
```

[CLS]와 [SEP] 토큰을 포함한 표현 공간 크기는 [1, 9, 768]이며, [CLS] 토큰으로 입력 문장의 표현 벡터를 얻을 수 있다.

```
cls_rep = representation[:, 0, :]
```

10.1.4 예제: 네이버 영화 리뷰 감성 분석

네이버 영화 리뷰 감성 분석^{Naver sentiment movie corpus}(NSMC) v1.0 데이터셋을 이용해 KoBERT 를 파인 튜닝할 수 있다. NSMC는 네이버 영화 리뷰와 평점이 한 쌍으로 구성된다. 해당 모델 에서는 1~10점의 평점 중 1~4점인 경우 부정적 레이블(0)로, 9~10점인 경우 긍정적 레이블 (1)로 재할당하고 5~8점은 제외했다. 해당 리뷰의 긍정 및 부정 데이터 예제는 다음과 같다.

(긍정)

- **리뷰**: 내 인생 최고의 영화!!
- **레이블**: 1

(부정)

- **리뷰**: 영화 보면서 계속 졸았어요 ㅠ
- **레이블**: 0

전체 코드를 살펴보는 건 이 책의 범위를 벗어나므로 리뷰어들이 작성한 리뷰를 활용해 레이블 을 정확히 예측하는 코드를 파이토치 버전으로 간단히 살펴본다. KoBERT를 이용한 파인 튜 닝의 전체 코드는 *https://github.com/SKTBrain/KoBERT*에서 파이토치[3]와 MXNet[4] 두 가 지 버전 모두 제공하므로 참고하길 바란다.

파인 튜닝 시 사전 학습 BERT 구조와의 차이점에 주목해 코드를 살펴보자. 사전 학습에 사용 된 `BertModel` 객체^{class}에는 긍정/부정을 분류할 수 있는 분류기가 포함되어 있지 않다. 사전

---

3 옮긴이_ *https://colab.research.google.com/github/SKTBrain/KoBERT/blob/master/scripts/NSMC/naver_review_ classifications_pytorch_kobert.ipynb*

4 옮긴이_ *https://colab.research.google.com/github/SKTBrain/KoBERT/blob/master/scripts/NSMC/naver_review_ classifications_gluon_kobert.ipynb*

학습 BERT는 토큰들의 표현representation만 추출할 수 있다. 따라서 NSMC 파인 튜닝 시 긍정/부정 분류를 위해서는 BertClassifier라는 새로운 객체를 도입해 분류기, 즉 nn.Linear 레이어를 추가해야 한다.

```
class BERTClassifier(nn.Module):
    def __init__(self, bert, hidden_size, num_classes):
        super(BERTClassifier, self).__init__()
self.classifier = nn.Linear(hidden_size, num_classes)
```

BertClassifier 생성자(__init__)의 매개변수parameter를 살펴보면 BERT는 사전 학습된 BERT를 의미하며, hidden_size는 KoBERT의 hidden_size인 768을 그대로 사용한다. num_classes는 긍정/부정으로 2개다.

위 생성자에서 파인 튜닝 구조들을 생성한다. 이제 실제 데이터가 들어왔을 때 아래 forward 함수를 통해 어떻게 작동되는지 살펴보자. 우선 BertModel를 통과해 pooler를 반환한다. pooler는 [CLS]의 표현을 추출한 값으로, 이 값을 긍정/부정 분류기에 입력한다.

```
def forward(self, input_ids, token_type_ids, attention_mask):
    _, pooler = self.bert(input_ids, token_type_ids, attention_mask)
    return self.classifier(out)
```

그 결과 NSMC를 파인 튜닝하면 KoBERT의 레이블 정확도는 90.1%로 구글 다국어 BERT의 정확도 87.5%보다 높은 성능을 보인다.

10.2 KoGPT2

KoGPT2는 한국어에 특화된 GPT-2 모델이다. GPT-2 모델은 주어진 텍스트를 기반으로 다음 단어를 잘 예측할 수 있도록 학습된 언어 모델이며, 특히 문장 생성에 최적화되어 있다. 1억 2,500만 개의 변수를 사용하고 한국어 위키피디아 외 뉴스, 모두의 말뭉치 v1.0, 청와대 국민청원 등 약 40GB 이상의 한국어 텍스트를 이용해 사전 학습되었다. 바이트 쌍 인코딩byte pair encoding(BPE) 토크나이저로 학습했고 어휘 크기는 51,200이다. 이때 대화에 자주 사용하는 이모티콘, 이모지 등도 추가했다.

10.2.1 KoGPT2 사용 방법

트랜스포머 라이브러리로 사전 학습된 한국어 GPT-2 모델을 사용할 수 있다.

```python
import torch
from transformers import GPT2LMHeadModel
from transformers import PreTrainedTokenizerFast

model = GPT2LMHeadModel.from_pretrained('skt/kogpt2-base-v2')
```

10.2.2 KoGPT2 Tokenizer 다루기

허깅페이스의 토크나이저 라이브러리를 사용해 입력 텍스트의 토큰 ID 값을 얻을 수 있다.

```python
tokenizer = PreTrainedTokenizerFast.from_pretrained("skt/kogpt2-base-v2",
            bos_token='</s>', eos_token='</s>', unk_token='<unk>',
            pad_token='<pad>', mask_token='<mask>')
tokenizer.encode("안녕하세요. 한국어 GPT-2 모델입니다.")
```

실행 결과는 다음과 같다.

```
[25906, 8702, 7801, 25856, 34407, 10528, 422, 426, 18258, 14652, 9241, 12521]
```

10.2.3 KoGPT2를 활용해 문장 생성하기

모델에 임의의 문장을 입력하면 입력 값을 바탕으로 다음 단어를 예측해 문장을 생성한다.

```python
text = '근육이 커지기 위해서는'
input_ids = tokenizer.encode(text)
gen_ids =   model.generate(torch.tensor([input_ids]),
                            max_length=128,
                            repetition_penalty=2.0,
                            pad_token_id=tokenizer.pad_token_id,
                            eos_token_id=tokenizer.eos_token_id,
                            bos_token_id=tokenizer.bos_token_id,
                            use_cache=True)
```

```
model = GPT2LMHeadModel.from_pretrained('skt/kogpt2-base-v2')
generated = tokenizer.decode(gen_ids[0,:].tolist())
```

해당 코드를 실행하면 다음과 같은 문장이 생성된다.

```
print(generated)
근육이 커지기 위해서는 무엇보다 규칙적인 생활습관이 중요하다.특히, 아침식사는 단백
질과 비타민이 풍부한 과일과 채소를 많이 섭취하는 것이 좋다.또한 하루 30분 이상 충분
한 수면을 취하는 것도 도움이 된다.아침 식사를 거르지 않고 규칙적으로 운동을 하면 혈액
순환에 도움을 줄 뿐만 아니라 신진대사를 촉진해 체내 노폐물을 배출하고 혈압을 낮춰준
다.운동은 하루에 10분 정도만 하는 게 좋으며 운동 후에는 반드시 스트레칭을 통해 근육량
을 늘리고 유연성을 높여야 한다.운동 후 바로 잠자리에 드는 것은 피해야 하며 특히 아침
에 일어나면 몸이 피곤해지기 때문에 무리하게 움직이면 오히려 역효과가 날 수도 있다...
```

10.2.4 예제: 챗봇 생성

GPT-2의 문장 생성 기능을 활용해 여기 오픈되어 있는 한글 챗봇 데이터로 파인 튜닝해 간단
한 챗봇을 만들어보자. 챗봇을 파인 튜닝하는 방법은 다음과 같다. 우선 사용자가 발화와 해당
발화자의 감정 레이블을 입력한다. 그러면 챗봇의 응답을 생성하는 형태로 데이터셋을 구성해
학습을 진행한다.

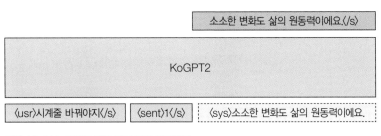

그림 10-1 KoGPT2 기반 챗봇 구현 아키텍처

모델 학습 이후에는 챗봇과 직접 대화할 수 있다.

```
CUDA_VISIBLE_DEVICES=0 python train.py --chat
user > 대박
Simsimi > 다 잘 될 거예요.
```

```
user > 이름이 뭐예요?
Simsimi > 저는 위로봇입니다.
user > 어버이날엔 뭘 하죠?
Simsimi > 저랑 놀아요.
user > 비가 오네요.
Simsimi > 우산 챙기세요.
```

KoGPT2를 이용한 파인 튜닝 코드는 *https://github.com/haven-jeon/KoGPT2-chatbot*
에서 확인할 수 있다. 해당 코드는 구글 콜랩에서 파인 튜닝이 가능하다.

10.3 KoBART

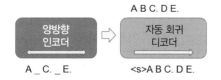

그림 10-2 텍스트 인필링 노이즈 함수로 학습된 KoBART

KoBART는 텍스트 인필링^{text infilling} 노이즈 함수만 적용해 BART 모델을 40GB 이상의 한국어
텍스트로 사전 학습시킨 한국어 인코더–디코더^{encoder-decoder} 언어 모델이다. BART는 입력 텍
스트 일부에 노이즈를 추가한 다음 이를 다시 원문으로 복구하는 오토인코더^{auto encoder}[5] 형태로
학습한다. BART 논문에서는 [그림 10-3]과 같이 다양한 노이즈 함수를 추가로 제공하며 공
식 모델은 이 중 '텍스트 인필링 + 문장 섞기' 방법을 사용해 학습되었다. 하지만 텍스트 인필링
만 사용한 것과 비교했을 때 성능 차이가 적어 KoBART는 텍스트 인필링만 사용해 학습했다.

---

5 옮긴이_ 오토인코더는 데이터에 입력 데이터의 인코딩된 표현을 학습시키고 입력 데이터를 가능한 한 가깝게 생성하는 것을 목표로 하
는 인공 신경망 모델이다. 이미지 압축, 이상 감지 또는 데이터 노이즈 제거 등의 작업에 사용된다. 일반적으로 입력에 대해 여러 가지 잡
음을 주고 잡음이 제거된 원래 값을 예측하도록 학습시키므로 비지도 학습으로 진행한다.

그림 10-3 다양한 BART 노이즈 함수

- 토큰 마스킹token masking : BERT의 토큰을 마스킹한다. 토큰을 [mask] 토큰으로 치환한다.

- 토큰 삭제token deletion : 토큰을 삭제한다. 이때 어떠한 위치의 단어가 삭제되었는지 표시하지 않는다.

- 문서 회전document rotation : 문서 내의 토큰들을 무작위로 배치한다.

- 문장 섞기sentence permutation : 문서 내의 문장들을 모두 무작위로 배치한다.

- 텍스트 인필링: 마스킹할 토큰 위치를 무작위로 선택하고, 선택된 토큰 위치에서 좌우 토큰을 몇 개까지 마스킹할지 확률적으로 선택해 연속된 토큰 배열을 하나의 [mask] 토큰으로 치환한다.

KoBART는 6개의 인코더 레이어와 6개의 디코더 레이어가 개별 스택처럼 쌓인 형태로 구성되어 있다. 모든 레이어는 16개의 어텐션 헤드를 사용하고, 피드포워드 네트워크는 768개 차원의 은닉 유닛으로 구성된다. 따라서 KoBART에서 얻을 수 있는 표현 크기는 768이다. KoBART 모델은 $L = 12$, $A = 16$, $H = 768$로 구성되며 총 변수의 수는 1억 2,000만 개다.

10.3.1 KoBART 사용 방법

파이썬 3.7 이상의 환경이라면 다음과 같은 방법으로 KoBART를 설치한다.

```
pip install git+https://github.com/SKT-AI/KoBART#egg=kobart
```

KoBART 토크나이저는 tokenizers[6] 패키지의 BPE 토크나이저로 학습되었으며, 사전 크기는 30,000이며 대화에 자주 쓰이는 이모티콘, 이모지 등을 추가해 해당 문자의 인식 능력을 올렸다.

```
from kobart import get_kobart_tokenizer
kobart_tokenizer = get_kobart_tokenizer()
kobart_tokenizer.tokenize("안녕하세요. 한국어 BART 입니다. ㅁ:)l^o")
```

실행 결과는 다음과 같다.

```
['_안녕하', '세요.', '_한국어', '_B', 'A', 'R', 'T', '_입', '니다.', 'ㅁ', ':)', 'l^o']
```

그럼 허깅페이스 트랜스포머즈 패키지의 BartModel에 토큰화 결과를 넣어서 추론해보자.

먼저 다음과 같이 필요한 모듈을 로딩하고 토크나이저를 가져온다.

```
from transformers import BartModel
from kobart import get_pytorch_kobart_model, get_kobart_tokenizer
kobart_tokenizer = get_kobart_tokenizer()
```

get_pytorch_kobart_model 함수로 모델 저장 경로를 가져오고 트랜스포머즈 패키지에서 쓰였던 from_pretrained 함수로 모델을 로딩한다.

```
model = BartModel.from_pretrained(get_pytorch_kobart_model())
```

로딩된 토크나이저로 입력 텐서를 만든 다음 모델에 입력해 결과를 반환한다.

```
inputs = kobart_tokenizer(['안녕하세요.'], return_tensors='pt')
```

inputs을 출력하면 다음과 같다.

```
{'input_ids': tensor([[27616, 25161]]), 'token_type_ids': tensor([[0, 0]]), 'attention_
mask': tensor([[1, 1]])}
```

---

6 옮긴이_ https://github.com/huggingface/tokenizers

'안녕하세요.' 문장은 두 토큰으로 이루어져 있으며, 입력 시퀀스의 길이는 2임을 확인할 수 있다.

```
result = model(inputs['input_ids'])
```

result에는 다양한 결과들이 키–값 형태로 저장되어 있다. 먼저 인코더 출력 텐서의 차원을 출력해보자.

```
result['encoder_last_hidden_state'].shape
```

다음과 같이 (배치 크기, 시퀀스 길이, 은닉 차원) 순서로 차원을 확인해볼 수 있다.

```
torch.Size([1, 2, 768])
```

디코더 차원도 확인해보자.

```
result['last_hidden_state'].shape
```

역시 (배치 크기, 시퀀스 길이, 은닉 차원)인 것을 확인할 수 있다.

```
torch.Size([1, 2, 768])
```

10.3.2 예제: 문서 요약

BART 논문이 각광을 받은 가장 큰 이유는 BART가 문서 요약에서 매우 탁월한 결과를 보여 줬기 때문이다. KoBART를 활용해 한글 문서를 요약해보자. 요약 태스크를 하기 전에 우선 KoBART를 파인 튜닝해야 한다. 파인 튜닝 방법은 인코더에 원문을 넣고 디코더 출력에서 요약문을 예측하는 것이다.[7]

....

7 옮긴이_ 요약 예제로 *https://www.sisajournal.com/news/articleView.html?idxno=216637* 뉴스 기사의 일부를 사용했다.

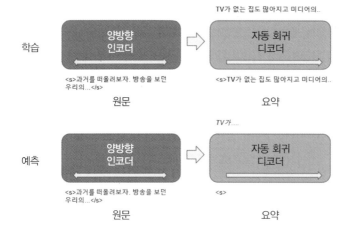

그림 10-4 문서 요약 학습과 예측

학습을 완료한 다음 문서 요약을 수행할 때 [그림 10-4]처럼 인코더에 원문을 입력하고 디코 더에는 BOS^{beginning of sentence} 태그인 ⟨s⟩만 주고 자동 회귀 방식으로 생성한다.[8] 위 그림처럼 디 코더에 ⟨s⟩를 입력하면 모델은 **TV가** 토큰을 생성하고, [‘⟨s⟩’, ‘TV가’] 토큰을 다시 디코더 에 입력해 다음 토큰을 예측하는 과정을 반복해 요약문을 생성한다.

필자가 다양한 문서 요약 공개 데이터로 튜닝한 KoBART 모델을 공개[9]해 두었는데, 이 모델 을 사용해 문서를 요약해보자.

일단 필요한 모듈을 로딩한다.

```
import torch
from transformers import PreTrainedTokenizerFast
from transformers import BartForConditionalGeneration
```

토크나이저와 요약 모델을 로딩한다.

```
tokenizer = PreTrainedTokenizerFast.from_pretrained(‘gogamza/kobart-summarization’)
model = BartForConditionalGeneration.from_pretrained(‘gogamza/kobart-summarization’)
```

---

8 옮긴이_ BOS, EOS(end of sentence)는 자연어 처리에서 문장을 구분하기 위한 용도로 사용된다. 일종의 기호이며 모델마다 정의된 태그가 다를 수 있다. KoBART는 ⟨s⟩, ⟨/s⟩로 정의한다.

9 옮긴이_ *https://huggingface.co/gogamza/kobart-summarization*

요약문을 입력한다.

---

text = "과거를 떠올려보자. 방송을 보던 우리의 모습을. 독보적인 매체는 TV였다. 온 가족이 둘러앉아 TV를 봤다. 간혹 가족들끼리 뉴스와 드라마, 예능 프로그램을 둘러싸고 리모컨 쟁탈전이 벌어지기도 했다. 각자 선호하는 프로그램을 '본방'으로 보기 위한 싸움이었다. TV가 한 대인지 두 대인지 여부도 그래서 중요했다. 지금은 어떤가. '안방극장'이라는 말은 옛말이 됐다. TV가 없는 집도 많다. 미디어의 혜택을 누릴 수 있는 방법은 늘어났다. 각자의 방에서 각자의 휴대폰으로, 노트북으로, 태블릿으로 콘텐츠를 즐긴다."

토크나이저로 입력문을 인코딩한다.

```
raw_input_ids = tokenizer.encode(text)
input_ids = [tokenizer.bos_token_id] + raw_input_ids + [tokenizer.eos_token_id]
```

모델에 토큰 아이디를 입력해 요약 토큰 아이디를 생성한다.

```
summary_ids = model.generate(torch.tensor([input_ids]))
```

생성된 요약 토큰 아이디를 토큰으로 변환하고 출력한다. skip_special_tokens=True로 하여 BOS, EOS와 같은 토큰이 포함되는 걸 방지한다.

```
tokenizer.decode(summary_ids.squeeze().tolist(), skip_special_tokens=True)
'TV가 없는 집도 많아지고 미디어의 혜택을 누릴 수 있는 방법은 늘어났다.'
```

지금까지 KoBART의 요약 태스크를 수행했다. 요약 이외에도 대화, 분류, 번역, QA 등 다양한 태스크의 코드와 데모를 깃허브의 KoBART 예제[10]에서 확인할 수 있다.

---

10 옮긴이_ *https://github.com/SKT-AI/KoBART#examples*

연습 문제 정답

1장 트랜스포머 입문

1. 셀프 어텐션은 다음 단계로 설명할 수 있다.

   - 쿼리 행렬과 키 행렬 간의 내적($Q \cdot K^T$)을 계산하고 유사도 값을 산출한다.

   - $Q \cdot K^T$를 키 행렬의 차원의 제곱근으로 나눈다.

   - 스코어 행렬에 대해 소프트맥스 함수를 적용해 정규화 작업을 진행한다.

   - 마지막으로 스코어 행렬에 밸류 행렬을 곱해 어텐션 행렬을 산출한다.

2. 셀프 어텐션의 메커니즘을 스케일드 내적 어텐션이라고도 한다. 그 이유는 쿼리와 키 백터의 내적을 먼저 계산하고, 값에 대한 스케일링을 적용하기 때문이다.

3. 쿼리, 키, 밸류 행렬을 생성하기 위해 W^Q, W^K, W^V의 새로운 가중치 행렬을 사용한다. 입력 행렬에 가중치 행렬을 각각 곱해 생성한다.

4. 트랜스포머에 이전 입력 행렬값을 직접 입력하면 단어의 순서를 파악할 수가 없다. 따라서 입력 행렬을 트랜스포머에 직접 입력하는 대신에 네트워크에서 문장의 의미를 이해할 수 있도록 단어의 순서(단어의 위치)를 나타내는 정보를 추가로 제공해야 한다. 이때 위치 인코딩을 사용한다. 위치 인코딩이란 문장에서 단어의 위치(단어의 순서)를 나타내는 인코딩을 의미한다.

5. 디코더의 서브레이어는 마스크된 멀티 헤드 어텐션, 멀티 헤드 어텐션, 피드포워드 네트워크 총 세 가지로 구성되어 있다.

6. 각 디코더의 멀티 헤드 어텐션 서브레이어는 입력 2개를 받게 된다. 하나는 이전 서브레이어에서 마스크된 멀티 헤드 어텐션이고, 다른 하나는 인코더의 표현이다.

2장 BERT 이해하기

1. BERT는 Bidirectional Encoder Representation from Transformer의 약자로, 구글에서 발표한 최신 임베딩 모델이다. BERT는 콘텍스트가 없는 워드투벡터^{word2vec}와 같이 널리 알려진 임베딩 모델과 달리 콘텍스트 기반 임베딩 모델이다.

2. $L = 12$, $A = 12$, $H = 768$로 구성된 BERT는 1억 1,000만 개의 변수를 가지며 BERT-large 모델($L = 24$, $A = 16$, $H = 1024$)은 3억 4,000만 개의 변수로 구성된다.

3. 세그먼트 임베딩은 주어진 두 문장을 구별하는 데 사용된다. 세그먼트 임베딩 레이어는 두 임베딩 E_A 및 E_B 중 하나만 출력으로 반환한다. 즉, 입력 토큰이 문장 A에 속하면 해당 토큰은 임베딩 E_A에 매핑되고, 토큰이 문장 B에 속하면 임베딩 E_B에 매핑된다.

4. BERT는 마스크 언어 모델링과 NSP라는 두 가지 재미있는 태스크를 사용해 거대 말뭉치를 기반으로 사전 학습된다.

5. MLM 작업에서 주어진 입력 문장에서 단어의 15%를 무작위로 마스킹하고 마스크된 단어를 예측하도록 네트워크를 학습한다. 마스크된 단어를 예측하기 위해 모델은 문장을 양방향으로 읽고 마스크된 단어를 예측하는 시도를 한다.

6. 80-10-10% 규칙은 80%의 경우 토큰(실제 단어)을 [MASK] 토큰으로 교체하고, 10%는 토큰(실제 단어)을 임의의 토큰(임의 단어)으로 바꾼다. 10%의 경우에는 변경하지 않는다.

7. NSP는 이진 분류 태스크다. 이 태스크에서 두 문장을 BERT에 입력하고 두 번째 문장이 첫 번째 문장의 후속(다음 문장)인지 여부를 예측한다.

3장 BERT 활용하기

1. 사전 학습된 모델을 다음 두 가지 방법으로 사용할 수 있다.
   - 임베딩을 추출해 특징 추출기로 활용한다.
   - 텍스트 분류, 질문-응답 등과 같은 다운스트림 태스크에 맞춰 BERT를 파인 튜닝한다.

2. [PAD] 토큰은 토큰 길이를 일치시키는 데 사용된다.

3. [PAD] 토큰은 토큰 길이와 일치하기 위해 추가된다. 실제 토큰의 일부가 아니라는 것을 모델이 인지하도록 어텐션 마스크를 사용한다. 모든 위치에서 어텐션 마스크값을 1로 설정하고 [PAD] 토큰이 있는 위치는 0으로 설정한다.

4. 파인 튜닝은 BERT를 처음부터 학습시키지 않는다는 것을 의미한다. 대신 이미 학습된 BERT를 사용해 태스크에 따라 가중치를 업데이트한다.

5. 각 토큰 i에 대해 R_i 토큰 표현과 시작 벡터 S 사이의 내적을 계산한다. 그리고 내적 $S \cdot R_i$에 소프트맥스 함수를 적용하고 확률을 구한다. 다음으로 시작 토큰이 될 확률이 높은 토큰의 인덱스를 선택해 시작 인덱스를 다음과 같이 계산한다.

$$P_i = \frac{e^{S \cdot R_i}}{\sum_j e^{S \cdot R_i}}$$

6. 각 토큰 i에 대해 R_i 토큰 표현과 끝 벡터 E 사이의 내적을 계산한다. 다음으로 내적 $E \cdot R_i$에 소프트맥스 함수를 적용하고 확률을 구한다. 다음으로 종료 토큰일 확률이 높은 토큰의 인덱스를 선택하고 종료 인덱스를 다음과 같이 계산한다.

$$P_i = \frac{e^{E \cdot R_i}}{\sum_j e^{E \cdot R_i}}$$

7. 먼저 문장을 토큰화한 다음 시작 부분에 [CLS] 토큰을 추가하고 끝에 [SEP] 토큰을 추가한다. 그다음으로 사전 학습된 BERT에 토큰을 공급하고 모든 토큰의 표현 벡터를 얻는다. 이런 토큰 표현을 분류기(피드포워드 네트워크 및 소프트맥스 기능)에 제공한다. 그다음으로 분류기는 관련 개체명 레이블을 반환한다.

4장 BERT 파생 모델 I: ALBERT, RoBERTa, ELECTRA, SpanBERT

1. NSP 태스크의 경우 두 문장 다음에 오는 문장이 맞는지 아닌지를 예측하는 것으로 isNext 또는 notNext 여부를 예측하는 태스크다. 반면에, 문장 순서 예측(SOP) 태스크의 경우 주어진 문장 쌍의 문장 순서가 바뀌는지 여부를 예측하도록 **모델**을 학습시킨다.

2. ALBERT는 변수의 수를 줄이고자 다음 두 가지 방법을 사용한다. 하나는 크로스 레이어 변수 공유 방법이고, 다른 하나는 펙토라이즈 임베딩 변수화 방법이다.

3. 크로스 레이어 변수 공유는 모든 인코더 레이어의 변수를 학습시키는 대신에 첫 번째 인코더 레이어의 변수만 학습한다. 그리고 첫 번째 인코더 레이어의 변수를 다른 모든 인코더 레이어와 공유한다.

4. 피드포워드 공유에서는 첫 번째 인코더 레이어의 피드포워드 네트워크의 변수만 다른 인코더 레이어의 피드포워드 네트워크와 공유한다. 어텐션 공유의 경우 다른 인코더 레이어의 멀티 헤드 어텐션 레이어와 첫 번째 인코더 레이어의 멀티 헤드 어텐션의 변수만 공유한다.

5. RoBERTa는 기본적으로 **사전 학습**에 몇 가지 옵션을 추가한 BERT다.
   - MLM 태스크에서 정적 마스킹이 아닌 동적 마스킹 방법을 적용한다.
   - NSP 태스크를 제거하고 MLM 태스크만 학습 시 사용한다.

- 배치 크기를 늘려 학습시킨다.

- 토크나이저로 BBPE를 사용한다.

6. 교체한 토큰 판별 태스크는 MLM 태스크와 기본적으로는 유사하나, MLM 태스크의 경우 [MASK] 토큰으로 마스킹한다. 하지만 교체한 토큰 판별 태스크는 마스킹 대상인 토큰을 다른 토큰으로 변경한 다음 이 토큰이 실제 토큰인지 아니면 교체한 토큰인지를 판별하는 형태로 학습한다.

7. SpanBERT에서는 토큰을 무작위로 마스킹하는 대신 토큰의 연속 범위를 무작위로 마스킹한다.

5장 BERT 파생 모델 II: 지식 증류 기반

1. 지식 증류knowledge distillation는 사전 학습된 대형 모델의 행동을 재현하기 위해 소형 모델을 학습시키는 모델 압축 기술이다. 대형 모델은 교사이고 소형 모델은 학생인 교사-학생 학습이라고도 한다.

2. 교사 네트워크의 출력을 소프트 타깃soft target, 학생 네트워크에서 수행된 예측을 소프트 예측soft prediction 이라고 한다.

3. 지식 증류에서 소프트 타깃과 소프트 예측 간의 교차 엔트로피 손실을 계산하고 교차 엔트로피 손실을 최소화해 역전파로 학생 네트워크를 학습한다. 소프트 타깃과 소프트 예측 간의 교차 엔트로피 손실은 증류 손실이라고 한다.

4. 사전 학습된 BERT 모델은 많은 매개변수와 긴 추론 시간 때문에 휴대폰과 같은 에지 디바이스에서 사용하는 건 어렵다. 이 문제를 해결하기 위해 허깅페이스의 연구원들이 도입한 DistilBERT를 활용한다. DistilBERT는 BERT에 비해 작고 빠른 버전이다.

5. DistilBERT의 손실 함수는 증류 손실, MLM 손실, 코사인 임베딩 손실 총 세 가지 손실의 합이다.

6. 트랜스포머 레이어는 기본적으로 인코더 레이어다. 인코더 계층에서 멀티 헤드 어텐션을 사용해 어텐션 행렬을 계산하고 인코더 계층이 은닉 상태 표현을 출력으로 반환한다. 트랜스포머 증류에서 교사의 어텐션 행렬, 은닉 상태 표현으로부터 학생에게 지식을 이전한다.

7. 예측 계층 증류에서는 교사 BERT에 의해 생성된 최종 출력 계층의 로짓으로부터 학생 BERT로 지식을 전달한다.

6장 텍스트 요약을 위한 BERTSUM 탐색

1. 추출 요약은 중요한 문장만 추출해 주어진 텍스트에서 요약을 만든다. 추출 요약과는 다르게 생성 요약은 주어진 텍스트에서 중요한 문장만 추출해 요약을 생성하지 않는다. 그 대신에 주어진 텍스트를 의역해 요약을 만든다.

2. 인터벌 세그먼트 임베딩은 보통 주어진 여러 문장을 분별하는 데 사용된다. 인터벌 세그먼트 임베딩을 사용하면 홀수번째 문장에서 발생한 토큰은 E^A에, 짝수번째 문장에서 발생한 토큰은 E^B에 매핑한다.

3. 생성 요약을 수행하기 위해 트랜스포머의 인코더–디코더 아키텍처를 사용한다. 텍스트를 인코더에 입력하면 인코더는 주어진 텍스트에 대한 표현을 출력한다. 인코더–디코더 아키텍처는 사전 학습된 BERTSUM을 인코더로 사용한다. 따라서 사전 학습된 BERTSUM 모델은 의미 있는 표현을 생성하고 디코더는 이 표현을 사용해 요약을 생성하는 방법으로 학습을 진행한다.

4. ROUGE^{Recall-Oriented Understudy for Gisting Evaluation}는 텍스트 요약 작업을 평가하는 데 사용하는 메트릭을 의미한다.

5. ROUGE–N은 후보 요약(예측한 요약)과 참조 요약(실제 요약) 간의 n–gram 재현율^{recall}이다.

6. 재현율은 예측한 요약 결과(후보)와 실제 요약(참조) 사이의 총 겹치는 n–gram 수와 실제 요약의 총 n–gram 수의 비율로 정의된다.

7. ROUGE–L은 가장 긴 공통 시퀀스^{longest common subsequence}(LCS)를 기반으로 한다. 두 시퀀스 사이의 LCS는 최대 길이를 갖는 공통 하위 시퀀스를 말한다. 후보 및 참조 요약에 LCS가 있다는 것은, 후보 요약과 참조 요약이 일치한다고 볼 수 있다.

7장 다른 언어에 BERT 적용하기

1. multilingual–BERT(Multilingual BERT 또는 M–BERT)는 영어뿐만 아니라 다른 언어의 표현을 얻을 수 있다.

2. BERT와 비슷하게 M–BERT는 MLM과 NSP로 학습했다. M–BERT는 영어 위키피디아 텍스트뿐만 아니라 104개 언어로 된 위키피디아 텍스트를 사용해 학습한다.

3. M–BERT는 단어 순서가 다른 언어(SVO–SOV, SOV–SVO)보다 단어 순서가 동일한 언어(SVO–SVO, SOV–SOV)에서 성능이 더 좋다.

4. 코드 스위칭은 대화^{conversation}에서 다른 언어를 혼합하거나 교대로 사용하는 것을 말한다. 음차는 소스 언어 스크립트 대신 타깃 언어 스크립트를 사용하는 것을 말한다.

5. 교차 언어 모델(XLM)은 인과 언어 모델링(CLM), 마스크 언어 모델링(MLM) 및 번역 언어 모델링(TLM)을 이용해 사전 학습한다.

6. 번역 언어 모델링(TLM)은 흥미로운 사전 학습 전략이다. 인과 언어 모델링(CLM)과 마스크 언어 모델링(MLM)은 단일 언어 데이터에 대해서 모델을 학습시키지만 번역 언어 모델링(TLM)은 서로 다른 2개의 언어로 구성된 동일한 텍스트이다. 즉 병렬 교차 언어 데이터로 모델을 학습시킨다.

7. FlauBERT 연구원들은 프랑스어 이해 평가French Language Understanding Evaluation(FLUE)로 다운스트림 태스크에 대한 새로운 통합 벤치마크를 도입했다. FLUE는 GLUE 벤치마크와 유사하지만 프랑스어를 위한 것이다.

8장 sentence-BERT 및 domain-BERT 살펴보기

1. sentence-BERT는 유비쿼터스 지식 처리 연구소Ubiquitous Knowledge Processing Lab(UKP-Lab)에서 만들었다. sentence-BERT라는 이름에서 알 수 있듯이, sentence-BERT는 고정 길이의 문장 표현을 얻는 데 사용된다. sentence-BERT는 문장 표현을 얻기 위해 사전 학습된 BERT 또는 파생 모델을 이용한다.

2. 모든 토큰의 표현에 평균 풀링으로 문장 표현을 얻으면 문장 표현은 본질적으로 모든 단어(토큰)의 의미를 갖는다. 모든 토큰의 표현에 최대 풀링으로 문장 표현을 얻으면 문장 표현은 본질적으로 중요한 단어(토큰)의 의미를 갖는다.

3. 임상 노트clinical note 또는 진행 노트progress note는 환자에 대한 매우 유용한 정보를 포함한다. 여기에는 환자 방문 기록, 증상, 진단, 일상 활동, 관찰, 치료 계획, 방사선과 결과 등이 포함된다. 임상 메모의 콘텍스트 표현을 이해하는 것은 자체 문법 구조, 약어 및 전문 용어와 관련되어 난도가 높다. 따라서 우리는 임상 텍스트의 콘텍스트 표현을 이해하기 위해 많은 임상 문서로 ClinicalBERT를 사전 학습한다.

4. ClinicalBERT에서 배운 표현은 많은 임상 통찰력, 임상 기록 요약, 질병과 치료간의 관계 등을 이해하는 데 도움이 된다. 사전 학습이 끝난 ClinicalBERT는 재입원 예측, 체류 기간, 사망 위험 추정, 진단 예측 등과 같은 다양한 다운스트림 태스크에 사용될 수 있다.

5. ClinicalBERT는 MIMIC-III 임상 노트를 사용해 사전 학습된다. MIMIC-III는 Beth Israel Deaconess Medical Center에서 제공하는 건강과 관련한 방대한 양의 데이터다. 여기에는 ICU에 머물렀던 40,000명 이상의 환자를 관찰한 건강 관련 데이터셋을 포함한다.

6. 재입원 확률은 다음과 같이 계산한다.

$$P\left(\text{readmit} = 1 | h_{\text{patient}}\right) = \frac{P_{\text{max}}^{n} + P_{\text{mean}}^{n}\, n\,/\,c}{1 + n\,/\,c}$$

7. BioBERT는 생물 의학 도메인 텍스트로 사전 학습된다. PubMed와 PubMed Central(PMC) 데이터셋을 사용한다.

9장 VideoBERT, BART

1. VideoBERT는 언어 표현을 학습시키는 동시에 비디오 표현도 학습한다. VideoBERT는 영상과 언어의 표현을 동시에 배우는 최초의 BERT 모델이다.

2. VideoBERT는 MLM(cloze 태스크)과 언어–시각(linguistic–visual) 정렬을 이용해 사전 학습된다.

3. 언어–시각 정렬도 BERT에서 사용하는 NSP처럼 분류 태스크다. 그러나 여기서는 특정 문장이 다음 문장인지 예측하지 않는다. 대신 언어와 시각 토큰이 시간적으로 서로 정렬되어 있는지 예측한다.

4. 텍스트 방법은 언어 토큰을 마스킹하고 마스크 언어 토큰을 예측하도록 모델을 학습한다. 이런 과정으로 모델이 언어 표현을 더 잘 이해하도록 만든다.

5. 비디오 방법은 시각 토큰을 마스킹하고 마스크된 시각 토큰을 예측하도록 모델을 학습한다. 이런 방법으로 모델이 비디오 표현을 더 잘 이해하도록 한다.

6. BART는 본질적으로 인코더와 디코더가 있는 트랜스포머 모델이다. 손상된 텍스트를 인코더에 입력하면 인코더는 주어진 텍스트의 표현을 학습시키고 그 표현을 디코더로 보낸다. 디코더는 인코더가 생성한 표현을 가져와 손상되지 않은 원본 텍스트를 재구성한다.

7. 토큰 마스킹이라는 이름에서 알 수 있듯이, 몇 개의 토큰을 무작위로 마스킹한다. 즉 BERT에서 했던 것처럼 무작위로 몇 개의 토큰을 [MASK]로 대체한다. 토큰 삭제에서는 일부 토큰을 무작위로 삭제한다. 토큰 삭제는 토큰 마스킹과 비슷하지만 토큰을 마스킹하는 대신 직접 삭제한다.

INDEX

INDEX

INDEX

INDEX

INDEX

INDEX